乌克兰危机警示录

和平发展道路中的战争准备

程开甲
2016.2.

乌克兰危机警示录

况腊生 | 著

和平发展道路中的战争准备

国防工业出版社
National Defense Industry Press

图书在版编目(CIP)数据

乌克兰危机警示录/况腊生著. —北京：国防工业出版社，2016.3(2024.12重印)

ISBN 978-7-118-10837-8

Ⅰ.①乌⋯　Ⅱ.①况⋯　Ⅲ.①政治—研究—乌克兰　Ⅳ.①D751.13

中国版本图书馆CIP数据核字(2016)第056468号

本书所引用的图片出处见书后，向被引用图片的所有者表示感谢！

乌克兰危机警示录
——和平发展道路中的战争准备
况腊生　著

出版发行　国防工业出版社
地址邮编　北京市海淀区紫竹院南路23号　100048
经　　售　新华书店
印　　刷　北京虎彩文化传播有限公司
开　　本　787×1092　1/16
印　　张　24
字　　数　302千字
版 印 次　2024年12月第1版第9次印刷
印　　数　10301—11800册
定　　价　49.80元

(本书如有印装错误，我社负责调换)

国防书店：(010)88540777　　发行邮购：(010)88540776
发行传真：(010)88540755　　发行业务：(010)88540717

序 一

和平几乎是人类与生俱来的美好期盼。但不幸的是和平从未在人类社会现实生活中长久地存在过。据历史学家统计，从公元前 3000 年至 20 世纪 80 年代初，世界共发生一万多次战争。在这 5000 多年间，只有近 300 年没有战争，和平成为一种十分稀缺的社会现象。

第二次世界大战后，虽然新的世界战争没有发生，但局部战争如影随形。据不完全统计，战后全世界共发生了数百起局部战争和武装冲突，其中美国发动对外战争最多。战后全世界有 2000 多万人死于战乱，相当于第一次世界大战死亡人数的 2 倍多。这里既有大国地缘战略争夺，也有军事霸权扩张；既有国家间领土争端，也有战略资源纷争；既有民族冲突，也有宗教摩擦。

冷战后 20 年间，仅美国就至少对外发动战争数十次，包括海湾战争、阿富汗战争、索马里战争、波黑战争、科索沃战争、伊拉克战争等。战争至今仍是国际垄断资本追求超额垄断利润的重要手段，是维护霸权秩序和战略扩张的主要工具。美国总统在处理对外事务时习惯性的第一句话往往是：我们的航母在哪里？航母已成为美国对外行为的国家名片。地区的稳定和世界的持久和平至今仍是世界善良人们的一种奢望。

中华文明是世界上唯一历经五千年风雨而未曾中断的优秀文明。中华民族是世界上最珍视与酷爱和平的民族之一。中华文化历来追求"天人合一""贵和重人""协和万邦"的崇高理念，是以"和"为内核的"和文化"。在世界大国的兴衰史上，很少有像中国这样的国家，在没有发动大规模对外侵略掠夺战争的情况下，依靠自己的辛勤劳动与聪明才智，不断发展壮大，繁荣昌盛，长期走在世界的前列。只是近代史上，中国在工业革命的浪潮中落伍了。凭借率先完成工业革命和资本原始积累而超越中国的列强，用工业革命锻造的现代武器，疯狂将战争的厄运强加在中国人民头上。在新中国成立前的一百多年里，列强的侵略战争给我们带来了深重的灾难，"国破山河在，城春草木深"，[①]中华民族几乎濒临亡国灭种。但是中华民族毕竟是有着强大的民族凝聚力和生命力的民族，战争教育了人民，战争唤醒了沉睡的东方之狮。如果说鸦片战争开始了中国近代被侵略、被奴役的屈辱历史，甲午战争使中华民族进一步陷入苦难的深渊，日本军国主义的全面侵华战争和血腥屠杀则使整个中华民族拍案而起，救亡图存，每一个有血性的中国人被迫发出最后的吼声，用我们的血肉筑成我们新的长城，终于赢得了中国近代史上反抗外来侵略的彻底胜利。伟大的中华民族如火中凤凰，经过战争的洗礼，涅槃重生。在新中国成立后抗美援朝，保家卫国的国际较量中，中国人民志愿军用"小米加步枪"顶住了西方的"飞机加大炮"，再次"雄辩地证明：西方侵略

---

① （唐）杜甫：《春望》。

者几百年来只要在东方一个海岸上架起几尊大炮就可以霸占一个国家的时代一去不复返",①中国人民从此站起来了。历次边境自卫反击战更是以"人不犯我,我不犯人,人若犯我,我必犯人"的英雄气概,为国家发展赢得了必要的安全环境。

无数历史事实说明,树欲静而风不止。战争从不会因为我们不喜欢它而远离我们。你越不喜欢它,它越要纠缠你。而避免战争的唯一办法就是准备以战争制止战争,以自卫战争粉碎侵略战争,以正义战争战胜非正义战争。正如古罗马军事家韦格蒂乌斯所说的"如果你想要和平,就请准备战争"。这里的准备既包括物质准备,也包括精神准备。战争准备越充分,和平越有保障。新中国成立以来,特别是改革开放以来,我国经济高速发展,综合国力、国防现代化水平有了跨越式的成长,应对外来侵略,捍卫国家主权与安全的物质基础比任何时候都要雄厚。但是,长期的和平环境也留下了一些和平积习,乃至"和平病",日益侵蚀着我们健全的机体。不少人盲目沉浸于"盛世享太平",只知莺歌燕舞,不知虎狼环伺,失去了必要的警惕性和战斗精神。更为严峻的是,在西方意识形态的蛊惑下,有人不仅成为西方价值观的俘虏,甚至堕落为出卖国家利益,甘愿为西方入侵中国出卖灵魂的"带路党"。

今天的中国,正在急速和平发展的道路上前行,正处在由世界舞台边缘走向世界舞台中心,实现国际战略格局和战略力量对比根本性变化的突破期,以及全面建设小康社会、全面深化改革、全面依法治国、全面从严治党,实现中华民族伟大复兴的中国梦的决胜期,我们

---

① 彭德怀:《关于中国人民志愿军抗美援朝工作的报告》,1953年9月13日。

比任何时候都更加接近实现民族复兴的伟大目标。然而，并不是世界上所有人都愿意看到中国的快速发展与进步。有人只希望中国成为其资金"输血者"和优质产品提供者。它们本能地要对我们使绊子，我们越是接近实现民族复兴的伟大目标，面临的阻力就会越大。在我们前进的道路上，战略围堵与军事挑衅将日趋激烈，各种可以预见和难以预见的安全风险挑战将前所未有。

因此，善良的中国人千万不要以为在前面迎接我们的尽是鲜花和美酒，有时也会有荆棘和刺刀。在和平发展的进程中，我们仅仅有善良的愿望是远远不够的。没有正义的力量是邪恶的力量，而没有力量的正义则是苍白的正义。我们要有足够的思想准备和物质准备，迎接一切挑战。要坚决以战斗争取我们和平发展的权利，以战斗捍卫我们和平发展的成果。

乌克兰危机是当代战争与和平，生存与发展，政治博弈与经济竞争纵横交错又一个鲜活政治剧。围绕乌东部地区的战争，大国博弈，从正面战场扩展到政治、经济、外交、心理、法律等其他诸多领域，较量的范围从俄乌边界、乌东部地区，扩展到欧美、联合国，乃至全球各地区，甚至外层空间。以正面战争或战争威慑为核心，其他诸多领域相互配合渗透，正在成为大国博弈的重要形式。这场危机为我们认识当代世界安全环境和国际战略博弈规律提供了一个生动范例。

作为一名共和国军人，况腊生在乌克兰危机刚刚发生的时候，就极其敏锐地看到了它的战略含义，撰写了大量文章。现在他又以犀利的笔触，对危机的来龙去脉作了全景式的深度剖析。尽管这场危机还在演进之中，人们的认识将会随着事态的进一步发展而日益深入，但是可以肯定的是，正在为实现民族复兴的中国梦而英勇奋战的广大读者一定能从《乌克兰危机警示录——和平发展道路中的战争准备》一书中获得有益的启迪。

彭光谦

（中国国家安全论坛副秘书长、少将）

二〇一五年十月

序 二

纵观人类文明史，从某种意义上讲，也可以说是一部战争史。"历史是由一次又一次的战争相连而成，人的天赋就是进行永无息止的战争"。① 国外研究表明，在有历史记载的五千多年人类文明史中，共发生过战争一万多次，平均每年2.6次，只有近300年是和平的。二战后，世界爆发了数百起局部战争，和平的日子屈指可数。这些战争尽管原因不同，性质各异，但都给人类带来了浩劫，30多亿人丧生，损失的财富折合成黄金可以铺一条宽150公里、厚10米、环绕地球一周的黄金带。所以，"兵者，国之大事，死生之地，存亡之道，不可不察"。②

恩格斯说过：一个聪明的民族，从灾难和错误中学到的东西会比平时多得多。和平年代的我们鲜有战争的实践，这就更需要时刻关注国外正在发生的各类战争，从别人的胜败中学习、研究战争，从而更有针对性地增强自己的军事实力和战争潜力，力避战争给国家和民族

---

① （俄）列夫托尔斯泰。
② 《孙子兵法·计篇》。

带来的深重灾难。近几年，最令世界注目的是乌克兰危机，其根源是在于欧美加紧对俄战略围堵与俄的奋起抗争，实质是冷战的继续，也可以说是一种新的冷战。欧美与俄除在乌东部地区进行长期激烈的代理人战争外，双方还在政治、经济、军事、外交等诸多领域展开直接对抗，经济制裁此起彼伏、网络攻防刀光剑影、心理威慑针锋相对、法律正统互不相让。这场战争不仅造成乌克兰东部地区成千上万的人丧生，上百万民众流离失所，国家整体倒退，而且在乌国内种族间、乌克兰与俄罗斯之间、俄与欧美之间留下新的伤痛，甚至可能为下一次战争种下祸根，同时引发国际政治、经济、军事、外交等关系的深刻变化，充分展示了经济全球化和信息时代，大国间博弈的特点、规律和形式，给我们在新军事变革中加强军队建设和军事斗争准备以深刻的思考和启迪。

新中国成立六十多年，除抗美援朝和几次边境自卫反击战外，我国总体上处于和平环境。近三十多年来，改革开放、经济发展推动国力极大增强，军队机械化、信息化复合发展取得巨大成就。在物质生活极大丰富的和平年代大背景下，我们不经意间放松了对战争的警惕和学习，有的甚至以为在全球经济一体化如此紧密、国际法日益完善的今天，战争已遥不可及，对我和平崛起的形势过于乐观，对周边安全缺乏清醒的认识，对战争的危险性、突发性、残酷性、复杂性以及后果的严重性，缺乏必要和充分的估计。长此以往，一旦有事，势必在未来战争中处于被动，甚至最终落个"生于忧患，死于安乐"的下场。因此，不断强化国防意识、危机意识、忧患意识，以创新的思维学习战争、研究战争，是每个当代军人应有的担当和职责。

"相比之下，思想准备将比在战争中所需要的任何一种技术手段都更为重要"。① 本书的作者，是一位年轻的博士，好学上进，勤于动脑，一直热心于研究国际上的重大问题，以及当前的各类型战争。这本书是一本很好的学习、研究当前大国间战争的读物，尽管书中某些思想和观点，会有不同的看法，但作者刻苦学习、积极探索、深入研究的精神是难能可贵的。而且，我们从中可以得到非常有益的启迪，并在思想上有清醒的认识：在新的历史条件下，我国绝不会也不可能通过大规模对外战争来实现和平崛起与民族复兴，但我和平崛起的道路决不可能一帆风顺，甚至可能面临前所未有的遏制、围堵、冲突、摩擦，以至涉及国家主权、安全、统一等核心利益的战争危险。"物质的原因和结果不过是刀柄，精神的原因和结果才是贵重的金属，才是真正锋利的刀刃"。② 在新的历史时代，面对错综复杂的安全态势，我们要成为有灵魂、有本事、有血性、有品德的新一代革命军人，固然要珍爱和平、维护和平，但必须铭记历史，提高警惕，紧盯战争，强军备战，特别是要以"能打仗、打胜仗"为目标，增强打赢信息化局部战争的能力，为实现国家和平崛起与民族复兴的中国梦，为实现富国强军的战略目标，为最终消灭一切战争，实现世界永久和平的崇高理想而奋斗！

该书出版之际，作者邀我作序，真诚难却，故作序，以示支持。

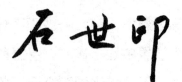

（总装备部科技委顾问、少将）

二〇一五年八月

---

① （美）罗伯特·思格尔思：《未来战争》，薛国安、张金度译，北京：国防大学出版社，2000年版，第4页。
② （德）克劳塞维茨：《战争论》第一卷，北京：解放军出版社，2012年版，第179页。

目 录

总 论 ·· 1

第一章 祸起萧墙的欧盟联系国协定 ······································ 8

　　一、独立后的乌克兰艰难转型 ·· 9
　　二、欧洲联系国协定成为乌融入欧美的关键 ······················ 21
　　三、俄坚决反对乌签署欧盟联系国协定 ····························· 34
　　四、暂停签署欧盟联系国协定引发乌克兰危机 ···················· 42
　　五、乌克兰危机是欧美战略围堵与俄崛起抗争的较量 ·········· 51

第二章 同室操戈的乌东部地区战事 ···································· 67

　　一、俄军兵不血刃占领克里米亚半岛 ································ 67
　　二、乌国防军与民兵武装的战场拉锯战 ····························· 76
　　三、乌中央政府与东部地区经济政治的较量 ······················· 90
　　四、欧美与俄公开扶植乌国内代理人 ······························· 102

五、警示 …………………………………………………………… 117

第三章　此起彼伏的经济制裁战 …………………………………… 127

一、不断扩大的签证禁令和资产冻结名单 ………………………… 128

二、层层加码的贸易和高技术制裁 ………………………………… 137

三、能源领域打压排斥与相互竞争 ………………………………… 157

四、金融体系封堵孤立与抗衡突围 ………………………………… 171

五、警示 …………………………………………………………… 179

第四章　无形杀手的网络攻防战 …………………………………… 187

一、由防御到进攻的网络安全战略与法规制度 …………………… 188

二、集中统管与分工负责的网络管理体制 ………………………… 198

三、研发实战的网络攻防装备 ……………………………………… 204

四、更新网络作战理论与实战训练 ………………………………… 210

五、警示 …………………………………………………………… 218

第五章　竞相对抗的心理威慑战 …………………………………… 228

一、军事合作全面终止 ……………………………………………… 228

二、常规军事演习规模不断升级 …………………………………… 238

三、战略演习针锋相对 ……………………………………………… 254

四、军事部署互不相让 ·· 265

　　五、警示 ·· 274

第六章　争取正统的法律战 ·· 281

　　一、一纸空文的《布达佩斯安保备忘录》等协议 ··············· 281

　　二、颇具争议的公投独立 ··· 292

　　三、各方在联合国等国际组织中的法律较量 ··············· 301

　　四、经济制裁与 WTO 规则之争 ···································· 315

　　五、警示 ·· 328

尾声 ·· 333

　　一、和平发展仍是世界主流与趋势 ······························ 333

　　二、世界形势发展复杂多变 ··· 337

　　三、世界军事变革日新月异 ··· 343

　　四、军民融合引领国家发展潮流 ·································· 352

　　五、"亚洲再平衡"战略加紧推进 ·································· 356

后记 ·· 364

总　论

"上兵伐谋，其次伐交，其次伐兵，其下攻城"，[①]这已充分说明战争并不局限于战场上炮火连天的两军正面对决。

"战争是一种以迫使对方实现我方意图的暴力行为"，[②]其根源在于经济掠夺，"战争纯粹是为了掠夺，战争成为经常的职业。"[③]在经济全球化高度发展的今天，随着信息化战争带来军民融合深度发展，以及国际战争法律制度日趋完善，战争概念的内涵和外延都在发生深刻变化。作为暴力解决争端的最高形式，现代战争从攻城掠地、割地赔款发展到控制、威慑对手并使之顺从，从纯物理的消耗发展到瘫痪并制服、控制对手。现代战争早已不再局限于正面战场的刀光剑影、壕沟对垒、飞机坦克和血肉横飞了，已经延伸到经贸制裁、政治孤立、法律争斗、封锁禁运、心理威慑、技术瘫痪和行业控制等领域，甚至人体基因突变与控制的科学领域，尤其是网络攻防异军突起。在这种没有任何炮火硝烟的战场，其残酷与破坏的暴力程度、范围和后果，甚

[①] 《孙子兵法·谋篇》。
[②] （德国）克劳塞维茨：《战争论》（第1卷），北京：解放军出版社，2012版，第4页。
[③] 《马克思恩格斯选集》（第4卷），北京：人民出版社，1972版，第120页。

至更重于枪林弹雨的战场攻防对阵。

此次乌克兰危机,淋漓尽致地展示了现代战争的本质和特征。从战场中俄乌两军对垒、乌政府军与武装民兵在乌克兰东南部地区炮火连天的残酷决战,到第二战场美欧与俄的相互制裁、无形杀手的各方网络攻防战、争取正统的法律战,到相互对抗的心理威慑战,动用了包括军事、政治、经济、外交、科技、法律、历史和文化等工具,战场从流血千里的乌克兰东南部地区,发展到欧美、亚欧和联合国安理会,甚至外层空间,其辽阔多维的战场空间、丰富多彩的战争工具、复杂多变的战争手段,以及战争本质的丰富和发展,都给我们许多思考和警示。

此次乌克兰危机,其实质是在乌克兰这一欧美与俄两大竞争对手间仅有的战略缓冲区,欧美推行对俄战略围堵与压制,与俄罗斯奋起抗争的结果。冷战结束后,雅尔塔体制下的两极格局轰然倒塌,新成立的俄罗斯病入膏肓,政治、军事、经济全面急速萎缩,其武装力量后撤1500多公里,经济上也急需西方输血治疗。作为唯一霸主的美国,"仁义不施而攻守之势异也",[1]趁着虚弱的俄罗斯处于战略收缩期,反而主导北约、联合欧盟,对其进行全面的包围与遏制,企图彻底压制俄的再次复兴与崛起。西方沿着当年彼得大帝西进的反方向,对俄从西北波罗的海国家,正西中东欧国家捷克、波兰、乌克兰等国家,以及西南巴尔干、外高加索地区等国家的三个方向,由西向东进行扩张和挤压。政治、经济上全面实施欧盟东扩,吸纳了大部分东欧国家,而且准备吸纳乌克兰、白俄罗斯和南高加索地区等独联体国家,从而最大削弱俄在欧洲事务的发言权,也彻底压制俄再次

---

[1] (西汉)贾谊:《过秦论》。

复兴崛起的可能性。军事、安全上实施北约东扩，分离和孤立俄罗斯，把军事力量延伸到俄边境。北约不顾俄罗斯坚决反对，冷战后3次东扩，从成立时12个成员国扩充到现在28个成员国，特别是没有签署《欧洲常规武装力量条约》的波罗的海三国加入，使北约国家与俄直接接壤。北约从西欧东扩到与俄接壤的波罗的海三国，使北约装甲车一昼夜、巡航导弹几分钟就可以到达俄中央地区，俄行政和工业中心（包括首都莫斯科）都处于西方战术空军和非核导弹的打击范围内，其导弹防御系统也日益逼近俄边界（2010年开始建设，2025年建成）。北约东扩从西北波罗的海三国到东南欧的土耳其和希腊，形成了从北到南对俄西部的包围圈，中间的战略缓冲区仅剩下乌克兰、格鲁吉亚、白俄罗斯和高加索国家。在这个过程中，西方不断清除亲俄国家和势力，从海湾战争、科索沃战争、伊拉克战争到阿富汗战争，不断推翻前苏联的盟友政权和势力范围。如果北约再东扩到乌克兰和格鲁吉亚等国家，把黑海沿岸国家完全纳入北约系统内，则俄西部和南部再无安全可言，因而乌克兰等国家可以说是俄对北约东扩容忍的底线，必须把北约和欧盟东扩步伐止于乌克兰以西。但美国为首的北约和欧盟已开始将手伸向仅有的战略缓冲区——乌克兰和格鲁吉亚等国家，不断与上述国家展开各种形式的军事经济合作。2008年北约峰会上，北约明确宣布要东扩吸纳乌克兰与格鲁吉亚，这将导致北约军事力量直接部署在俄西部和南部漫长的边境线上，彻底困死俄罗斯。2014年9月，奥巴马在联合国大会发言中，公开将俄罗斯、"伊斯兰国"恐怖组织和埃博拉病毒并称为当今世界和平面临的三大威胁。西方欲用各种军事政治经济外交手段，置俄于死地而后快。

面对美国为首的北约与欧盟的疯狂进攻和围堵，俄且战且退，以空间换时间。"十年生聚，十年教训"①，依靠丰富的石油天然气等资源，在普京领导下的俄罗斯走上复兴之路，逐渐摆脱了苏联解体时期的困境，政治、经济、军事等各项事业逐渐恢复，俄开始以武力反击欧美的战略挤压与围堵。2008年北约峰会明确东扩乌克兰和格鲁吉亚后，俄当即以战争的形式严惩了积极加入北约的格鲁吉亚，俄格战争给北约当头棒喝，使得北约再次东扩乌克兰和格鲁吉亚的计划破产。为此，西方又推出各方比较容易接受的欧盟东扩，以经济政治发展引诱乌克兰和格鲁吉亚等独联体国家，并将其纳入西方体系，变相实现围堵压制俄的目的。俄格战争结束后的2009年，欧盟开始加快吸纳乌克兰和格鲁吉亚等国的进程，试图使他们摆脱俄的影响，从而彻底破坏俄力主构建的欧亚经济联盟与独联体国家发展战略，由此引发了俄出兵占领乌克兰克里米亚半岛，并导致了乌克兰危机持续升级，也给北约和欧盟继续东扩画下了乌克兰分裂的红线。

殷鉴不远，今天的乌克兰危机就是明天中国和平发展中可能要遇到的问题。中国近年来迅速发展，GDP位列世界第二，其日益增长的政治经济影响力开始对美国在亚太地区的霸权与强权政治构成直接挑战，对西方主导的不平等国际经济政治旧秩序形成了较大冲击，以美国为首的西方势力开始疯狂围追堵截中国，以继续保持自己在亚太地区的绝对霸权。图穷匕现，根据维基解密的美国外交记录显示，2009年，时任美国国务卿的希拉里在请教澳大利亚原总理陆克文如何应对最大的债主中国时，陆克文就告诫希拉里说，美国要做好对中国动武的准备。2012年奥巴马在访问澳大利亚时，曾公开宣称让十几亿中国人过上美国式的生活是全世界的悲剧。

---

① 《左传·哀公元年》。

为彻底压制和围堵中国和平发展和复兴，从 2011 年开始，美国宣布立即结束在伊拉克和阿富汗的十年反恐战争，重返亚太，积极推行针对中国的"亚太再平衡"战略。在政治上强化与中国周边国家和地区的同盟与准同盟关系，不断强化与我国台湾地区的政治关系，不惜放纵日本右翼军国主义势力，企图重新武装越南和菲律宾。在经济上频繁发动针对中国的"反倾销"，其数量和规模举世罕见，同时以国家安全等为由积极打压海外中国投资与中资企业拓展国际市场。在国际贸易上另起炉灶加紧推进不包括中国的《跨太平洋战略经济伙伴关系协定》（TPP）和《跨大西洋贸易与投资伙伴协议》（TTIP），企图彻底架空 WTO，把中国排除在世界经贸体系和经济全球化之外。在军事上加快落实公开针对中国的"空海一体战"构想（后改名为"全球公域介入与机动联合"），通过"跨域协同"，以空、海军为主体，组建陆、海、空、天、电磁和网络等一体化联合打击力量，在亚太地区不断挤压我战略空间。美军 60% 的海、空军力调往亚太地区，并在我周边地区部署最新式武器，如 F-22A 隐身战斗机、B-2A 隐身轰炸机、"俄亥俄"级核潜艇、"宙斯盾"驱逐舰、"萨德"高空反导系统等，还积极组建针对我的亚洲导弹防御系统，多次向台湾出售先进的武器，并企图把台湾纳入其对我的作战体系。此外，美军还长期对我东南沿海进行高密度的机舰侦察。挂着海盗旗的美军舰队时常在我南海地区耀武扬威，打着"航行飞越自由"的国际法幌子，派遣舰只强闯我南海岛礁 12 海里海域，B-52 重型轰炸机进入我东海防空识别区。近年来，美国与日本、韩国和菲律宾等国家在我周边海域频繁举行规模空前的海空演习，逐渐形成从韩国、日本、台湾地区、菲律宾、新加坡、越南、澳大利亚、印度和中亚等对中国的军事包围圈。在外交上热衷于挑拨中国对外关系，积极散布"中国威胁论"和对非洲的"新殖民主义"，公开支持周边越南、菲律宾等国不断挑衅中国，不断唆使日本、韩国、印度和澳大利亚等国家武力介入我南海争端，教唆东盟成立联合舰队对付中国，积极挑拨内地和香港关系。在文化上利用网络等新兴媒体，加强对中国的文化和价值观渗透，千方百计想要颠覆中国传统的文化和价值观。

美国为首的西方实质上就想把中国彻底困死在第一岛链内，永远做西方优质产品与服务的提供者和资金贷款人，中华民族艰难的复兴之路同样也是坎坷的反围堵和反霸抗争之路。

"你也许对战争不感兴趣，但战争却对你感兴趣"，[1]愿从小就读诵着"人之初，性本善"的中国人，能从此次乌克兰危机中最大限度地汲取教训和力量，为我五千年文明之薪火相传，为13多亿勤劳善良民众之生生不息，为中华民族之和平发展而努力。

---

[1] （俄）列夫·托洛茨基。

第一章

祸起萧墙的欧盟联系国协定

第一章 祸起萧墙的欧盟联系国协定

2013年底,因暂停签署欧盟联系国协定、恢复与关税同盟及独联体国家关于加强经贸联系的磋商,乌克兰亚努科维奇政府遭到受美欧等国公开支持的国内反对派势力暴力推翻,导致俄占领克里米亚半岛和乌东部亲俄地区的独立运动,由此引发了乌克兰危机,俄与美欧就此展开了一系列经济、政治、军事和外交等诸多领域的对抗,范围扩展至全球,甚至外层空间,危机持续升级。

乌克兰危机,是地处俄和美欧战略缓冲区的乌克兰,选择亲俄还是亲西方道路的地缘政治纷争,继而演变为俄与美欧直接对抗。乌克兰危机的实质是复兴与崛起的俄罗斯以战争的形式反抗美欧霸权与战略围堵的战役。这场战役将随着双方诸多领域的综合较量而持续下去,必将对多极化时代全球地缘政治关系产生重大而深远影响。

一、独立后的乌克兰艰难转型

由于处于欧美和俄直接对抗的中间缓冲地带，独立后的乌克兰转型艰难。

（一）基础条件优越，地处欧洲心脏

乌克兰国土面积仅次于俄罗斯，是欧洲第二大国，面积约60万平方公里，有130多个民族、4500多万人口。其中：乌克兰族人占77%，主要生活在西部；俄罗斯族人占22%，主要分布在东部和南部地区；其他民族占总人口不超过1%。全国有24个州、2个直辖市、1个自治共和国，共27个一级行政区。世界两大宗教（基督教、伊斯兰教）和五大宗教派别（天主教、东正教、浸礼教、犹太教和伊斯兰教）都汇聚于乌克兰。官方语言为乌克兰语，俄语为通用语言，数据显示分别以乌克兰语和俄语为母语的居民占全部居民的比例在2001年为67.5%和29.6%，2005年为64.3%和34.1%，2006年为60%和38%。[①]

乌克兰工农业基础比较发达，自然条件得天独厚，矿产资源丰富，农业灌溉便利，2/3国土为肥沃的黑土地，占世界黑土地总量的30%，与美国密西西比河平原、中国东北平原一起号称世界三大黑土地。粮食产量位居世界前列，是世界上第三大粮食出口国，有着"欧洲粮仓"美誉。科学教育发达，居民文化程度较高，有高校300多所，其中基辅大学世界排名第20位。在20世纪90年代的时候，每1000名15岁以上居民中，就有800多人受过高等和中等教育。工业发达，是独联体国家中科技实力仅次于俄罗斯的科技大

---

① 侯昌丽："乌克兰语言政策探析"，《民族论坛》2012年第3期。

国。军事工业和航天航空工业比较突出,是苏联冶金、机械、化学工业中心,先后设计并制造了四代战略导弹、多功能遥感卫星、T-80坦克等装备。钢产量约占全苏1/3,东部地区是苏联最重要的煤炭冶金基地和军工基地。苏联飞机发动机90%在乌克兰生产,其生产的300吨载重的安-225是世界上最大的军用运输机,曾一次性空运我出口土耳其的4辆编组有轨电车。① 乌克兰是国际空间站计划成员国,国际空间站上建有"乌克兰舱"。其造船业水平也很高,曾建造了著名的"瓦良格"号航空母舰。

乌克兰地处欧洲心脏,地理位置非常重要(图1-1)。乌克兰为欧亚交汇战略枢纽,南邻黑海、东接俄罗斯、西连波兰和罗马尼亚等7个欧盟国家、北邻白俄罗斯,能辐射独联体、欧盟、北非等地,南部有2000多公里的

图1-1 乌克兰地处欧洲心脏

---

① "世界最大运输机空运中国城铁列车到土耳其",http://news.xinhuanet.com/photo/2013-11/29/c_125783993.htm,最后访问日期:2015-6-18。

海岸线,与土耳其隔黑海相望。1887年,奥匈帝国对乌克兰地区进行过一次军事测量,认为乌克兰是欧洲的地理中心。1911年维也纳地理学会通过了关于欧洲地理中心的有关决议,确认欧洲中心位于西乌克兰境内。第二次世界大战结束后,苏联专家也对此进行过测量,认为欧洲中心就位于乌克兰拉希姆城市的不远处。所以,"谁控制了东欧,谁就统治了心脏地带;谁控制了心脏地带,谁就统治了世界岛;谁控制了世界岛,谁就统治了世界。"①

(二)长期作为地理概念

由于地处欧洲心脏、亚欧十字路口的战略要地,乌克兰历来为兵家必争之地,其历史上战乱频繁,从未作为独立国家和民族存在过,仅仅表示地理概念,始终被周边强国吞并瓜分。

乌克兰在古罗斯语中是"边陲"之地的意思,是古基辅罗斯国的西南边陲之地。公元9世纪,东斯拉夫民族在第聂伯河流域(今乌克兰境内)建立基辅罗斯国家,为乌克兰、俄罗斯和白俄罗斯的共同祖先。基辅享有"俄罗斯城市之母""俄罗斯文明摇篮"的美誉。公元988年,基辅罗斯大公弗拉基米尔迎娶拜占庭帝国的安娜公主,为表示诚意,大公宣布基督教为国教(后称东正教,意为"基督教东方正教"),基辅罗斯成为欧洲基督教文明大家庭一员。公元11世纪,基辅罗斯进入全盛时期,版图东至伏尔加河、西抵喀尔巴阡山脉、北起拉多加湖、南抵黑海,成为当时欧洲最大的国家。这段辉煌历史给俄罗斯、乌克兰民族打上深深烙印,以至于今天他们都认为自己是基辅罗斯的历史继承者。

公元12世纪,盛极一时的基辅罗斯走向封建割据,后又遭到蒙古国入侵,基辅罗斯开始走向衰亡,国家分裂为若干个罗斯公国。公元13世纪上

---

① (英)麦金德。

半期，蒙古大军西征中，东北罗斯沦为蒙古金帐汗国属国，并逐渐演变成今天的俄罗斯。西南部罗斯因地处偏远，蒙古大汗鞭长莫及，被立陶宛大公国和波兰征服，成为今天的乌克兰。后来莫斯科大公国在摆脱蒙古金帐汗统治的过程中，宣称自己是"大俄罗斯民族"，乌克兰被划归"小俄罗斯民族"。约从公元14世纪起，乌克兰人开始脱离古罗斯而形成为具有独特语言、文化和生活习俗的单一民族。1569年，波兰与立陶宛实现联合，成立波兰—立陶宛共和国（也称波兰共和国），并占领了乌克兰全境，只有南方克里米亚半岛由土耳其控制。① 公元15世纪乌克兰出现哥萨克阶层，②但没有建立自己的国家。波兰对乌克兰实行残酷的殖民统治，推行农奴制，建立大庄园，禁止乌克兰农民开垦荒地、限制城镇中乌克兰人口数量，向乌克兰人征收沉重的赋税；大力推行天主教，要求乌东正教会隶属罗马教皇，把信仰东正教的乌克兰人民众视为二等公民。③

波兰的殖民统治激起乌克兰人强烈反抗。从公元17世纪二三十年代开始，乌克兰不断出现反对波兰殖民统治的起义。1648年乌克兰爆发了由哥萨克盖特曼（首领的称呼）波格丹·赫麦尔尼茨基领导的反波兰民族大起义。由于势单力薄，赫麦尔尼茨基试图寻求可靠的盟友以共同抗衡波兰。权衡利弊后，赫麦尔尼茨基最终选择与沙俄结盟。1654年1月18日，在基辅近郊的小城佩列亚斯拉夫，赫麦尔尼茨基代表乌克兰与沙俄签署俄乌合并的《佩列亚斯拉夫条约》，建立了乌俄共同反对波兰的军事政治同盟，奠定

---

① （美）保罗·库比塞克：《乌克兰史》，北京中国大百科全书出版社，2009年版，第36-38页。
② 哥萨克一词源于突厥语，愿意是指脱离本民族的自由民，后被借用称呼生活在波兰、俄国和克里米亚汗国边缘地带、第聂伯河下游石滩一带的自由人，这一群体由逃亡的农奴、宗教人士、贵族和罪犯等不受政府管束的自由人组成，除了从事渔业、农业和狩猎业外，这些人还经常劫掠南部鞑靼人和土耳其人。16世纪50年代，哥萨克在扎波罗热地区的第聂伯河岛屿上建立自己的要塞——塞契。塞契有自己的议会——拉达，并选举首领盖特曼。参见赵云中：《乌克兰：沉重的历史脚步》，上海：华东师范大学出版社，2005年版，第126页。
③ 沈允："乌克兰民族问题：对苏联民族问题历史渊源的探讨"，《苏联历史问题》1983年第4期。

第一章 祸起萧墙的欧盟联系国协定

了俄乌关系的基本框架,但没有明确提出俄乌未来关系发展的原则基础。1654年3月13—27日,乌克兰代表团在莫斯科签订了乌俄同盟的具体条款——《鲍格丹·赫梅利尼茨基基本条款》(也称三月条款)和《赋予扎波罗热部队特权》的文件,[1]保留了乌克兰的政治、军事、外交自治权。1654—1667年,波兰与沙俄在乌克兰地区爆发了13年大规模战争,终于在1667年签署《安德鲁索沃和约》,[2]乌克兰领土以第聂伯河为界,第聂伯河左岸,也就是今天的乌克兰东部归沙俄,而右岸即乌克兰西部选择了加入波兰。由于政治环境相对宽容,西乌克兰能够保留乌克兰族的语言、文化和习俗,民族意识更加强烈,也更加倾向西方,这种归属差异性一直延续至今。1787年,沙俄通过长期对土耳其战争夺取了克里米亚半岛。1795年俄又同奥、普第三次瓜分波兰,俄取得了长期在波兰统治下的乌克兰西部,最终完成了对乌克兰的吞并,但乌东西部分野并未得到弥合。

沙俄与东乌克兰合并后,并不想认真对待上述条约中的条款。在沙俄看来,俄乌关系就是宗主国与附庸国的关系,应该取消东乌克兰的自治制度,双方矛盾在对波兰战争中得到体现。[3]在俄乌联军大败波兰的时候,瑞典趁

---

[1] 这些文件规定了乌克兰在俄罗斯国家组成中的法律地位,沙俄保证不改变乌克兰的政治和社会经济体制,承诺保护乌克兰,乌克兰承认沙皇的最高权力,同时几乎享有独立国家的所有权利:拉达仍为乌克兰最高权力机构;哥萨克有权选择盖特曼,但需要向沙皇通报;保留哥萨克军团建制以及市民和农民选举的地方行政机构;保留乌克兰财政和税收制度;保留乌克兰独立的司法机构;保留哥萨克特权和农民、市民的所有权利。哥萨克军队仍由盖特曼指挥,册编哥萨克为6万人。协议仅从三方面限制乌克兰的权力:乌克兰最高权力机构必须承认沙皇;盖特曼需向莫斯科通报外国使团来访情况;乌克兰作为沙俄的保护对象须向沙皇纳税。苏联解体后,该协议引起俄乌广泛争议,俄学者多强调俄乌合并是基于彼此之间紧密的历史文化联系。大多数乌克兰学者对此持否定态度,认为从法律上说,《佩列亚斯拉夫条约》是俄乌之间的"政治联盟",乌克兰是俄国的"附属国""保护国"。对于协议的影响,乌克兰人普遍认为,这是乌国家的严重错误和战略失策,导致乌克兰人失去了国家和民族独立。俄则认为与俄国合并是乌克兰不得已作出的选择,并且使俄国不得不与波兰经常处于战争状态,乌克兰应当对沙皇接受乌克兰臣服表示感谢。此外,还有人认为协议一方面使乌克兰摆脱波兰人奴役,另一方面沙皇俄国又违反协议,逐渐根除了乌克兰的种族特性。
[2] 该协议为结束1654—1667年俄波战争而签署,波兰把斯摩棱斯克领地和切尔尼戈夫领地归还给俄国,确认第聂伯河东岸(即左岸)的乌克兰地区重新并入俄国。
[3] 顾志红:《非常邻国:乌克兰和俄罗斯》,北京:国防大学出版社,2000年版,第52页。

机侵入了波兰。由于瑞典是沙俄的老对头,沙俄在完全不顾乌克兰感受的情况下单独与波兰讲和,引发乌克兰极大不满。1658年,在波兰和瑞典战争中,乌先与沙俄的对头瑞典结盟,后又与波兰亲近,引发了俄乌战争,俄15万军队杀进基辅,并于1659年逼迫乌签署《佩列亚斯拉夫条款》,大大限制了乌的自治权利。①

1667年《安德鲁索沃和约》签订后,沙俄一步步限制缩小东乌克兰盖特曼体制为主的自治权,实施建立"小俄罗斯"的计划。1702年,在波兰统治下的乌克兰第聂伯河右岸地区爆发了大规模哥萨克起义,正当波兰全力对付哥萨克时,瑞典人又入侵波兰,乌克兰第聂伯河左岸盖特曼马泽帕乘机率兵统一了右岸地区。但之后俄与瑞典为争夺波罗的海而爆发北方战争时,彼得一世调用大批乌克兰哥萨克军队来充当炮灰,而乌克兰则希望沙俄派出军队保护其安全与利益,但遭到沙俄拒绝。由于沙俄违反了《佩列亚斯拉夫协议》中有关保护乌克兰的条款,乌克兰最终决定与瑞典结盟来反对俄国。乌克兰的叛乱为沙俄削弱其自治制度提供了契机,1709年沙俄血洗乌克兰,后乘北方战争的胜利之机强行取消乌克兰的自治制度。1722年,彼得一世在乌克兰成立小俄罗斯衙门管理乌克兰,全面推行殖民统治,还把外交衙门部主管的乌克兰盖特曼事务改由参政院管理,实际上把乌视为俄的普通行省,乌克兰哥萨克领导人由沙皇亲自任命。叶卡捷琳娜二世执政时期,俄基本废除了乌克兰自治制度。1764年,女皇颁布诏书,成立以总督为首的小俄罗斯衙门代替乌克兰盖特曼政权,小俄罗斯衙门由4名俄罗斯官员和4名亲俄的乌克兰人组成,总督则由俄国人担任。至此,延续了近200年的乌克兰盖特曼自治制度被废除。1781年女皇取消了小俄罗斯衙门,在乌克兰设置基辅、

---

① 条款规定:盖特曼及整个乌克兰从属于沙皇,不经沙皇同意达拉不得推举更换盖特曼;盖特曼无权进行外交和对外国宣战;哥萨克团以上军官须经沙皇批准;沙俄部队驻扎在乌克兰主要城市等。

切尔尼戈夫和诺夫哥罗德—谢维尔斯克辖区三个总督辖区,辖区设置与俄行省完全一致。1783年乌克兰自治单位——哥萨克军团建制被撤销。此外,沙俄还强行在乌推行俄化政策。1876年沙皇亚历山大二世签署厄姆斯法令:禁止乌克兰语言、书籍、歌曲,教育上用俄语来取代乌克兰语,在乌克兰推行农奴制等。

沙皇的奴化统治激起了乌克兰人的强烈反抗。为反对沙皇的土地政策,乌克兰农民仅在19世纪60年代就进行了大约3100次波及4160个村庄、200万农民的起义。1860年至1870年乌克兰工人罢工和起义72次,1880年至1899年间为340多次。①

第一次世界大战期间沙俄解体,乌克兰在德国的支持下曾短暂独立,后波兰复国并重新占领了乌克兰西部地区。根据波兰和苏联1921年签订的《里加条约》,西乌克兰成为波兰领土,东乌克兰于1922年作为加盟共和国加入苏联。1939年9月,苏联根据《苏德互不侵犯条约》秘密议定书中关于瓜分波兰的条款,占领了西乌克兰,东西部乌克兰才真正统一成为苏联加盟共和国。此后,乌克兰经历了苏联时期的"大清洗"、大饥荒和切尔诺贝利核泄漏事件,乌克兰民族损失惨重。1990年7月16日,乌议会通过《乌克兰国家主权宣言》。1991年8月24日,乌克兰政府发表国家独立宣言,正式脱离苏联独立,改国名为乌克兰,并加入联合国。至此,乌克兰才开始真正成为一个独立国家。

(三)国内严重分裂对立

长期分裂割据混战和异族统治,使得乌克兰独立后国内分裂对立严重。以第聂伯河为界,左岸为东部和南部地区,主要是俄罗斯族人,讲俄语,信

---

① 马贵友:《列国志—乌克兰》,北京:社会科学文献出版社,2003年版,第40页。

奉东正教，人口约占乌克兰总人口的1/3，在文化、心理上亲俄情绪比较重，历史上曾有新俄罗斯之称，希望继续与俄保持紧密关系。近年来，东南部敖德萨和西姆费罗波利地区为女皇叶卡捷琳娜二世重新修建纪念碑，为曾经解放乌克兰、后被乌克兰民族主义者杀害的苏联杰出统帅瓦图京将军建立了纪念碑。而第聂伯河右岸为西乌克兰地区，以乌克兰族为主，说乌克兰语，宗教信仰是天主教，约占乌克兰总人口的2/3，长期分割而形成强烈的亲西方情绪，一直以欧洲人自居，对加入欧盟的热情高涨，对俄没有好感，甚至把俄对东乌克兰统治认定为殖民统治。在西乌克兰，人们为第二次世界大战期间与纳粹德国合作的民族主义者舒赫维奇、班杰拉等人树立雕像和纪念碑，一些街道也以他们的名字命名。

经济因素也使乌东南部地区面向东方，西部地区面向西方。东南部地区为苏联的重工业和加工工业区，一直与俄在经济上相互依存，希望加强与俄关系，认为"乌克兰人是俄罗斯人的兄弟，两者属于共同的家庭"。而西部地区为农业区，主要面向欧洲领国，视自己为欧洲的一部分，认为"我们原本就属于欧洲"，①主张发展与欧盟的一体化进程，强烈反俄。一项民意调查发现，2008年，仍有12.5%的乌克兰人并没有将乌克兰视为祖国，同时有31.5%的人并不以自己的乌克兰公民身份为荣。② 面对国内严重的分裂对立，乌学者维克托·斯捷潘尼科指出，尽管1991年全民公决中有超过90%的乌克兰公民投票赞成独立，但现在看来，这一结果的出现显然更多的是出自社会和经济考虑，而不是争取乌克兰民族独立观念的胜利。③

---

① Olesia Oleshko,"In Search of Ukraine's Identity",*The New Presence*,Vol. 12,No. 3,2009,p. 30.
② Gorshenin Institute,*Annual National Social Research Program: Ukrainian Statehood*,Kyiv: Gorshenin Institute,2009,pp. 2 – 3.
③ Igor Khrestin,"Constructing a Common Ukrainian Identity: An Empirical Study",*Journal of Undergraduate Research*,2002,pp. 57 – 58.

第一章　祸起萧墙的欧盟联系国协定

乌克兰独立后的数次总统选举，东西部地区泾渭分明。1994 年大选，西乌克兰选民支持亲西方的克拉夫丘克，东部选民支持主张与俄发展关系的库奇马。2004 年亲西方的尤先科获得乌克兰西部 17 个行政区域的支持，亲俄的亚努科维奇获得东南部 10 个行政区的支持。2010 年大选，东部地区民众支持亲俄的亚努科维奇，而西部则支持亲西方的季莫申科。同时亚努科维奇被西部民众指责为俄傀儡，而东部人则视季莫申科为西方机会主义者。选举以亚努科维奇微弱优势获胜，但亚努科维奇在选票上从未赢得乌克兰西部任何一州，季莫申科也没有赢得东南部任何一州。[1]

图 1-2　2010 年乌克兰总统大选

对于乌克兰东西部分裂现象，"传统欧洲文明的疆界结束于基督教尽头和东正教—伊斯兰教开始的地方。而这条'文明断裂带'正好穿过乌克兰，

---

[1] 朱适："试析两次乌克兰总统选举与乌国内政治危机"，《国际论坛》2010 年第 5 期。

沿着第聂伯河把乌克兰划分成相互对立的东西两部分。"①独立后的乌克兰之所以没有能够建构起统一的民族国家观念，其根源在于不同地区的民众在身份认同上的巨大分歧。"西方文明与东正教文明的断层线一直贯穿着乌克兰领土，独立后的乌克兰实际上是一个具有两种文化的、分裂的国家"，②所以乌克兰作家安德烈·库尔科夫说："在乌克兰，没有一个胜利是双方都会庆祝的。"③

（四）国内经济政治危机重重

独立之前，乌克兰是苏联除俄之外发展最快的地方，经济实力位居各加盟共和国第二，被认为是最有前景的苏联加盟共和国，其国民生产总值约占全苏的25%，生铁、钢、煤产量分别占全苏的50%、36%、33%。④

独立后，乌克兰的经济转型和发展是失败的，经济危机严重，一直没有恢复到苏联时期的经济水平，是欧洲最贫穷的国家之一。独立后乌克兰国内生产总值连续10年下降，下降最多的年份（1994年）竟达22.9%。从2000年起，乌克兰经济才开始回升。2008年国际金融危机爆发之后，乌经济再次陷入危机，2009年经济总量下降15%，而物价则上涨了16%，创下世界第一的纪录，⑤至今没有走出国际金融危机的阴影。2014年2月4日，乌克兰审计署公布的1990年至2012年国内生产总值数据显示：2012年国内生产总值为1678亿美元，人均国内生产总值3685美元。得益于人口减少，居民月平均工资水平约合329美元，实际GDP相当于1990年的69.5%，人均实际

---

① （美）塞缪尔·亨廷顿：《文明的冲突与世界秩序的重建》，北京：新华出版社，1998年版，第171页。
② Vyacheslav Nikulin and Nataliya Selyutina, "Geopolitical Orientations of Ukrainian Political Elites and the Electoral Campaign of 2006", *Perspectives on European Politics and Society*, Vol. 8, No. 4, 2007, p. 544.
③ 转引自何卫："悲情的历史与复杂的现实——乌克兰危机'偶然中有必然'"，《北京日报》2014年3月24日，第19版。
④ 徐奎：《苏联概览》，北京：中国社会科学出版社，1989年版，第538页。
⑤ Judy Dempsey, "International Monetary Fund Withholds ＄3.5 Billion Loan to Ukraine", *New York Times*, December 10th, 2009.

GDP 相当于 1990 年的 81.1%。① 世界银行数据显示，2013 年乌克兰国民生产总值为 1774 亿美元，相当于 1990 年的 70%。这对于拥有良好人力资本、丰富矿产、发达工农业的乌克兰来说，实在是遗憾。② 此次乌克兰危机更是使原本脆弱的国民经济雪上加霜，已处于崩溃边缘。据乌央行 2014 年底数据，2014 年 GDP 下降 7%，货币格里夫纳比 2013 年贬值幅度超过 60%，跌至历史低点，2015 年以来，该货币汇率已下跌近半。通货膨胀率则高达 90%，2015 年通货膨胀可能再升 25%。国债占 GDP 比重已接近危机边缘。俄乌经济关系也遭到破坏，2014 年全年乌对俄出口值将下降至少 35%。③ 2014 年 8 月 25 日，全球三大评级机构——惠誉国际信用评级有限公司将乌克兰主权评级降至 CCC 级，即国家"濒临破产"。惠誉对乌克兰经济预测不容乐观：2014 年国内生产总值至少下降 6.5%，2015 年和 2016 年经济也不会出现增长。为应对严峻形势，2015 年 5 月 19 日，乌克兰议会通过法令，停止清偿重组中的外债，规定在内阁决定延期清偿贷款的情况下，禁止对国有财产提起诉讼，该法令有效期将至 2016 年 7 月 1 日。5 月 28 日，乌总统波罗申科签署批准了议会上述有关冻结支付外债的法律，在《关于国债、国家担保债务和地方债合约实施特点》的法律中，赋予政府必要时停止按计划偿还外债的权限，这可能是乌国家债务违约第一步。对此，5 月 20 日，俄罗斯财长安东·西卢阿诺夫表示，若乌克兰政府决定中止偿还拖欠俄债，并在 6 月 20 日不支付 7500 万美元的债息，俄罗斯将上诉国际法庭。

政治方面，乌国内寡头当道、腐败横行。乌克兰在独立后的私有化过程

---

① 张弘:《乌克兰政治危机背后的经济因素解析》，http://news.ifeng.com/opinion/wangping/wukelan/，最后访问日期:2015-6-15。
② (波兰)格泽高滋·W·科勒德克,"乌克兰:在东、西之间艰难抉择",《中国经济周刊》2012 年 6 月 18 日。
③ 韩奕琛:"乌克兰撕裂之痛",《球世界》2014 年第 5 期。

中，一部分人利用权力成为经济寡头，实际操纵着这个国家是来自顿涅茨克、第聂伯罗彼得罗夫斯克和基辅的不同企业组成的地方势力集团。库奇马总统时期利用手中权力私售军火，甚至变卖现役军队装备。前总理兹维亚吉拉斯基（1993.9—1994.6在位）因涉及贪渎潜逃至以色列。前总理拉扎连科（1996.5—1997.7在位）2005年名列透明国际全球十大腐败元首中的第八位，潜逃美国后被美国法院判处9年监禁。前总理季莫申科被称为乌克兰"天然气公主"和"石油皇后"，其公司仅在天然气贸易中的年营业额就曾超过100亿美元。后来季莫申科被检察院指控越权与贪腐，被判处有期徒刑7年。亚努科维奇领导的"地区党"聚集了乌克兰国内众多富豪，如艾哈迈托夫集团、季吉普科集团、博伊科集团。亚努科维奇的长子亚历山大因在国家采购项目中屡屡中标而迅速跻身亿万富翁行列，他的个人资产在2013年已达5.1亿美元，其旗下的19家公司涉足金融、地产、能源等多个行业，家族基本上拥有了乌克兰所有的好企业。新总统波罗申科号称"巧克力大王"，在俄和西方都有巨大的商业利益。2013年的乌克兰GDP总值仅为1774亿美元，而在福布斯2013年乌克兰富豪榜数据中，最大富豪——里纳特·阿克梅托夫的个人资产超过150亿美元，前100名乌克兰富豪的总资产约有1300亿美元，占国民生产总值的80%。从透明国际近10年所发布的各国政府清廉指数来看，乌克兰排名稳居倒数30名左右，属于极度腐败的国家之列。2009年，乌克兰在总共有180个国家的世界腐败排行榜中名列第146位。乌国内经济、司法、海关、警察、军队、卫生和教育等领域的腐败现象也相当普遍，不胜枚举。2015年6月4日，乌总统波罗申科在谈及国内问题时承认未能战胜该国的贪污腐败，他表示："我一年前曾说'官员不收——群众不送'，目前任何一方都没能遵守，我在此向社会寻求援助。"

乌克兰在军事方面微不足道。苏联解体时，乌克兰有1000多件战略核武器，成为世界第三大核武器国家，加上上百万军队和苏联先进的常规装备，其军事实力令绝大多数国家望尘莫及。但乌克兰并没有将这些实力视为国家主权与领土完整的保护神，而是在美国的资助下将其核武器全部销毁，或归还俄罗斯。乌克兰几乎是在一夜之间由一个地区性强国，变成了一个需要依附他国才能生存的弱国。乌克兰依靠与美、英、俄等国家签署的《布达佩斯安保备忘录》等协议，放弃核武器和大规模杀伤性武器，上述大国保证乌克兰国家安全与领土完整。由于独立后经济长期下滑，所以乌国防松弛。2014 年 4 月 3 日，"今日俄罗斯"电视台报道了乌军事实力：现役总兵力 18 万，200 架战机和 1100 辆坦克，每名军人的年度开支为 12000 美元。2012 年乌克兰议会曾规定乌武装力量总人数不得超过 18.4 万人。2015 年 3 月 5 日，由于东部地区战事需要，乌议会表决通过扩军法，武装力量总人数将达到 25 万，其中作战部队 20.4 万人。当前乌军年军费不足 20 亿美元，空军能投入作战的战斗机仅有 20 多架，海军能执行任务的作战舰艇 40 多艘，潜艇只有 1 艘，装备基本停留在苏联解体时水平，破败不堪。此次乌克兰危机中，乌军损失惨重，民兵武装击落数十架乌军机，乌海军舰艇大半投诚俄军，上万乌国防军投降俄军，数万乌国防军伤亡。

鉴于国内重重危机，独立后的乌克兰渴望摆脱苏联和俄罗斯的体制，加入富足的欧盟和西方，实现国家民主富强转型。瑞士洛桑管理学院发布的《2013 年国际竞争力年报》显示，俄在榜单中排名第 42 位，相较之前虽有明显上升，但欧盟主要成员国位次都比俄高很多，其中德国第 9 位，英国第 18 位。大多数乌克兰人认为，如果乌克兰要尽快实现国家民主与现代的转型，加入欧盟是必然选择。

二、欧洲联系国协定成为乌融入欧美的关键

乌克兰历史上饱受强国奴役，独立后国力衰微，急需实现富强民主转

型,以维护国家安全,但又不愿意回到俄旧有的强权体系中去,所以乌不断试图摆脱俄罗斯,融入欧美体系,希望能借此转型为现代民主富强国家。

(一)力图"脱俄入欧"

俄乌两国矛盾由来已久,"乌克兰民族对大俄罗斯民族的愤慨和不信任,已经积累好几百年了。"[①]长期对乌推行俄化政策,禁止乌克兰民族思想与文化的传播,后又有乌克兰的大饥荒、斯大林时期的大清洗和切尔诺贝利核泄漏的瞒报,两国矛盾很深。独立后的乌克兰不甘心当"小俄罗斯",但出于居中获利的现实考虑,加入了俄主导的独联体,积极加强与亚欧经济联盟的关系,但对在前苏联范围内与俄签署联盟性质的条约非常谨慎,国内民众对于再次回到俄控制下的联盟存在强烈抵触情绪。如苏联解体时,俄力主独联体国家建立由其主导的统一武装力量,正是由于乌克兰坚决反对并自建乌克兰国防军,才使俄计划落空。1992年俄主导独联体国家成立军事联盟组织的集体安全条约组织,乌克兰就没有签字加入。1993年《独联体经济联盟条约》签署时,乌克兰也没有签字,只承认为联系国。

许多乌克兰人认为,俄对于乌克兰而言,代表过去的专制压迫和贫穷,而欧美则代表富强民主。根据IMF2014年发布的数据,欧盟2013年GDP总额达到17.36万亿美元,俄只有2.2万亿美元。5亿人口的欧盟人均34038美元,而1.5亿人口的俄罗斯只有14586美元,俄、白、哈三国的欧亚经济联盟2013年经济总量也只有2.4万亿美元,所以乌克兰一直渴望"脱俄入欧"。

为了实现国家现代转型,乌总体上一直在脱俄入欧。克拉夫丘克执政

---

① 《列宁选集》第38卷,北京:人民出版社,1986年版,第42页。

第一章 祸起萧墙的欧盟联系国协定

时期，不顾国情，盲目全盘西化，导致经济工业全面灾难性倒退，迫使克拉夫丘克采取两边获利政策，既主张联合俄罗斯，又主张加入欧盟和北约。库奇马当政时期，在国家各领域推进乌克兰化，积极加入北约与欧盟，公开宣布乌国家战略是实现与欧盟一体化。同时库奇马也积极发展同俄的关系，2003年倡导建立独联体国家经济联盟，企图两边获利。尤先科时期亲西方色彩更加突出，乌俄关系走向公开对抗。尤先科对内积极支持乌民族主义者，厉行去俄罗斯化政策，发布命令禁止使用俄语，甚至在俄族人聚居区克里米亚也是如此，同时表彰第二次世界大战中同法西斯合作的舒赫维奇和班杰拉等人，甚至包括车臣前分离主义领导人杜达耶夫。对外深化与西方合作，尤先科推翻了库奇马签署的关于与俄建立统一经济空间协议，开始与北约进行联合军事训练，支持美国在东欧部署导弹系统。这时期俄乌关系跌至低谷，走向公开对立，甚至兵戎相见。在俄格战争期间，俄乌两军在黑海对峙，尤先科甚至公开向格鲁吉亚提供武器和作战人员，为黑海舰队参与俄格战争设置障碍，并宣称乌克兰"研发武器并加入北约是为了提防俄入侵，俄威胁欧洲安全"。亚努科维奇上台后，为缓和与俄关系，在2010年7月签署了《对内对外政策原则法》，明确放弃加入北约，奉行独立自主的不结盟政策，不加入任何政治军事同盟，实际上这是基辅重回"平衡外交"的结果，同样切断了乌加入独联体集体安全条约组织的后路。但此时乌克兰与北约的关系并没有疏远，双方仍积极开展各种合作，包括"海上微风"系列大规模军事演习。北约还呼吁基辅对在欧洲部署反导系统形成本国的立场，并准备邀请其进行合作。在"平衡外交"影响下，俄乌关系得到一定程度缓和。2013年底亚努科维奇暂停签署欧盟联系国协定，转而加强与俄主导的欧亚经济联盟的经济关系。亚氏暂停签署的举动只是权宜之计，真实想法是希望在欧亚经济联盟和欧盟之间达成妥协和平衡，从两方面取利。但现实情况是，俄与欧盟都在加强区域一体化整合，要求乌做出非此即彼的选择，进而对亚努科维奇的东西平衡外交形成极大压力，最终引发乌克兰危机。波罗申科上台后，退出俄主导的独联体，拒绝加入欧亚经济联盟。2014年12月23日，乌克兰议会通过法律废除《对内和对外政策原则法》中"乌克兰保持不结盟地位"的条款，增加"为达到加入北约的标准"而深化与北约合作的条款，同时签署欧盟联系国协定，乌彻底倒向西方。

（二）与北约越走越近

在对俄方面，乌克兰与北约相互需要，乌克兰渴望融入北约安保体系抵御俄威胁，北约也借机东扩遏制俄，所以二者越走越近。1991年，乌克兰加入了北约的"北大西洋合作理事会"，开始积极参与北约的活动。1993年7月，乌克兰议会通过对外政策基本方针决定，加强与北约的合作关系，承认北约是欧洲的安全保障，北约东扩是自然进程。1994年2月，乌克兰作为独联体国家率先加入北约"和平伙伴关系计划"。美国出于冷战后遏制俄的战略考虑，也积极鼓励乌克兰发展与北约的关系，试图将乌拉入西方怀抱，从1992年到2001年乌克兰成为美国的第三大受捐助国（仅次于以色列和埃及），接受了美国多达20亿美元的经济援助。库奇马政府对美国在冷战后推出北约东扩计划予以积极响应，1995年5月美乌签署了《乌美合作、友谊和伙伴原则宪章》，美承诺保证尊重乌领土完整、主权和边界不可侵犯，愿意资助其参加北约"和平伙伴关系"计划。1996年库奇马在日内瓦宣布乌不反对北约东扩，随后北约通过《1996—1998年乌克兰特殊伙伴关系纲领》，规定乌参加北约230项活动。同年，美国总统克林顿和国务卿奥尔布赖特先后访问乌克兰，公开鼓励乌亲西的外交选择，库奇马也宣布西方模式就是乌政治发展模式。1997年3月，北约与乌克兰在布鲁塞尔举行第一轮双边谈判。

5月美乌签署了《特殊关系宪章》，规定在乌认为其领土完整、政治独立和安全受到威胁时，可立即同北约磋商。7月，北约马德里峰会批准《乌克兰与北约特殊伙伴关系宪章》。1998年5月，乌克兰外交部长塔拉修克高度评价乌克兰同北约的合作，认为其既是"乌克兰国家安全利益的保证"，又能确保乌"在欧洲安全新框架中占据应有的地位"。2002年乌克兰军事构想中，"关于加入北约"条款被替换为"深化与北约的关系"。2004年乌克兰开始与北约进行联合军事训练。2005年7月，乌美举行首届乌克兰—美国反导问题会谈。10月，乌美军方代表在美军科罗拉多州的斯普林格斯基地举行第二次反导会谈。2008年4月，北约布加勒斯特峰会明确再次东扩目标为乌克兰和格鲁吉亚。2008年5月，召开乌克兰—北约军事委员会和北大西洋合作伙伴总参谋长级会议，讨论了落实布加勒斯特峰会目标等问题。

为反击北约东扩唯一的缓冲地带和战略地带——乌克兰和格鲁吉亚，2008年8月8日，俄杀鸡儆猴，小试牛刀，以战争的形式严惩了加入北约积极性最高的格鲁吉亚，给北约东扩严重警告和当头棒喝，致使北约再次东扩计划流产。乌克兰政变后，乌总统波罗申科数次公开宣称要加入北约，并与北约首次在乌克兰境内开展联合军事演习，但受到俄格战争的沉重打击，北约始终没有松口接纳乌克兰。2015年5月20日，乌克兰声明邀请北约在其境内建弹道导弹防御系统，但遭到北约和美国的拒绝。由于北约不接受存在领土争端的国家加入，乌克兰在未来很难成为北约成员。

俄格战争之后，顾忌俄战争威胁，西方推出比较容易接受的欧盟，利用其民主富强来引诱乌克兰和格鲁吉亚，以便再次将其纳入西方体系，变相实现压制围堵俄的计划。俄格战争结束第二年，从2009年伊始，欧盟开始加速吸纳乌克兰，欧盟联系国协定便成为关键。

(三) 欧盟加速吸纳乌克兰

乌克兰处于欧洲心脏，其对外战略目标就是要融入欧洲、加入欧盟，①"欧盟成员国资格为波兰经济在 2004—2012 年间拉动了 1 到 1.5 个百分点"，②因此，许多乌克兰人相信加入富足文明的欧洲，彻底摆脱苏联体制的束缚，是独立后的乌克兰重返欧洲、推动国内政治经济体制改革转型、增强国家民族认同感、恢复大国地位、实现民主富强的希望。另外，乌克兰独立后，尽管是联合国、世界贸易组织、欧洲安全合作组织的成员，但乌克兰仍然游离于欧洲主要经济、军事组织之外，这不仅让乌克兰在欧洲政治舞台上感到孤立，更与乌克兰领土面积位居欧洲第二、具有重要的地缘战略地位极不相称，所以乌克兰就将与欧盟一体化定为国家战略目标。

欧盟与乌克兰的关系可以划分为两个阶段。在 2008 年俄格战争之前，乌克兰急切想加入欧盟，但欧盟对它兴趣不大。刚刚独立，乌马上就通过了多项政策文件，不断表达与欧盟实现一体化的急切意愿。1991 年 12 月，乌总统克拉夫丘克在阐述国家对外政策时表示，乌克兰是一个欧洲国家，应当成为欧洲大家庭中的平等一员。为了实现这一目标，乌将按照西方模式进行全面政治、经济改革，完成向市场经济转轨。③ 1993 年，乌通过外交政策文件明确表达了对加入欧盟的期望和兴趣，但被欧盟回绝。1994 年 6 月，乌克兰成为独联体第一个与欧盟签署《伙伴关系与合作协议》的国家。1995 年 4 月，乌克兰成为独联体国家中第一个被欧洲委员会接纳的国家。1996 年，库奇马宣布，将加入欧盟、取得欧盟成员国资格作为乌"既定选择和战略目

---

① （乌克兰）季米特里·巴吉夫：《乌克兰的地缘战略》，乌克兰科学院国家与法律研究所编印，2000 年版，第 25 页。
② （波兰）格泽高滋·W·科勒德克，"乌克兰：在东、西之间艰难抉择"，《中国经济周刊》2012 年 6 月 18 日。
③ 丁渊：《乌克兰独立以来外交政策转变》，国际关系学院 2009 年硕士论文，第 15 页。

标"。① 1998年乌又通过了《与欧盟实现一体化的战略》，提出在法律、经济、国家安全、政治民主和环境保护等方面进一步加强与欧盟的合作，2003年通过"与欧盟实现一体化的计划"和"乌克兰立法适应欧盟立法国家计划"。2004年，尤先科政府成立"乌克兰适应欧盟立法协调委员会"。2005年乌与欧盟发布"欧盟—乌克兰行动计划"，乌增设专职负责加强与欧盟一体化工作的副总理。

此时期，欧盟对乌克兰兴趣不大，主要是设置了一些没有实质性内容的制度框架来发展欧乌双边关系。1994年签署的《伙伴关系与合作协议》，到1998年才得到欧盟批准，该协议确定了双方政治经济贸易等领域合作的法律框架，但并未提到吸纳乌克兰。1999年12月，欧盟峰会通过了《欧盟对乌克兰共同政策》文件，声称致力于与乌克兰发展建设性伙伴关系。2003年提出"欧洲邻国政策"计划，为密切乌克兰关系提供了具体战略框架，但缺乏实质性内容，也没有提到吸纳乌克兰。而且由于乌商品竞争力不够，乌加入该计划后，乌欧贸易严重失衡，对乌经济造成了较大冲击，因此乌克兰等"欧洲邻国政策"计划的伙伴国对该计划日益不满。此时欧盟忙于吸收中东欧国家，无暇顾及乌克兰与南高加索地区，而且俄自冷战结束伊始就强调乌克兰为近邻地区，不容西方染指，欧盟对此予以默认，同时欧盟需要消化两次东扩和欧债危机等问题。另外，乌克兰政治经济转轨缓慢，远没有达到欧盟要求的门槛。在此背景下，欧盟将东扩对象限定在中东欧，而对乌克兰等国兴趣不大。

真正促使欧盟加速吸纳乌克兰的根本原因是2008年俄格战争。俄格战争使北约再次东扩乌克兰计划流产，西方便推出各方更容易接受的欧盟来吸纳上述国家，以变相实现吸纳乌的企图。同时经过2004年与2007年的两轮东扩，乌克兰等前苏联国家已经变成了欧盟的邻国，欧盟也开始重新思考对乌政策。

---

① 顾志红："乌克兰融入欧洲战略浅析"，《欧洲》1999年第4期。

在2009年欧盟布拉格峰会上，欧盟正式提出了"东方伙伴关系"计划，直接整合乌克兰、白俄罗斯、格鲁吉亚、摩尔多瓦、亚美尼亚和阿塞拜疆六个欧亚国家，承诺向加入该计划的六国开放其内部市场，加强彼此间的联系，乌克兰排在该计划第一位。该计划提出了进一步整合前苏联国家的新政策工具，即联系国协定，其核心是《深入和全面的自由贸易协定》，这比以前的协定和计划都具有实质性内容。一旦签署该协定，双方将实现经济政治法律一体化，为将来加入欧盟奠定实质性基础。

事实上，从"东方伙伴关系"计划提出伊始，就可以发现该计划具有鲜明的地缘政治争夺色彩。虽然该计划宣称致力于消除存在于欧盟与俄之间的地缘政治界限，但该计划一开始就排除了俄罗斯，却把并不与欧盟相邻的南高加索三国纳入其中。这反映了该计划具有明显的地缘政治考虑，构成了对俄的包围圈，直接影响俄主导的独联体和关税同盟等体系的发展。为了牵制欧盟整合前苏联国家，俄罗斯针对摩尔多瓦、乌克兰以及南高加索三国采取了一系列的措施，包括在阿布哈兹与南奥塞梯建立军事基地，深化与亚美尼亚之间的关系，并加强与乌克兰的关系。作为应对，欧盟于2011年9月在华沙举行了第二届"东方伙伴关系"峰会，除白俄罗斯之外的其他五个欧亚国家的代表出席。根据会后发表的声明，欧盟对"东方伙伴"向其靠拢的意愿以及正在进行的民主化建设进程予以认可，并承诺逐步使"东方伙伴"享受免签入境待遇。作为对华沙峰会的回应，普京于2011年11月发表声明，宣布将在前苏联加盟共和国地区组建欧亚经济联盟，并为避免六个"东方伙伴国"签署联系国协定做了大量的工作。俄之所以不遗余力地阻止前苏联国家签署联系国协定，与2013年11月底在立陶宛首都维尔纽斯召开的第三届"东方伙伴关系"峰会有关，该峰会被视为欧盟杯葛欧亚经济联盟的举措。因此，维尔纽斯峰会在很大程度上是一个引爆点，它将俄直接推向了与欧盟对立的边缘，双方对于前苏联空间的争夺已非常明显。乌拒绝签署联系国协定引发的乌克兰危机，在一定程度上也是俄与欧盟开展地缘政治竞争的产物。

虽然欧盟的"东方伙伴关系"计划未承诺给予乌克兰等伙伴国欧盟成员国的地位，但该计划已经成为其加入欧盟的门槛和关键，双方市场的统一将为乌克兰带来实质性收益，同时也为加入欧盟铺平道路，如波兰等国在成为欧盟成员国之前，都经历了欧盟联系国协定这个阶段，因此乌克兰等国对签署该协定抱以厚望。2010年，亚努科维奇就职总统不到一周，就访问了布鲁塞尔欧盟总部，表示欧洲依然是乌外交的优先方向，乌将继续政治和经济改革进程，以期达到欧盟标准。2010年5月，亚努科维奇政府签署了联系协议和欧盟拉近关系的计划，双方计划在2013年11月23日签署欧盟联系国协定。2011年乌与欧盟签订了自由贸易协定，加入欧盟现已得到乌克兰多数政治精英和民众的赞同，取得欧盟成员国资格已经成为乌克兰外交政策的首要任务。亚努科维奇又陆续成立"乌克兰与欧洲—大西洋一体化协调局""欧洲一体化与国际合作政府委员会""欧洲一体化局"等机构。2013年9月的联合国大会期间，亚努科维奇总统明确表示："我坚信11月的乌克兰—欧盟联系国协定以及乌克兰—欧盟自由贸易区协议将是提高乌克兰人民福祉的重要工具。"在2013年11月21日，亚努科维奇政权因突然暂停该协定的签署，后被推翻。2014年3月24日和6月27日，乌克兰分别同欧盟签署联系国协定政治、经济部分，同年9月，该协定分别得到乌克兰最高拉达（议会）与欧洲议会的批准，2016年1月1日正式实施。同时签署联系国协定的还有格鲁吉亚和摩尔多瓦，标志着乌克兰完成"向西转"的关键一步。

（四）欧盟联系国协定为乌加入欧盟奠定实质性基础

欧盟联系国协定是"东方伙伴关系"计划核心组成部分，一旦签署，将为伙伴国与欧盟成员国建立更紧密的政治和经济联系奠定基础，从而为将来加入欧盟铺平道路。

乌克兰签署的欧盟联系国协定长达 400 页（英文），除序言外，共有 7 大部分、43 个附件、3 个议定书。序言包括联系国协定实现的目标以及指导该协定的思想基础。协定的 7 大部分包括：①联系国协定一般性的基础原则以及指导该协定的价值理念；②政治联系及在外交与安全政策上的合作；③司法、正义与安全；④贸易与投资相关的问题；⑤经济与部门间合作；⑥金融合作；⑦制度性条款、一般条款和最终条款。尽管联系国协定的具体内容非常庞杂，但其目标清楚，即在不赋予乌克兰欧盟成员国地位的前提下深化双方经济一体化并加强政治整合。毫无疑问，该协定将以欧盟标准对乌克兰各个领域进行深度整合改造，远比《伙伴关系与合作协议》全面深入。一旦签署该协定，就意味着双方为加强一体化做出了具有法律约束力的承诺，尽管这种承诺不包括乌加入欧盟，但为乌克兰带来了加入欧盟的实质性措施和希望。

乌克兰是东方伙伴关系国中第一个签署联系国协定的国家，该协定无论深度还是广度都是史无前例的，协定聚焦乌核心领域的改革，包括经济复苏和增长、政府治理，以及能源、交通和环境保护、工业合作、社会发展和保护、权利平等、消费者保护、教育和文化合作等。该协定的经济部分，即《深入和全面的自由贸易协定》，不仅涉及传统的自贸协定内容（如开放市场等），还涉及与竞争有关的问题（如采用欧盟标准的步骤以及在欧盟市场开展贸易等），其核心领域包括关税和非关税壁垒、服务、公共采购、知识产权和竞争政策。自贸协定第五条则关注部门合作，包括环境、交通、公司法、消费者保护和劳动力市场政策，乌可以对上述领域在时间和趋同节奏上进行选择，以适应本国经济改革的需要。按照该联系国协定，乌克兰今后大概需要消化300~400个欧盟指令和法律，涉及内政外交广泛事务。① 由于联系国协定包含了将伙伴国家的经济与欧盟经济接轨的内容，由此招致俄强烈反对。

联系国协定中最具实质性意义的是自贸协定。从2013年开始，欧盟取代俄罗斯成为乌克兰第一大贸易伙伴。② 从乌克兰来看，签署该协定：其一，也是最为重要的原因，是乌商品和服务能进入世界上最大的一体化市场，乌方希望借此提振经济并摆脱对前苏联国家经济与市场的依赖和计划经济体制的诸多影响。长期来看，乌将逐步实现与欧盟之间深入的经济一体化，双方将在贸易领域开展系列贸易政策，如进出口税率、技术壁垒和知识产权保护的合作（主要是乌克兰）。在规定的过渡期结束后，乌与欧盟将实行零进口税贸易。这一目标的实现对于乌而言具有重大意义，意味着其优先经济发展方向将从目前的独联体国家转向欧盟。其二，借助欧盟推进国内政治改革，尽快实现与欧盟规范的趋同，从长远来看有助于欧盟给予乌公民免签进入欧盟的待遇。其三，通过与欧盟的一体化推动乌各部门的改革，从而提高各机构的服务质量与效率，并为捍卫公民自由、人权提供更为完善的法律体系。其四，与欧盟的一体化，将为乌获得"欧洲邻国政策工具"的资金提供机遇。其五，乌克兰还期望有朝一日被接纳为欧盟成员国，尽管联系国协定并未承诺。如1994年波兰、匈牙利等国在加入欧盟之前，就与欧盟达成了《中东欧国家联系国协定》，在满足了欧盟要求各国推进各领域改革的条件下，10年后终于加入欧盟。乌最重视的是其产品可以顺利进入欧盟内部市场以及由此可能带来的收益。据估计，签署自贸协定后，乌对欧盟的出口额将增长10亿欧元。此外，联系国协定的实施每年也会为乌带来一些财

---

① Michael Emerson: "Trade Policy Issues in the Eider Europe – That Led to War and not yet to Peace", CEPS Working Document, No. 398, July 2014.
② 陈新: "欧洲一体化与乌克兰的选择",《欧洲研究》2014年第6期。

政援助。① 签署协议后，欧盟公告也指出，与欧盟贸易自由化及法规的融合将为乌克兰创造新的贸易机会，预计乌克兰对欧盟年出口将增长10亿欧元（约合13.6亿美元），尤其是服装和纺织品、食品和有色金属出口将受益。除了贸易优惠，乌克兰还将继续享受欧盟的财政援助。据欧盟委员会估计，联系国协定的实施每年将为乌新增12亿欧元收入。

在欧盟看来，与乌签署联系国协定，重点在于希望通过各种激励手段，促使乌加速在政治领域的改革，以实现双方在法律规范和价值领域的趋同：其一，深化政治联系，提高乌欧双方外交与安全政策的连贯性与有效性；第二，在确保多边安全体系有效运行的基础上促进国际安全；其三，加强双方在国际安全与危机管理领域的合作，尤其致力于有效应对各种全球和地区威胁；其四，加强对民主、法治、人权与基本自由的尊重，包括对少数民族权利的尊重；其五、乌内部政治改革的巩固与稳定；其六，乌批准并执行《国际刑事法院罗马规约》。从上述目标可以看出，双方价值与规范的趋同，实质上是乌单方面向欧盟的趋同。联系国协定的签署，为欧盟进一步要乌实施欧盟规范提供了一个正式的机制。

从长远来看，乌克兰签署欧盟联系国协定，将有助于保障乌市场经济完善与政治体制转型，并实现与欧盟的政治经济高度整合与一体化，为加入欧盟奠定基础；但其短期成本无疑是高昂的，而且不排除会引发国内经济和政治势力之间的激烈斗争。就经济风险而言，自贸协定首先意味着双方均取消各种关税与非关税壁垒，双方商品可以零关税自由进入对方市场。在乌商品大都不具竞争力的情况下，乌国内市场会面临大量欧盟国家商品的涌入，从而对其经济造成巨大冲击。更严重的是，欧盟可以单方面决定向乌开放哪个领

---

① "与欧盟签署联系国协定对乌克兰意味着什么"，http://newsxinhuanet.com/world/2014-06-28/c_1111358669.htm，最后访问日期：2015-6-28。

域的市场，从而可以限制乌某些商品的进入。这意味着乌享有比较优势的农产品和钢铁产品难以顺利进入欧盟，因为这些领域是欧盟严格加以保护的行业。就政治风险而言，按照协定乌还须在国内推进一系列的改革，涉及经济、法律、政府采购、对外援助、知识产权等方面，势必涉及国内寡头的激烈争斗。乌克兰前总理阿扎罗夫曾表示，在联系国地位协议条款框架下，仅依照欧盟标准修改技术法规一项工作，就会在未来10年内花费乌克兰1650亿欧元，这相当于乌5个年度的财政预算。如此大规模的经济政治的政策调整，无疑涉及乌国内不同势力之间的斗争，但欧盟全力消化扩大带来的影响和应对金融危机自顾不暇的背景下，欧盟无法提供乌克兰克服经济危机、进行大规模改革所急需的资金援助。如2009年欧盟出台了"东方伙伴关系"计划后，乌官方曾希望欧盟为乌应对全球金融危机提供财政援助。直到2010年5月，欧盟议会才批准了一笔为期30个月、总额为5亿欧元的援助款项。签署联系国协定后，欧盟提供的援助仅限以"国家计划"名义从"欧洲邻国政策工具"中向乌提供为期三年(2011—2013年)的4.7亿欧元援助。此外，在乌克兰签署的欧盟联系国协定中，没有确保乌非常希望的其公民免签进入欧盟的条款。还有一点需要强调的是，该协定是排他性的一体化计划，欧盟明确拒绝了乌在融入欧盟的同时，还积极与俄发展经贸关系。乌签订联系国协定与俄罗斯主导的亚欧经济联盟并不兼容，它只能选择一边。所以乌签署该协议后，俄罗斯国家杜马（议会下院）国际事务委员会主席普什科夫曾表示，乌将无法与俄在以前的条件下进行贸易，这每年给乌将造成数十亿美元的损失。据预测，如果俄采取措施保护本国市场，乌将在最近一年损失300亿~400亿美元，乌与欧亚经济联盟国家经贸水平的大幅下降。①

欧盟联系国协定的签署，无疑会给乌政治与经济各领域带来诸多冲击，

---

① "俄将采取措施保护本国经济"，《深圳特区报》2014年6月29日，第5版。

物价上涨、贫富差距进一步加大，社会可能再次出现动荡，这也是即将面临 2015 年总统选举压力的亚努科维奇最后暂停签署该协定的主要原因，但这打破了民众的长久幻想，最终将乌推向内战深渊。

三、俄坚决反对乌签署欧盟联系国协定

乌签署欧盟联系国协定，将严重冲击俄经济，使乌脱离俄主导的欧亚经济联盟体系。长远来看，乌将融入欧美，彻底脱离俄影响和掌控，从而影响到俄的复兴与崛起，所以俄坚决反对乌签署该协定。

（一）欧盟与欧亚经济联盟只能二选一

由于欧盟与欧亚经济联盟是两个截然不同、相互对立的经济体系，所以乌克兰只能在二者间选一个，不能同时加入。早在 2011 年 4 月 18 日，欧盟委员会主席巴罗佐在会晤亚努科维奇时明确表示，乌克兰必须在关税同盟与欧盟自由贸易区中间做出选择。亚努科维奇强调乌克兰融入欧洲应建立在乌、俄、欧三方相互协调和多赢的基础上，应该成立三方委员会，但欧盟表示反对。权衡利弊后，乌克兰政府最终做出明确表态。4 月 22 日，乌克兰外交部长格里先科表示，同欧洲一体化是乌克兰外交优先方向，乌克兰不准备加入关税同盟，将以 "1+3" 的方式同关税同盟成员国进行合作。

对于乌克兰方面立场，俄总统梅德韦杰夫称，俄不能接受乌克兰的 "1+3" 方式，要么成为关税联盟成员国并履行所有义务，要么选择另一条路。① 面对俄巨大的现实利益诱惑，乌克兰一直没有积极回应，相反却加快推进与欧盟的谈判进程，强调与欧盟签署协定并不妨碍与关税同盟国家在独联体自由

---

① "俄总统逼乌克兰加入关税同盟"，《参考消息》2011 年 8 月 27 日，第 6 版。

贸易区框架内深化关系。随着时间的推移，俄罗斯的耐心也在逐渐消失。2013年7月，俄总理梅德韦杰夫在与乌前总理阿扎罗夫会晤时称，乌克兰要么加入关税同盟和欧亚经济联盟，要么不加入。俄方认为，乌与关税同盟和欧亚经济联盟加强一体化是正确的选择。在俄实施巨大压力的情况下，阿扎罗夫称，为了优化贸易制度和加强互利合作，乌拟逐步加入关税同盟的一些协定（近70个），并正研究在乌欧自由贸易区运作条件下与关税同盟以及未来欧亚经济联盟的互助机制。但在俄看来，关税同盟与欧盟的很多规定不相符，乌克兰如果与欧盟签署自贸区协议，欧盟很难让其加入诸多关税同盟的协定。

乌不愿意在俄与欧盟间做出非此即彼的选择，是由其独立以来所处的地缘政治和经济环境所决定的，更反映了其国内复杂的民意。据2013年10月初的一份民意调查结果显示，同意加入欧盟和关税同盟的人数基本相当。但现实是欧盟与俄两大对手争夺前苏联地区政治经济控制力，乌无法同时两边获利，只能二选一。

（二）乌欧联系国协定将严重冲击俄经济

俄乌经贸关系比较紧密。2013年以前，俄是乌最大贸易伙伴国，2012年对俄贸易占乌国家外贸总额的29.6%，而乌也是俄在独联体国家中最大的贸易伙伴国，相互间贸易占俄与独联体国家外贸总额的34.6%，占俄外贸总额的近5%。

乌签署欧盟联系国协定，将对俄经济产生较大冲击。一是欧盟商品可以取道乌克兰涌进俄罗斯市场。乌签署欧盟联系国协定，其中包含有乌与欧盟自由贸易的内容，欧盟产品将零关税自由进出乌克兰市场。而俄与乌克兰有自由贸易协定，则欧盟的优势产品将借道乌克兰大举进入俄市场，对俄工农业和经济产生很大冲击。虽然可以追踪欧盟原产地进行保护，但欧盟可以通过在乌设立生产工厂进行规避，俄在制造业方面的劣势使得俄无法利用乌与欧盟的自贸协定为自己带来经济利益。2014年8月26日，在明斯克举行的乌克兰问题国际会议上，普京表示如果乌加入欧盟，欧盟商品通过乌克兰进入俄罗斯，绕过俄对欧盟商品征收的关税，俄将每年损失30亿美元，俄关税同盟伙伴白俄罗斯、哈萨克斯坦都受到影响。二是标准问题。乌将要接受欧盟的一系列相关法律、规定和标准。因此，乌生产的设备，尤其是军工产品标准的修改将对俄产生很大影响。因为目前俄军工行业对乌克兰的依赖比较大，俄将只能减少对乌克兰的相关采购，以减少对其的依赖，这对俄军事工业说是个沉重的打击。三是俄产品与欧盟产品在乌市场上的竞争。欧盟现在已经取代俄，成为乌克兰的第一大贸易伙伴。签署欧盟联系国协定后，俄产品在乌克兰的竞争更处于劣势，乌市场将完全为欧盟所占领。乌签署联系国协定后，俄明确表态将采取一切保护本国经济的必要措施。2014年7月30日，俄宣布取消对乌商品实施零关税的做法，对所有进口乌的商品征收关税。

（三）乌欧联系国协定将破坏俄主导的欧亚经济联盟

欧盟与俄主导的欧亚经济联盟是两个截然对立、互不兼容的体系，二者目的、标准、法律制度、主导力量、运行机制等完全不同。如果乌克兰签署该联系国协定，就意味着欧盟将乌纳入到欧洲一体化进程，从而使乌脱离俄主导的欧亚经济联盟体系。

乌克兰加入欧盟体系是其必然的选择。首先，如果乌克兰加入关税同盟，将失去与欧盟的对外贸易政策自主性，乌克兰必须同俄、白、哈三个关税同盟成员国形成共同的贸易制度。目前在关税同盟中俄罗斯有57%的投票权，而白俄罗斯和哈萨克斯坦各占21.5%，俄罗斯拥有否决权。乌克兰若加入关税同盟，俄必将控制乌克兰外贸政策，对乌欧自贸区谈判构成阻碍。

第一章 祸起萧墙的欧盟联系国协定

其次，乌克兰是世贸组织成员，若加入关税同盟，乌克兰需要将进口关税提高1倍以上。目前乌克兰平均进口关税为4.5%，关税同盟平均进口关税为10.25%。如果要降低关税，则俄有否决权。如果提高进口关税，乌克兰需要同世贸组织成员逐一协商，这是一个相当耗时的工作，必然会大大拖延乌克兰加入欧盟的谈判进程。再次，如果乌克兰加入关税同盟，欧盟自贸区谈判的对象将不是乌克兰一方，而是整个关税同盟。由于关税同盟对第三国有共同的贸易制度，欧盟不能只与关税同盟个别成员国签署自贸区协定，而是与整体的关税同盟签署，也就是说还必须获得其他成员国的同意，而欧盟还没有和关税同盟其他成员国开展自贸区谈判。最后，乌克兰方面估算，与加入关税同盟获得的收益相比，从长远看与欧盟一体化对乌克兰更为有利。欧盟市场的容量是16万亿美元，关税同盟的市场规模只有2.4万亿美元。如果乌克兰想发展经济、创造更多就业机会、提高社会保障水平、获得销售市场，与欧盟建立自由贸易区是必然选择。

另外，独立以来，乌克兰没有从俄主导的独联体和欧亚经济联盟中获得较大经济利益。当初乌选择了加入俄主导的独联体，以维持国家的稳定，而俄并没有从政治驱动的经互会一体化失败中吸取教训，在独联体的一体化过程中，俄主要关注政治和安全事务，致使经济一体化严重滞后。这一点集中反映在1995年9月出台的《俄罗斯对独联体国家战略方针》上，该方针只字未提"民主政治"和"自由市场经济"等，而是强调要加强俄在独联体国家中的安全主导作用。鉴于此，2003年初乌克兰库奇马总统提出建立包括俄罗斯、乌克兰、白俄罗斯和哈萨克斯坦在内的共同经济空间的构想，俄才意识到经济合作这一问题，开始推动独联体国家经济合作与发展。但在欧盟和北约加速东扩的背景下，在缺乏制造业支撑的情况下，俄过早地启动了欧亚经济联盟谈判，建立欧亚经济一体化空间。由此，乌克兰慢慢丧失了对俄主导体系的吸引力。同时欧盟则不断调整政策，适时推出联系国协定以及深入全面自贸区协定的谈判，运用经济一体化的历史经验，通过联系国协定最终把乌引上了欧洲经济一体化的轨道。在乌克兰经济社会发展道路选择上，欧盟的软实力在一定程度上战胜了俄罗斯的硬实力。欧盟联系国协定本身含有欧盟与乌克兰开展经济合作的内容，与该协定配套的还有欧乌自由贸易协定。也就是说，如果签署该协议，就意味着欧盟将乌克兰纳入到欧洲一体化进程，从而使之脱离俄罗斯主导的欧亚经济联盟。

乌克兰一旦同欧盟签署联系国协定，将不可能再加入欧亚经济联盟，进而使俄主导的欧亚经济联盟建设遭受重大挫折，面临空心化的危险。乌工农业发达，矿产资源丰富，是仅次于俄的独联体地区大国，俄乌贸易占独联体贸易总额的1/3多，俄在独联体和欧洲大陆建立任何地区性一体化集团都需要乌的参与。没有乌的加入，对由俄主导的俄、白、哈、乌四国统一经济空间、关税联盟、欧亚联盟而言是巨大缺失。正如普京2014年8月26日接受采访时表示的，乌与欧盟签署的准成员国协定开始实施后，可能使俄蒙受超过1000亿卢布损失。① 更为严重的是，乌签署该协议将可能产生多米诺效应，"东方伙伴关系"计划中的白俄罗斯、格鲁吉亚、摩尔多瓦、亚美尼亚和阿塞拜疆五个国家可能加以效仿，这将彻底拆散俄主导的欧亚经济联盟的建设和发展，极大压缩俄在欧洲大陆经济影响和空间。

从长远看来，乌克兰等国脱离俄主导的独联体加入欧盟后，将为其下一步加入北约奠定基础，使独联体、欧亚经济联盟和集体安全条约组织面临肢解危险，这将彻底挤压俄仅有的战略空间，极大压制俄在欧洲和世界政治经济影响力，也将彻底破坏俄再次崛起和复兴的可能性。

---

① "普京：乌欧签联系国协议恐使俄蒙受千亿卢布损失"，中国新闻网，http://www.chinanews.com/gj/2014/08－26/6533361.shtml，最后访问日期：2015－6－15。

(四) 多管齐下阻止乌签署该协定

俄采取多种措施阻止乌签署该协定。一方面用欧亚经济联盟留住乌克兰。为了防止乌加入欧盟体系带来的冲击和破坏、整合独联体国家，俄积极推动建立欧亚经济联盟。2003年9月，在独联体雅尔塔首脑会议期间，俄、白、哈、乌四国签署成立统一经济空间协定：四国将在保障公平竞争、维护宏观经济稳定的前提下实行统一对外贸易政策，最终实现区域内商品、服务、资本和劳动力的自由流动；统一经济空间将分阶段建成，并对独联体其他成员国开放。上述四国领土面积2060.36万平方公里，占独联体总面积的92.7%，人口2.28亿，占独联体人口近90%。如果统一经济空间能够建立，对独联体及整个欧亚地区都将产生重要影响。① 重新入主克里姆林宫后，普京就把将乌纳入关税同盟作为主要工作之一。2011年4月，普京访乌期间再次呼吁乌加入关税同盟，并列举将带来的好处：乌各经济部门将从中获益65亿~90亿美元；国内生产总值每年将增长1.5%~2%。为了吸引乌加入关税同盟，俄还以天然气价格为诱饵，俄天然气工业股份公司把2013年供乌气价下调为每1000立方米352美元，而对非独联体国家的天然气出口价格约为每1000立方米370美元。俄降低气价的主要意图，在于促使乌加入关税同盟。乌每年从俄进口400亿立方米天然气，如果加入关税同盟，仅降低天然气价格一项乌每年就可以节省80亿美元。②

关税同盟是欧亚经济联盟的前身，而欧亚经济联盟是普京新任期在外交领域所提出的重要构想。2012年1月1日，俄、白、哈三国正式启动统一经济空间，三国经济一体化进程从关税同盟过渡到更高阶段。如果乌克兰加入，欧亚经济联盟将取得重大突破，意味着以关税同盟为基础的欧亚联盟也

---

① 程生定："试论俄白哈乌四国统一经济空间"，《国际问题研究》2004年第3期。
② 杨政："乌克兰缘何不加入关税同盟"，《光明日报》2011年4月25日，第08版。

将初具雏形，无论在其内部市场规模还是对外影响力上都将上升到一个新高度。2013年7月普京承诺，若乌加入关税同盟，乌GDP能提高1.5%~6.5%。根据预测，如果乌加入统一经济空间，乌参与一体化形成的效益在2011—2030年可达2190亿美元，至2030年乌因一体化获得的额外GDP增长将达到6%~7%，而四国深度一体化效益可分别为白、乌、哈、俄带来14%、6%、3.5%、2%的GDP增速，四国总体效益将超过1.1万亿美元。①

同时，俄向乌施加巨大压力，让其不得签署欧盟联系国协定。首先是政治施压。俄不断警告乌克兰签署联系国协定的灾难性后果。进入2013年，有关乌与欧盟签署联系国协议的传闻不断刺激俄神经，特别是欧乌自贸区问题引发俄极度反感。普京和梅德韦杰夫多次警告乌，如果与欧盟签署自贸区协议，俄将取消乌的独联体自贸区成员国资格，取消俄乌自由贸易协定，并将在关税同盟范围对乌实施反制措施；其次，使用贸易惩罚手段。2013年3月初，亚努科维奇在与普京会谈中，普京强调由于乌不是关税同盟成员，乌产品进入关税同盟市场要困难得多。根据规定，从2015年起，关税同盟将对其他国家采取劳动力流动限制措施。2013年下半年，当屡次传言乌将签署欧盟联系国协定后，俄多次暂停进口乌生产的奶制品、钢管等商品。从2013年7月开始，俄向乌数种产品实施了进口限制，以质量安全为由完全禁止进口乌的点心和巧克力产品。8月14日，就在乌前总理阿扎罗夫表示希望11月底与欧盟正式签署联系国协定后，俄海关立即宣布将所有进入俄的乌商品列入风险清单，必须进行卸货查验，将乌企业列入俄海关风险管理系统，这相当于对乌实行了贸易禁运，俄还威胁切断对乌天然气供应，8月底俄全面停止进口乌商品。这些贸易惩罚措施使乌出口遭受重创，大量出口产品在

---

① "'统一经济空间'对俄白哈经济发展的影响"，中国商务部网站，http://www.mofcom.gov.cn/aritcla/i/dxfw/jlyd/201203/20120308006646.shtml，最后访问日期：2015-6-19。

边境滞留几周甚至几个月，乌方估计贸易损失为 25 亿美元。当时俄公开表示，如果乌加入欧盟自由贸易区，将出现 150 亿美元贸易赤字，俄方届时不仅不提供贷款，还将取消与乌的双边自由贸易协定。乌加入欧盟自贸区会导致俄乌边境的海关监管更加严格，乌每年损失可达 60 亿~80 亿美元，占乌 GDP 的 5% 左右。① 普京也曾警告乌克兰，如果乌最终加入欧盟自由贸易区，关税同盟成员国将采取相应的反制措施。

最后，大规模经济援助诱使乌拒绝签署该协定。为诱使乌拒绝签署欧盟联系国协定，俄加大了对乌援助力度，主要包括财政援助、关税和天然气价格优惠政策等。俄多次允诺一旦乌加入欧亚联盟，俄将以优惠价格向乌提供天然气，取消针对乌实施的石化产品出口配额，为乌食品出口创建优惠机制，对乌采用关税同盟的统一税率提供补偿等。据统计，乌加入欧亚经济联盟每年能为其带来 60 亿~120 亿美元的经济收益。为了说服乌在 2013 年 11 月底的欧盟维尔纽斯峰会前放弃签署联系国协定，俄以高层互访方式对乌决策者进行游说。2013 年 11 月 20 日，俄总统普京与总理梅德韦杰夫在圣彼得堡分别与乌前总统亚努科维奇、前总理阿扎罗夫举行了两次非正式会谈，第二天乌即突然宣布暂停签署联系国协定。毫无疑问，这两次会谈为乌暂停签署联系国协定发挥了关键性作用，不过双方交易内容直到 2013 年 12 月 17 日才公布。12 月 17 日，俄乌双方签署号称"里程碑式"的一揽子协议，乌克兰与俄罗斯国家合作委员会事先达成 14 项双边协议，普京和亚努科维奇签署了该系列协议。其中，关于 2009—2019 年天然气买卖合同补充协议，将俄对乌天然气输出价格由每 1000 立方米 400 美元降到 268.5 美元，相当于每年给予乌 20 亿美元补贴。俄还承诺购买 150 亿美元乌克兰国债，帮助乌解决

---

① "加入欧盟自贸区将使乌克兰每年损失 60~80 亿美元"，中国驻俄罗斯大使馆经济商务参赞处网站，http://ru.mofcom.gov.cn/aritcla/jmxw/w01107/20110707667240.html，最后访问日期：2015-6-9。

财务危机。这一揽子协议，使亚努科维奇暂停签署欧盟联系国协定，转而开始加强与俄主导的欧亚经济联盟关系。

图1-3　2013年12月召开的第六次俄乌国家间委员会会议后，乌总统亚努科维奇向俄总统普京使眼色

乌克兰前总理阿扎罗夫曾坦言，与俄经贸关系的密切是暂停签署联系国协定的主要原因。此外2015年乌将举行总统大选，糟糕的经济形势也使亚努科维奇不得不重新考虑入欧时机。暂停入欧之后，乌立即得到俄150亿美元财政援助以及廉价天然气，与遥远的欧盟梦相比，这是切实可见的好处。因此，从经济角度看，临时放弃入欧是乌无奈之举，但这引发了乌克兰危机持续升级。新上台的波罗申科政府签署欧盟联系国协定协议，彻底倒向西方。

四、暂停签署欧盟联系国协定引发乌克兰危机

亚努科维奇政府突然暂停已经计划签署的欧盟联系国协定，打击了多年来乌民众希望加入欧盟的梦想，再加上长期以来乌转型艰难、经济举步维艰、民众生活艰难、官吏腐败当道、西方利用互联网广泛掀起对亚努科维奇

的不满，普通民众各种不满交织在一起并蔓延到街头，结果引发乌政变、俄占领克里米亚、乌东部爆发内战、欧美各国纷纷公开介入，乌克兰危机持续升级。

（一）暂停签署协定引发政变

乌克兰和欧盟的联系国协定可谓危机的直接导火索。2012年3月，乌与欧盟草签了联系国协定，原计划2013年11月29日在立陶宛首都维尔纽斯召开欧盟峰会之际正式签署。协定签署之后，乌将加入以欧盟为主体，包括挪威等非欧元国家在内的自由贸易区。这份协定历经多年协商，在乌加入欧盟进程中具有里程碑意义，是入欧的实质性进展。正当乌民众满心欢喜等待协定签署时，2013年11月21日，亚努科维奇政府在最后一刻宣布暂停与欧盟签署联系国协定，恢复与俄、白、哈三国关税同盟加强经济合作的谈判，此举一下子击碎了许多乌民众入欧美梦，激起民众不满。乌反对派（祖国党、打击党、自由党等）当夜就在首都基辅独立广场举行抗议示威活动，乌克兰危机由此发端。

当晚基辅独立广场抗议者人数不多，仅有1000人左右。抗议的内容是反对政府暂停与欧盟一体化进程，提出的要求是政府签署欧盟联系国协定。由于抗议示威人群越来越多，11月30日凌晨乌克兰政府动用"金雕"特种部队驱赶独立广场示威者，抗议示威活动由此急剧升级，抗议者人数大增，范围由基辅向其他州蔓延，抗议人群的诉求不再限于签署欧盟联系国协定，而是直接要求亚努科维奇下台，提前举行总统选举。抗议活动逐渐升级，示威人数越来越多，并与防暴警察、内卫部队冲突不断。

为尽快平息暴乱，12月1日，亚努科维奇所属的地区党主导乌克兰议会通过了《反示威法》，禁止在基辅举行抗议活动，这对示威冲突火上浇油，示威者占领基辅市政府大楼、司法部大楼和数个州政府大楼，要求亚努科维奇下台。为缓和局势,亚努科维奇不得不做出让步。2014年1月底,亚努科维奇接受其政治盟友——总理阿扎罗夫的辞职请求,并提议由反对派政党祖国党的议会党团领导人亚采纽克出任政府总理,组建联合政府。乌克兰议会通过由地区党提出的大赦法案,在示威者撤离其占领的政府办公楼的条件下不追究其刑事责任。2月16日,抗议者撤离基辅市政府大楼,乌克兰总检察院宣布大赦法从17日生效,乌克兰紧张局势朝着缓和方向发展。

图1-4 基辅独立广场的游行示威

政府的退让并没有稳定局势。反对派政党不同意建立联合政府,要求由反对派组阁,组成清一色的反对派内阁。在僵持不下之际,2月16日,德国总理默克尔在柏林接见反对派领导人,他们回来之后就提出修改宪法,恢复2004年宪法和议会总统制,要求亚努科维奇下台。2月18日,在西方的不断煽动下,数千名抗议者向乌克兰议会进发,要求议会恢复2004年宪法。亚努科维奇决定动用警察力量对基辅反对派清场,以恢复国内秩序。2月19

日,乌克兰安全局宣布在全国展开反恐行动,抗议者与维护秩序的内务部队发生激烈冲突,基辅独立广场示威者与警方爆发大规模流血冲突,导致75名平民和13名警察死亡,数百人受伤,为乌克兰危机以来最血腥的一天。2月20日夜,反对派主导乌克兰最高拉达(议会)通过一项即时生效决议,谴责导致人员死亡的武力行动,要求安全局、内务部及其他军事化组织应"立即停止对乌克兰公民使用武力",安全局应立即取消开展反恐行动的决定,内务部应停止封锁交通线、广场和街道并让其人员回到常驻地,国防部应禁止在反恐行动中使用国家武装力量,政府应取消限制交通工具进入基辅的决定。该决议禁止忠于亚氏的安全局、内务部等开展反恐行动,并将其撤回驻地,基辅由此被反对派示威者控制。2月21日,在欧盟和俄罗斯代表的斡旋下,亚努科维奇与祖国党、打击党、自由党等反对派领导人通过艰难谈判,在德、法、波三国外交部长和俄观察员见证下,签署《乌克兰危机调解协议》,除不辞职外,亚努科维奇完全满足了反对派全部要求:10天内组建联合政府,立即恢复2004年宪法,从总统议会制改为议会总统制,议会大权在握,总统成为虚职,①12月进行总统选举,当局立即解除紧急状态,各方放弃暴力行为,上缴非法武器。该协议由英、法、德三国外交部长签字担保。签署的当晚,美国总统奥巴马向普京电话保证要落实协议。签署次日,亚努科维奇以为大局已定,就离开基辅赴哈尔科夫视察。同日,反对派开始在议会占据大多数,地区党有40多位议员退出议员团,议会力量对比发生变化。2月22日,议长雷巴克因病辞去职务,祖国党领导人图尔奇诺夫(季莫申科的政治盟友)当选为议长,乌议会以投票表决罢免了离开基辅的亚努科维奇总统职位,图尔奇诺夫代行总统职权。视察

---

① 2004年12月8日,乌克兰议会通过宪法修正案。根据宪法修正案,乌政体由总统议会制改为议会总统制,议会多数派负责组建内阁;议员的任期从4年延长至5年;总理由议员从总统提名候选人中选举产生;议会根据总统提名任命国防部长、外交部长和安全局局长;其他内阁成员人选由总理提名,议会批准任命;议会无权罢免总统。

中的亚努科维奇拒绝辞职,并指责反对派政变,但他受到当局追杀,在俄的帮助下逃亡俄罗斯。随后的政局变化更是急转直下:季莫申科被赦免,22日晚就到独立广场宣布竞选总统。乌议会改组重要权力部门领导人,军队、内务部、最高检察院都换成反对派的人当政,忠于亚努科维奇的"金雕"防暴特警部队被解散,乌武装力量参谋长、内务部部长、外交部长等官员被解除职务,乌24个行政区的领导人有18人遭解职。反对派主导的议会通过了对亚努科维奇的通缉令。在得知亚努科维奇在俄现身后,又提出引渡要求。至此,2月21日达成的和解协议被废弃,政权变革完成。原定的3个月组成联合政府提前至2月25日,由于季莫申科的婉拒,后又推迟到27日,由亚采纽克组阁。原定12月总统选举,提前至5月25日。

图1-5 基辅民众抗议引发暴乱

对于乌克兰发生的政变,欧美立即表态支持新的乌克兰政权,承认乌克兰临时政府的合法性。而俄则认为乌克兰临时政府违反乌宪法,是政变,亚努科维奇仍然是乌合法总统。俄以对象不明为由停止支付乌克兰政府财政援助,2014年2月24日,俄总理梅德韦杰夫宣称,乌临时政府是"武装暴动"的产物,其合法性令人质疑,俄目前还无法在乌国内寻找到合适的会谈对象,所以暂停早先与乌克兰达成援助150亿美元的协议。

(二)政变引发俄占领克里米亚

在乌克兰反对派发动政变后,俄直接宣称其政变违反乌克兰宪法,其政权是非法政权,拒绝承认其合法性,并确认出走的亚努科维奇仍为乌克兰合法总统。

随着亲西方政权的上台,俄再也无法阻止乌克兰彻底导向西方。为确保自己在黑海地区的战略利益,确保自己在乌克兰危机上的发言权,防止欧美进一步挤压,2014年3月1日,俄从本土出兵,在黑海舰队的配合下,迅速占领克里米亚半岛。3月15日,俄支持克里米亚半岛公投独立,然后接纳克里米亚加入俄罗斯的请求。此后,克里米亚正式成为俄一部分,俄保住了克里米亚这一战略支点,确保俄南部安全与全球事务的参与。

(三)政变导致乌东部战乱

在基辅独立广场抗议活动期间,乌克兰东部地区主要城市经常举行支持亚努科维奇政府的集会游行。在反对派成功发动政变、亚努科维奇逃亡俄罗斯之后,东、南部地区认为反对派政变违反乌克兰宪法,他们仍然视亚努科维奇为合法领导人。2014年4月一项对乌克兰东部和南部八州居民的调查结果显示,只有42%的受访者承认现在的乌克兰议会是合法的,而50%的人认为代总统图尔奇诺夫和过渡政府总理亚采纽克不合法。① 对基辅新政权合法性的质疑,再加上过渡政府出台法令,取消东部地区俄语的官方地位,引发了东部地区担心乌克兰亲西方政权将进一步限制其合法权益的担心,导致了

---

① http://zn.ua/POLITICS/lish-tret-zhiteley-yugo-vostoka-schitayut-turchinova-i-yacenyuka-legitimnoy-vlastyu-143606_.html,最后访问日期:2015-6-20。

东部地区亲俄人士的抗议活动。

在亲西方的过渡政府已经掌控国家政权的情况下，东部亲俄地区希望通过抗议活动甚至武装对抗来争取更多的自治权。东部地区认为自己有权参与乌宪法改革，乌政治体制应充分考虑东部地区人民的权益，包括俄语官方语言地位等。在反俄、亲西方的政党掌握权柄，而国家处于政治社会动荡的形势下，东部地区人的这些诉求是不可能被乌克兰过渡政府所接受的。于是，一部分亲俄抗议者效仿原乌克兰亲西方反对派的激进分子，拿起武器，占领政府大楼，与执政当局进行暴力对抗。

从2014年3月份开始，乌克兰临时政府以"反恐"名义镇压东部地区亲俄武装民兵的叛乱活动，后升级为大规模内战，乌克兰虽有欧美国家的公开支持，但其军事力量过于薄弱，军队战斗力十分低下，镇压本国民众的士气也不高，而亲俄武装在俄罗斯的支持下，势力越来越大，所以双方打得难解难分，双方伤亡都很大，一时都难以压倒对方。后来，在欧美和俄罗斯的调解下，签署了两次日内瓦停火协议签署后，双方在交战地带撤离重型武器，设立隔离区，由欧安组织监督停火协议的执行，东部地区基本实现停火。

（四）欧美和俄公开介入乌克兰危机

乌克兰危机爆发后，欧美和俄都公开介入乌克兰危机，甚至相互间还发生直接对抗，促进了危机不断升级。

欧美和俄都公开支持乌克兰内战的各自代理人。欧美支持乌新政府，通过IMF和各自政府对乌进行财政援助，提供食品和非致命性武器装备、培训乌克兰政府军、对乌财政金融体系进行改革、欧美特种兵参加乌内战，以及联合乌军进行演习等。俄则数次大规模运输物资援助东部民兵武装，援助东部地区难民，俄志愿者直接参战。

第一章　祸起萧墙的欧盟联系国协定

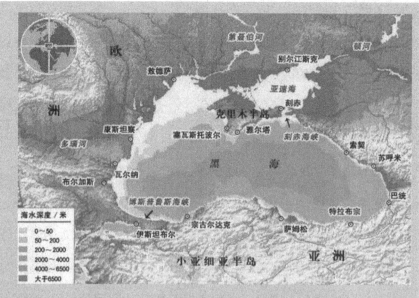

图1-6　克里米亚地处欧亚交汇处,地理位置十分重要

　　欧美和俄围绕乌克兰危机爆发数轮制裁战,使得制裁战成为乌克兰危机的"第二战场"。西方惯常使用的战术,为表现自己"匡扶正义"的决心与形象,支持乌克兰新政府,欧美对俄挥舞制裁大棒,逐步加码制裁措施,对俄及乌克兰东部地区的官员进行签证禁令与资产冻结的制裁,包括俄副总理及国防部长、总参谋长和乌东部地区领导人,冻结其在欧美的资产,吊销其在上述国家的签证。后又扩大到俄相关企业在欧美进行融资和交易限制,对俄金融、外贸、能源、矿产等重要行业实施制裁,调低俄国家信用等级,禁止俄银行等金融行业在欧美市场融资。对这些制裁,俄进行了针锋相对的强势反击,对欧美政府官员进行个人制裁,在外贸和金融行业寻找新的伙伴,积极用其他货币取代美元进行交易,启动欧亚经济联盟等。

　　欧美和俄还展开规模空前的军事威慑。双方军事部署各不相让,北约军队准备永久进驻东欧,俄数万大军沿俄乌边境部署。北约联合乌克兰、波罗的海三国和东南欧北约成员国密集举行军事演习,俄各大军区相继举行大规模军事演习，俄与北约战机、舰艇在欧洲上空与海域、美国领空边界直接对峙，俄和北约甚至在俄与爱沙尼亚的界河边相继举行军事演习。俄与美国相互举行大规模全国核军事演习。同时，俄与欧美军事合作全面终止，俄中止与北约的一切军事合作，包括叙利亚销毁生化武器活动，俄还退出欧洲常规力量条约。

俄与欧美等国还在网络空间开展激烈的斗争。从操控乌社会舆论、瘫痪乌政府和军队网站、挑拨民众闹事，到为反对派提供网络技术支持等，西方没有动用一枪一弹，通过网络空间的政治威逼、经济引诱和文化渗透等战略手段，就颠覆了亲俄的亚努科维奇政权，使乌克兰政体从总统制变为议会制，并建立起亲西方政权，这是西方网络战首次成功实现国家政权更替。此后，俄、乌等国网络战此起彼伏，双方最高国家机构、军事部门、金融机构、电视台，甚至北约等均遭网络攻击。西方列强以网络战为主导、相关战略规划为指引、专门立法为支撑、完善管理体制为保障、实战训练为途径的网络安全体系逐渐完善，且应用日趋熟练，并开始积极争夺相关国际规则制定，企图由此主导全球网络空间信息与信息流，重复导演"乌克兰政权更迭"，实现军事、政治和经济等多重目标，把西方主导的国际秩序和霸权延伸到网络空间。

此外，为争取各方各种行为的法律正统性，乌克兰危机的各方还开展了激烈的法律斗争，主要围绕俄出兵克里米亚半岛、克里米亚公投独立并加入俄联邦、经济制裁与 WTO 规则等展开，战场从俄、乌、欧美间一直打到联合国安理会和国际法院。

此次乌克兰危机是乌国内因素和国际因素共同作用的综合结果，是俄美之间的新一轮较量，体现了俄美之间传统的地缘政治色彩，美欧企图进一步挤压俄罗斯，是冷战思维的继续，是北约、欧盟东扩思想的继续，也是下一轮东扩的前奏。2014年11月19日，俄外交部长拉夫罗夫公开表示，乌克兰危机产生的根本原因是西方不顾他人安全利益强推自己的安全政策，以求拓展和控制地缘政治空间。乌克兰危机中，乌政变的成功：一是因为得到了美欧的有力支持；二是亚努科维奇政府腐败横行；三是俄罗斯总体还处于战略收缩。乌克兰退出独联体，成为亲西方政权，这也说明美国在这一轮博弈中暂时得手，俄罗斯地缘形势变得更为严峻，但占领克里米亚为其保住了黑海、地中海的战略支点，乌克兰未来走向还无法确定。

乌克兰危机，说明东西方之间的冷战还没有真正结束，而美欧与俄在乌克兰问题上的博弈还只是开始，俄以战争形式明确表达了对西方战略围堵的不满，乌克兰危机下一步走向还有待观察。

五、乌克兰危机是欧美战略围堵与俄崛起抗争的较量

苏联解体后，俄再次复兴的梦想就主要依靠其主导建立的独联体、欧亚经济联盟和集体条约组织，为俄复兴崛起提供政治、经济、军事和安全保障。而西方的战略是彻底围堵压垮俄罗斯，防止其再次复兴崛起。乌克兰危机的实质就是欧美凭借霸权，在肢解苏联之后继续肢解俄罗斯联邦，从而将苏联崩溃后重新站起来的俄罗斯彻底击倒，所以俄以战争进行回应。

（一）俄不能失去乌克兰这个战略缓冲区

从地缘政治和全球战略看，乌克兰是俄罗斯重要安全屏障，苏联曾在乌境内部署了数千枚核武器、近100万军队，约占苏军总兵力近1/3。两国有2000多公里长的陆地边界，最近处距离莫斯科不足500公里。如果乌倒向欧美，俄将完全暴露在北约军事威胁下，失去乌克兰对俄无异于一场严重的地缘政治灾难。

乌克兰危机警示录
和平发展道路中的战争准备

北约已经形成从北到南的对俄中心区域半包围圈，乌克兰成为仅有的战略缓冲区。冷战结束后，北约违反苏联解体时与俄达成的不东扩承诺，仍以俄为假想敌，为彻底压垮俄罗斯，借机三次大规模东扩，[①]形成对俄中心区域的半包围圈。北约东扩使波罗的海从苏联的内湖变成了北约的内湖，俄仅保留列宁格勒和加里宁格勒（俄波罗的海舰队大本营）两处飞地出海口，随时可能被北约封闭。波罗的海沿岸9国中，除瑞典、芬兰和俄罗斯外，都是北约成员国，令俄西北部直接与北约接壤，从技术上讲，现在俄罗斯中心区域（俄欧洲部分，集中了俄77%的人口和85%以上的工农业产值与科研力量）的行政和工业中心，包括首都莫斯科等都处于北约军事力量打击范围，北约在波罗的海的装甲车一昼夜、巡航导弹几分钟就可以到达俄中心区域。2004年，北约战机开始在立陶宛执行巡逻任务，立陶宛、拉脱维亚和爱沙尼亚三国的早期预警网被纳入北约综合防空系统。三国又与瑞典、芬兰签订了空中情况数据分享协议，几乎把整个波罗的海的空域纳入北约监控。同时北约在捷克部署雷达监视系统，在波兰部署导弹防御系统，2025年将在欧洲建立起导弹防御系统，将使俄导弹武器（包括战略导弹）面临失效危险。2008年波兰在毗邻俄加里宁格勒100公里的伦堡军事基地部署NSM岸舰导弹，俄舰队经过波罗的海、北海到大西洋的通道将彻底堵死。东南欧国家罗马尼亚、保加利亚、克罗地亚和阿尔巴尼亚加入北约，使北约控制了巴尔干半岛，不仅俄黑海海权受到制约，而且俄西南方向也处在北约包围中。这样，北约对俄实现了从西北部波罗的海，经黑海到西南巴尔干半岛的战略包围，使俄整个西部（中心区域）处在北约的军事威胁之下。在西部，俄与北约仅隔乌克兰、白俄罗斯和黑海等区域。

[①] 1999年，北约吸收波兰、捷克和匈牙利三国。2004年北约又吸纳波罗的海三国（爱沙尼亚、拉脱维亚、立陶宛）和斯洛伐克、斯洛文尼亚、罗马尼亚和保加利亚等7国，北约成员国从19个扩大到26个。2009年，北约再次接收阿尔巴尼亚与克罗地亚，成员国增加到28个。

第一章 祸起萧墙的欧盟联系国协定

北约经过冷战后的三次东扩后，军事上涵盖了绝大多数欧洲国家，扩大了防御范围和战略纵深，把战略防线向东推进了2000多公里，实现了在俄边界的前沿军事部署。更深层次的意义在于，北约在地缘政治上建立了其主导的欧洲安全格局，剥夺或削弱了俄在有关欧洲安全决策上的话语权。

北约东扩对俄的安全威胁不言而喻，《2020年前俄罗斯国家安全战略》将北约列为俄第二大威胁，2014年12月俄罗斯新版军事学说将北约视为俄头号军事威胁。从北约东扩一开始，俄就坚决反对，无奈国力衰微而无力阻止。为安抚俄罗斯，北约成立了北约—俄罗斯理事会，与俄建立新型伙伴关系，但俄在这个理事会中没有决策权。尽管俄一再退却，但北约仍然继续东扩，将防线向俄边界推进，以至于俄西部和南部方向的战略区仅剩下白俄罗斯、乌克兰和黑海区域。如北约将乌克兰和格鲁吉亚等纳入，俄西部和南部将直面北约的军事力量，俄很清楚这对国家安全意味着什么，因而把这一地区划为北约不可逾越的红线。但北约无视俄的诉求，2008年4月，北约布加勒斯特峰会明确宣布东扩格鲁吉亚和乌克兰，引发俄极大愤怒。2008年6月普京严厉警告北约东扩只能制造更危险的柏林墙，8月爆发俄格战争，俄以战争形式使北约再次东扩计划流产。

作为仅有的战略缓冲区和安全屏障，乌克兰对俄意义重大。"没有乌克兰，俄罗斯就不再是一个欧亚帝国。少了乌克兰的俄罗斯仍可争取帝国地位，但所建立的将基本是个亚洲帝国……，但俄罗斯一旦收买并使乌克兰臣服，那它就自然而然地恢复了帝国的身份。"[①]拿破仑也曾说，"占领基辅就等于抓住了俄国的双脚"。美国当代地缘政治学者乔治·弗里德曼也指出，长久以来，乌克兰之于俄罗斯的意义，相当于得克萨斯之于美国，苏格兰之

---

① （美）兹比格纽·布热津斯基：《大棋局：美国的首要地位及其地缘战略》，中国国际问题研究所译，上海：上海人民出版社，2007年版，第39页。

于英国的意义。此地如陷于敌手,则将对上述国家构成现实的威胁。在被俄罗斯统治时,乌克兰将俄罗斯的权势延伸至极难被突破和渗透的喀尔巴阡山脉;但如果乌克兰处于欧美强权的影响或控制之下,俄罗斯南部平原无险可守。因此对俄而言,乌克兰关乎国家的基本安全,是俄对北约东扩的底线,无论如何都要把北约东扩阻止在乌克兰和黑海以西。早在20世纪上半叶乌克兰争取民族解放之时,乌历史学家维亚切斯拉夫·利平斯基也曾一针见血地指出,鉴于乌广袤的领土、不小的人口基数、丰富的自然资源和庞大的工业潜力,乌克兰在欧洲东南部具有无与伦比的、足以颠覆欧洲权势平衡的战略价值,因此"在欧洲没有人想要一个强大的乌克兰国家。相反,许多欧洲强国实际上是对一个没有或者是尽可能弱小的乌克兰的欧洲更感兴趣。这就是为什么我们不能将恢复民族传统、实现独立建国的希望寄托在接受外来帮助上的原因……,外部强国充其量只会帮助乌克兰成为欧洲和俄罗斯之间的缓冲国。"①现在的乌克兰,无论是向东还是向西,其命运既不掌握在政府的手中,也不掌握在人民的手中,它必须看大国间博弈的结果。

图1-7 乌克兰的命运依靠俄美的博弈

---

① 引自葛汉文:"冷战后乌克兰的地缘政治思想",《俄罗斯研究》2013年第5期。

(二)黑海和克里米亚决定俄全球大国地位

黑海地处欧亚非三大洲交界结合部,地缘战略地位极其突出,北靠乌克兰、俄罗斯,南接土耳其,西濒巴尔干半岛,是通过土耳其海峡进入地中海、大西洋和印度洋的唯一水道,沿岸有土耳其、保加利亚、罗马尼亚、乌克兰、俄罗斯、格鲁吉亚、亚美尼亚和阿塞拜疆等国,是航运、贸易和战略上的要冲。北约和欧盟的屡次东扩,使得黑海成为俄罗斯对抗西方挤压的最后屏障,也成为俄维护西部国家安全的底线和关键,是俄抗衡欧美战略挤压的海上安全屏障,黑海海权的控制对于想要重振帝国雄风的俄罗斯及其国家安全有着极大的必要性和紧迫性。

由于俄发源于东欧平原中部,国土基本是平原大地,除去黑海外,基本无关隘可据守,所以黑海也一直是俄的南大门。历史上也曾是拜占庭、奥斯曼帝国、英法列强及法西斯德国入侵俄的捷径,有俄"软腹部"之称。为夺取这个战略要地和出海口,沙俄与土耳其及英法等国进行了长达一个半世纪的战争,几百年来俄一直苦心经营驻守克里米亚半岛的黑海舰队。苏联解体时,黑海舰队有近10万官兵,400多艘舰艇,300多架作战飞机,包括数艘航空母舰、"莫斯科"号大型导弹巡洋舰(防空能力相当于8个S300导弹营)、核潜艇,总吨位超过70万吨,作战能力远在英法海军舰队之上。虽然受到苏联解体影响,黑海舰队战力大不如以前,但驻扎在克里米亚半岛,仍能确保俄控制黑海,抗衡北约舰队,而且俄已经开始着手加强黑海舰队建设。[①]

克里米亚和黑海直接关系俄的全球大国地位。苏联解体后,俄漫长的海岸

---

① 当前,俄黑海舰队约有50艘作战舰艇(不含辅助船只),人员2.5万,包括巡洋舰、多用途护卫舰、反潜护卫舰、大型登陆舰、导弹驱逐舰、扫雷舰和潜艇,并配有海军陆战旅、防空导弹团、电子对抗团以及2个军用机场,15架苏-24歼击轰炸机和安-26运输机、15架卡-27型直升机,海军陆战旅曾参加过两次车臣战争和俄格战争。

线被地理分割成互不相连的多块，所以俄海军战略机动必须通过公海，而地中海则是沟通俄北方舰队、波罗的海舰队和黑海舰队的必经之路，是维系俄向黑海乃至地中海、中东拓展力量的战略支点，也是进入印度洋、影响南亚的便道。

克里米亚半岛是俄扼守黑海的咽喉。克里米亚半岛位于乌克兰的南面，而俄罗斯位于乌克兰东北面，两地对乌克兰刚好形成南北夹击之势。此外，由于克里米亚半岛扼守乌克兰通向黑海的咽喉，驻守克里米亚200多年的俄黑海舰队，以不冻港塞瓦斯托波尔港为中心控制了黑海近70%的海域，能确保控制黑海海峡和通向地中海的战略交通，协同太平洋舰队加强在印度洋（特别是阿拉伯海和波斯湾）的作战能力，配合波罗的海舰队和北方舰队打破北约对北大西洋的海上封锁。在非战时状态下，黑海舰队是对地中海、波斯湾和西亚、北非进行军事威慑的主要力量。因而，黑海舰队是俄掌控黑海海权的利剑，捍卫西部战略安全的"铠甲"，保障俄作为世界大国参与解决世界大部分地区冲突，维护其全球利益。1999年科索沃战争期间，黑海舰队侦察船为南联盟武装力量躲避北约的空袭发挥了重要作用。2006年5月，北约筹备在乌克兰举行代号为"海上微风2006"的联合军事演习。然而，令西方国家和乌克兰当局意想不到的是，克里米亚爆发了大规模的抗议浪潮，大批当地亲俄民众聚集到海港码头，用躯体和帐篷将北约部队封堵在码头与军营里寸步难行，连去商店买东西也不允许。由于北约海军难以停靠克里米亚半岛，最终这场演习被迫取消，由此可见克里米亚战略地位的重要性。2008年俄格战争中，美国及北约军舰迅速通过土耳其海峡进入黑海支援格军。由于黑海舰队的存在和绝地反击，俄成功地抵御了北约在黑海的力量，控制了黑海海权，阻止了北约对格的军事援助和支持。同时黑海舰队特遣队实施由海向陆战略从海上封锁了格鲁吉亚空域，与陆上俄军相配合把格鲁吉亚军队从阿布哈兹和南奥赛梯赶了出去。黑海舰队凭此一役，向西方宣示了俄的地

第一章 祸起萧墙的欧盟联系国协定

缘底线,既是针对北约东扩的防御力量,也是威慑力量,有效对抗北约对俄的军事威胁。在近年来的叙利亚危机中,黑海舰队成为保护俄国在地中海的利益和牵制美国与北约的战略力量,并管理俄在地中海唯一的军事基地——叙利亚塔尔图斯物资保障站。正是由于黑海舰队介入,美国最后时刻放弃了直接出兵干预叙利亚问题,最后国际社会对叙利亚问题的解决方法基本按照俄提议的方案进行。

乌克兰在独立后将包括克里米亚的塞瓦斯托波尔港在内的黑海沿岸绝大部分良港划入本国版图,使俄黑海北岸的海岸线由1900公里锐减为500公里,只有黑海北岸和亚速海东岸的一段狭长海岸和几个较小港口,俄军事和经贸活动严重不便。如果失去乌克兰,则俄黑海舰队将荡然无存,不仅意味着俄失去黑海海上优势,同时将使俄其他三大舰队在战时处于分割和被迫独立作战的不利境地,其后果不堪设想,俄将会失去一个在全球博弈中的重要舞台,几乎立即降格为一个地区性大国,所以俄绝不能容忍乌克兰倒向欧美,绝不能丢失克里米亚半岛。

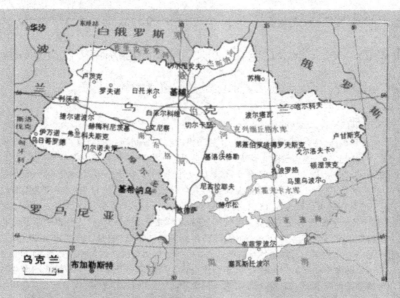

图1-8 乌克兰对俄相当重要

乌克兰危机警示录
和平发展道路中的战争准备

苏联解体后，俄乌围绕黑海舰队分割和去留的纷争不断。① 乌克兰认为卧榻之侧俄军对自己构成严重威胁，俄罗斯则千方百计保住这一战略支点。根据1997年俄乌签署的租赁协议，黑海舰队必须在2017年5月之前撤离克里米亚半岛。尤先科时期，曾威胁要取消该租赁合同，多次表示俄必须在该期限内从乌境内撤出黑海舰队，同时多次采取妨碍黑海舰队活动的行动，致使两国关系高度紧张。2008年俄格战争期间，尤先科为声援格鲁吉亚，不断为黑海舰队舰艇进出塞瓦斯托波尔港设障，甚至两国海军还在港口对峙，期间他还签署了有关俄黑海舰队在乌驻扎条件的命令，为俄罗斯黑海舰队的军人、军舰及飞机穿越乌边境建立许可机制，有关舰艇和飞机必须至少提前72小时通知乌海军司令部，才可获准穿越乌边境，并通报舰艇或飞机上人数、武器、爆炸物及军用物资等信息。双方紧张关系直到亲俄的亚努科维奇总统上台才出现明显缓解，根据当时两国总统签署的协议，俄罗斯同意在原合同价格基础上降价约30%向乌克兰出售天然气，同时每年缴纳一定的基地租金，而乌克兰则同意把俄罗斯黑海舰队在乌境内驻扎的期限延长25年，并且在该期限届满后双方有权选择是否再延5年，这使俄罗斯黑海舰队得以在塞瓦斯托波尔港口继续驻扎至2042年。此次乌克兰危机中，俄为确保黑海舰队驻地安全，出兵直接占领克里米亚半岛，但克里米亚的争斗不会很快结束。

---

① 1995年6月9日，乌克兰与俄罗斯签署了关于黑海舰队分割问题的协议。协议将现有黑海舰队一分为二，双方在此基础上分别建立自己的舰队，并分开驻扎。舰队财产所有权双方各半，总共833艘大小舰只，俄乌分别获得81.7%和18.3%。1997年5月28日，在俄罗斯总理切尔诺梅尔金访问基辅期间，俄乌两国总理代表本国政府签署了《关于俄罗斯黑海舰队在乌克兰领土驻扎的地位和条件》《关于黑海舰队分割范围》和《关于黑海舰队在乌克兰领土驻扎的有关相互结算的协定》等3个重要文件，最终在法律上明文规定了解决黑海舰队分割及黑海舰队驻扎在乌克兰的细节问题：①关于俄黑海舰队的法律地位及驻扎期限和租金问题，双方的协定规定，俄在乌克兰境内驻扎的黑海舰队与外国军队，临时驻扎期限为20年，总共租金为25亿美元，俄保证不在其所属的黑海舰队部署核武器。②关于俄黑海舰队的具体驻扎地点问题，上述协定规定，俄黑海舰队司令部驻扎在塞瓦斯托波尔，俄租借使用塞瓦斯托萨波斯卡亚、尤日纳亚和卡兰京纳亚三个港口，乌克兰分得斯特利茨卡亚一个港口。③《关于黑海舰队的分割范围》规定，俄罗斯有权使用格瓦尔苏伊斯卡耶机场，"雅尔塔"军人疗养院、试验中心、通信中转站、导弹燃料仓库等。俄驻扎人员为2.5万人，装甲车132辆，100毫米直径火炮24门，飞机24架。

第一章　祸起萧墙的欧盟联系国协定

此外，黑海在俄罗斯的能源外交中也是极其重要的一环。现已探明，黑海大陆架蕴藏着丰富的石油资源，据俄罗斯石油公司估计，黑海海域有180个可开采点，仅沙茨基海岭的石油蕴藏量就达8.58亿吨。黑海沿岸的俄罗斯、乌克兰、罗马尼亚、保加利亚、土耳其和格鲁吉亚等国家均对黑海石油开发抱有强烈的兴趣。如果失去对克里米亚的控制，俄罗斯在黑海的话语权将大大降低，而乌克兰和格鲁吉亚这两个能源贫瘠的国家将迎来希望，并有可能就此彻底摆脱对俄罗斯的能源依赖，这些都是俄罗斯所不能容忍的。

欧美也认识到，乌克兰对于遏制乃至击败俄罗斯也极具价值。[1] 他们先与乌克兰和格鲁吉亚发展建立安全伙伴关系，作为诱导他们加入北约的前奏；同时，两国在俄罗斯身旁，也有加入北约寻求新的安全依托的意愿，而这是俄罗斯不能容忍的。2008年，俄借助俄格冲突，强势出击肢解了格鲁吉亚，向西方传达了俄对于坚守底线的强硬信号，使得北约东扩乌克兰和格鲁吉亚的计划流产。

图1-9　乌克兰在西方遏制俄方面发挥重要作用

---

[1] George Friedman,"Geopolitical Journey：Ukraine", http://www.stratfor.com/weekly/20101129_geopolitcial_journey_part_6_ukraine,最后访问日期：2015-6-20。

(三) 俄复兴崛起离不开乌克兰

苏联解体后,俄一直梦想重现苏联的辉煌,普京也不止一次公开宣称苏联的解体是俄罗斯最大的悲剧。2015年4月16日,在俄罗斯年度"与普京直接连线"的电视直播节目中,普京说美国不需要盟友,他们只需要奴仆。普京誓言俄罗斯永远不会接受这种角色,永远不做美国的奴仆,敦促西方尊重俄罗斯。

能源出口是俄复兴崛起的基础,俄经济主要依靠石油天然气出口,其出口收入约占其国家GDP的20%、财政收入的50%左右,也是俄发挥国际影响力的重要工具。进入21世纪以来,由于国际能源价格不断上涨,俄原油和天然气出口收入持续增长,经济走出了解体初期的困境,逐步复兴崛起。1998—2008年,俄GDP增长83%,劳动生产率提高了70%,投资翻了一番,购买力增加了340%,退休金增加了280%。2000—2008年,俄GDP年平均增长率为7%,为成为世界上增长最快的国家之一,国家实力大幅提升,从2000年的第18位重新回到世界十大经济体之列,2013年石油天然气出口占出口总额达70%,同年俄经济总量快速上升到世界第八,GDP达2.1万亿美元,外汇储备5000多亿美元,人口自苏联解体后首次出现正增长,居民收入大幅提高,国际地位发生显著变化,能源消费国为了减少过于依赖战乱困扰的中东产油区,纷纷把目光投向了资源丰富而又相对稳定的俄罗斯。俄的油气资源也成为俄国际影响力的重要工具,如中日多年关于安纳输油管线的争夺就是明证。但2008年金融危机后,俄经济增速大大减缓。

乌克兰是俄出口能源最大的中转站,其所处的地理位置决定了它是连接俄罗斯与欧洲东西方之间理想的"能源走廊"。目前,欧洲国家所需的天然气的30%、石油的80%是从俄进口,乌克兰能源的30%也依赖俄出口,俄出口欧洲石油天然气的60%又要经乌克兰的管网输入欧洲。早在苏联时期,俄罗斯的天然气就主要是经过乌克兰出口,因为乌克兰拥有欧洲最庞大的天然气运输系统,其干线管道总长3.71万公里,乌克兰还拥有13座天然气地下储存库,可储存320亿立方米天然气。"乌克兰拥有十分发达的石油管道系统和海港,在俄罗斯和哈萨克斯坦向东、西欧国家过境出口石油方面发挥着重要的作用,每年经乌克兰输送的石油为5500万~6000万吨",[①]"俄罗斯输往世界市场的6条主要石油管道,就有3条过境乌克兰。俄罗斯'友谊'-2输油管道和'友谊'-20输油管道与亚得里亚管道一体化方案中,这两条主要管道都从乌克兰内陆过境"。[②] 2004年乌开始采用担保的方式,先将俄出口石油输送到敖德萨港,然后再用油轮运往地中海。乌克兰还为了增加输油能力,修建了从黑海港口敖德萨至布罗迪的石油管道。俄向欧洲出口天然气也主要依赖乌克兰管网设施,其中每年向西欧国家输送1343亿立方米天然气。由此,乌克兰对俄罗斯和里海——中亚地区石油、天然气过境输往欧洲国家几乎达到垄断地位。乌每年过境运输俄罗斯天然气的收入大约为21亿美元,过境运输俄罗斯石油的收入大约为3亿美元。

如果失去乌克兰,俄出口能源的主要管网将会被欧美所控制,俄能源出口将陷入更加被动的局面。另外,随着美国页岩石油天然气取得革命性成功,美国将成为世界第一大能源出口国,一旦美国供给欧洲能源的战略取得突破,俄能源出口将受到极大打击,其复兴崛起过程也将被打断。

同时在对外贸易上,黑海是俄罗斯与欧洲许多国家贸易往来的主要通道,俄每年进口商品总额的25%和出口的50%要经黑海—地中海运输,因此乌克兰和黑海出海口对俄经济也异常重要。如果失去乌克兰,北约将乘机控制整个黑海,俄商船往来于黑海水域和出入黑海海峡必受制于人,俄海上运

---

① (俄)С·З·日兹宁著,王海运等译:《俄罗斯能源外交》,北京:人民出版社,2006年版,第206页。
② (俄)С·З·日兹宁著,王海运等译:《俄罗斯能源外交》,北京:人民出版社,2006年版,第664页。

输安全将更无保障，经济损失将无法弥补。

乌克兰是苏联的重工业基地。乌克兰军事工业占苏联国防潜力的30%，主要集中在机器制造业、冶金、燃料动力业及高技术部门，主要生产火箭装置、宇航装置、军用舰船、飞机和导弹等军工产品。乌克兰南方机器制造厂是世界上最大的导弹生产厂家之一，苏联62%的地空导弹、42%的战略导弹由该厂独立生产或与其他军工企业合作生产，该厂还生产可携带10枚分导核弹头的SS–18型战略导弹、SS–24型导弹，其改进型SS–25型导弹为车厢式导弹，苏联第一颗通信卫星所用的运载火箭也是该厂生产的，其研制的"旋风"和"极点"型运载火箭能将数吨重的物体送上宇宙轨道。该厂生产的巨型运输机安–124能从万米高空把航天器发射至太空的任何预定点。乌克兰建造军事舰船的能力很强，苏联6个建造大型水面舰只的造船厂，有3个位于乌克兰黑海沿岸，其中黑海造船厂是苏联唯一能制造航空母舰的造船厂，俄军唯一一艘航空母舰"库兹涅佐夫"号就是该厂建造的。乌克兰独立后，受到国家整体经济的影响，其军工发展缓慢，面临很多困难。

俄乌军工本是同根生，在军工领域的联系非常紧密，两国的军工综合体实际上是当年苏联军工综合体的一部分，现在俄武器系统中由乌克兰供应的品种有三四千种，每年乌对俄军品出口额约数亿美元，如全球威力最大的俄洲际弹道导弹RS–20"撒旦"完全依赖乌克兰军工企业维持其战备状态。英国皇家三军研究所2014年4月份发布的一项研究报告指出，俄军需进口只有4.4%来自乌克兰，但有几种产品对俄国防具有生死攸关的意义，俄战舰所需的减速器60%靠乌克兰供应，苏–27、苏–30和苏–35等战斗机所需的制动降落伞和液压系统是在乌克兰生产的，苏–34前线轰炸机的一些配件也靠乌克兰生产，位于乌克兰扎波罗热的西奇发动机公司为俄罗斯飞机和直升机生产各种型号的发动机。对俄罗斯来说，军事工业是俄发挥大国影响力的重要依托。苏联解体，俄罗斯的军事工业长期停滞，如再失去乌克兰，必将雪上加霜，势必威胁俄军装备更新计划，从而影响其大国地位和作用。这方面俄已经有过惨痛教训，比如让西方谈之色变的俄 SS-24 洲际导弹列车，最大射程达 1 万公里，可携带 10 枚分弹头，而每辆导弹列车配备多达 3 枚该型导弹。由于苏联解体后，SS-24 导弹列车的研制和生产单位均在乌克兰，俄罗斯的导弹列车既无法维护也没有配件供给，最终不得不全部退役。此次乌克兰危机也打乱了俄海军多种新一代军舰的建造计划。作为俄《2011—2020 年国家武器纲要》的重要部分，俄海军在 2020 年前将建造 100 艘新舰艇，但俄乌关系破裂，乌克兰全面停止供应俄舰艇燃气涡轮发动机，俄海军造舰计划陷入瘫痪，而俄军的进口替代计划要到 2018 年才完成，这意味着俄海军造舰计划至少推迟 3 年。

（四）俄主导的独联体和欧亚经济联盟离不开乌克兰

苏联解体伊始，俄就在苏联范围内建立系列由其主导的经济政治和军事组织，继续维持其影响，抵抗欧美的围堵与压制，以便将来能顺利复兴与崛起。在政治和安全方面，俄首先建立了其主导的、前苏联加盟共和国成立的独联体，维持了俄在苏联范围内的政治安全影响，俄还试图在独联体内建立统一的军队，但由于乌克兰反对而作罢。在军事安全方面，1992 年俄主导成立由俄罗斯、哈萨克斯坦、白俄罗斯、亚美尼亚、吉尔吉斯斯坦和塔吉克斯坦等国成立的集体安全条约组织，形成军事同盟，组建集体安全组织快速反应部队。在经济方面，俄与白俄罗斯和哈萨克斯坦成立欧亚经济联盟（前身为关税同盟），组建统一的经济市场。俄希望凭借上述体系重新实现俄罗斯的复兴与全球大国的地位。

乌克兰是仅次于俄罗斯的欧洲第二大国，是独联体一体化和欧亚经济联盟的核心所在。其庞大的人口、土地、市场、发达的工农业科技实力，优越的自然条件和重要的战略地位，能直接辐射欧洲、北非和中东市场，直接决定着俄主导的独联体和欧亚联盟能否作为欧洲大陆的地缘政治、经济和军事实体在欧洲及世界舞台上发挥重要作用。多年来，俄不仅反对北约，也反对欧盟染指独联体内部事务，对欧盟发展与独联体国家特别是斯拉夫国家乌克兰的关系存有戒心，担心欧盟的渗透会削弱独联体的凝聚力，从而影响俄在独联体的威信和地位。

乌克兰很早就有脱离俄主导的独联体的倾向。1996年，乌克兰牵头格鲁吉亚、阿塞拜疆、摩尔多瓦成立在独联体内具有离心倾向的"古阿姆"集团。1999年乌兹别克斯坦加入。"古阿姆"集团的基本立场是"亲西疏俄"，主要职能是促进区域经济的发展，尤其是在能源方面希望绕开俄罗斯，建立一条属于自己的能源管线，将中亚的能源直接出口到西欧，从而摆脱欧洲各国对俄的依赖，这将严重损害俄国家战略利益。1999年4月，"古阿姆"集团不仅参加了在华盛顿举行的北约成立50周年庆典活动，还通过决议表示"古阿姆"集团成员国将在北大西洋伙伴关系理事会和北约"和平伙伴关系"计划的框架内发展相互协作。美国对"古阿姆"集团及其成员国的上述活动和做法给予了积极支持。2000年，美国承诺拨出3700万美元用于支持"古阿姆"集团。俄格战争期间，尤先科政府支持格鲁吉亚，并与其联合号召在独联体内建立"民主选择共同体"，实质上是建立对付俄罗斯的"防疫带"。

俄罗斯与乌克兰同宗同源，有着共同的历史文化，基辅是他们共同的民族发祥地，基于民族历史和文化情节，都不允许乌克兰离俄罗斯太远，至少是俄的兄弟国家。在普京总统的第二任期，俄罗斯与西方围绕俄国内民主和独联体地区"颜色革命"问题进行了激烈的外交博弈，与西方的意识形态斗争仍然相当尖锐，因此普京推行新斯拉夫主义外交。普京总统在《2012年国情咨文》中强调:"俄罗斯民主是俄罗斯人民的政权,它具有自己的人民自治传统,完全不是外部强加的各种标准的实施。"如果乌克兰选择与俄罗斯联合发展的道路,那么两国有可能建立一条具有东斯拉夫特色的发展道路。相反,如果乌加入欧盟一体化,将大大削弱普京所维护的俄罗斯独特发展道路的价值。2013年2月普京总统批准的《俄罗斯联邦对外政策构想》,强调优先发展与乌克兰的战略伙伴关系。可以说,没有乌克兰的参与,俄罗斯多年苦心经营多年的独联体和欧亚联盟就有空心化的危险。所以俄坚决反对乌克兰签署欧盟联系国协定,力图将其拉在独联体和欧亚经济联盟体系内,防止乌克兰西化,防止乌克兰倒向西方引发多米诺效果,进而肢解俄主导的独联体、欧亚经济联盟和集体安全条约组织,彻底打碎俄复兴崛起的希望。

第二章

同室操戈的乌东部地区战事

第二章 同室操戈的乌东部地区战事

在乌克兰危机中，除俄乌两军在克里米亚半岛的对峙以乌军主动投降结束外，战事主要集中在东部地区乌国防军与亲俄民兵武装之间，民兵武装在俄的大力支持下，以游击战应对欧美支持的乌国防军重型装备的立体进攻，取得不菲战果，双方战事呈拉锯状态，最后在欧安会的调解下，暂时实现停火。

一、俄军兵不血刃占领克里米亚半岛

俄军在俄乌边境陈兵数万，并出动少量部队直接占领了乌克兰的克里米亚半岛，实力过于悬殊的乌克兰军队只能缴械投降。

（一）以安全为由，调动黑海舰队封锁克里米亚半岛

在此次乌克兰危机中，为占据主动权，俄先发制人，以保护黑海舰队基

地安全为由,调动半岛驻军封锁乌军。2014年2月24日,俄乌里扬诺夫斯克第31独立近卫空降突击旅首批抵达克里米亚半岛塞瓦斯托波尔,以加强黑海舰队实力。2月25日,俄黑海舰队进入战备状态,封锁港口并开始调动部队。2月26日晚间,俄国防部表示,俄将采取必要措施,确保黑海舰队军事设施安全。2月27日,黑海舰队启动了装甲军事设施,并公开宣称正在采取反恐措施,以保护舰队及其附属哨所安全,其相关行动严格遵照俄乌关于黑海舰队基地租借协议的规定。此后黑海舰队派出装甲车与直升机,占领克里米亚半岛关键机场和道路。乌克兰政府马上声称黑海舰队违反了俄乌协议,其任何军事行动都将被视为军事侵略。俄外交部随即发布强硬声明,称黑海舰队绝对严格遵守俄乌基本协议,相关装甲部队的调遣完全遵照协议,不需要申请任何批准,目的是保障该舰队驻地安全,符合两国就黑海舰队签署的相关协议,因而拒绝乌当局提出的双边磋商。这也间接确认了俄黑海舰队在克里米亚的行动。

2月28日,俄黑海舰队驻军开始包围克里米亚半岛乌克兰军事基地和军事力量,当天包围了半岛乌海岸警卫队驻地,占领辛菲罗波尔国际机场,并陆续派出数十架军用飞机。在半岛亲俄武装和本土派出的部队帮助下,俄军很快包围了岛上乌克兰军队的所有军事基地。

(二)以合法总统邀请为名,俄本土出兵

2014年2月22日,由反对派控制的乌克兰议会以乌克兰总统亚努科维奇自动离职为由,通过了罢免亚努科维奇总统职位的议案,并开始追捕亚氏。而根据乌克兰现行宪法,乌克兰议会无权直接罢免总统,所以俄政府认为乌临时政府为非法政府,拒绝承认。2月24日,索契冬奥会结束后,俄公开质疑乌临时政府合法性。俄总理梅德韦杰夫当天首次宣称,乌临时政府是"武装暴动"的产物。2月25日,一份呼吁普京出兵乌克兰东部的请愿书在互联

第二章 同室操戈的乌东部地区战事

网上走红，并在不到24小时里收集了近10万乌克兰民众签名，但2月26日，俄联邦委员会（议会上院）主席马特维延科表示，俄无权，也不会武力干涉乌克兰，但她也强调亚努科维奇依然是乌合法总统，乌议会未按法律规定执行总统弹劾程序。2月27日，俄外交部发表声明说，乌克兰发生"暴力夺权"，议会是"在枪口和暴力作用下通过罢免决议的"，亚努科维奇仍然暂时是乌克兰唯一合法领导人，亚努科维奇与反对派代表签署的协议仍然有效，俄方将保护同胞的权利。当天晚间俄外交部就乌克兰局势连续发表两项声明，两度提到现已离开乌克兰总统府的亚努科维奇，声明以高调正式的表述，对亚氏保持了"乌克兰总统"的称谓，并确认其受到了"人身威胁"。2月28日，亚努科维奇首次在俄举行新闻会，声称自己依然是乌合法总统，他和他的支持者遭遇人身威胁，请求俄联邦当局确保其个人安全，防止极端主义者迫害，并请求俄干预乌国局势。

应合法总统邀请，俄出兵克里米亚半岛。3月1日，在俄政治避难的亚努科维奇向俄递交请求出兵平叛的书信，同日乌克兰克里米亚自治共和国总理阿克谢诺夫发表声明，请求俄提供帮助，以保障克里米亚的和平。普京当天向俄联邦委员会（议会上院）递交在乌克兰境内动用俄罗斯武装力量，直至该国社会政治形势正常化的申请，称"乌克兰现阶段的非常局势对俄罗斯民众的生命造成威胁，我请求联邦委员会，对乌克兰领土使用武力，直至该国政治局势恢复正常"。普京的申请立即得到了俄议会上院授权批准，同意普京采取全面措施，在乌克兰使用俄武装部队，保护在乌的俄公民及军人生命和安全。俄决定动武的当天，普京与美国总统奥巴马通电话，奥巴马要求俄罗斯停止军事干预乌克兰，普京则重申俄将保卫在乌利益和公民安全。3月2日深夜，梅德韦杰夫在"脸谱"社交网站上发表日志说，乌克兰对于俄罗斯来说，不是由在独立广场制造流血事件、违反宪法、篡夺政权的人领导的国家，而是一个由乌克兰族、俄罗斯族等多民族组成的国家，亚努科维奇仍是乌合法总统，未经宪法规定的弹劾程序来处理，就是篡权政变，这只会导致新的政变和流血。为应对国际社会对俄出兵的质疑，3月3日，俄驻联合国代表在安理会就乌克兰事件召开的紧急会议上，出示了亚氏请求出兵的亲笔信副本。事后，亚氏也确认了邀请俄出兵的事实。

（三）俄军本土海陆空立体进占克里米亚半岛

2014年3月1日，早已准备就绪的俄军得到动武授权的后，立即从俄本土派出数万人，出动装甲部队、空降兵部队、海军部队，数十艘（架）军舰和飞机进占克里米亚半岛，配合岛上俄黑海舰队迅速占领了半岛。当天作为先锋的俄军空降部队和海军陆战队首先接管了半岛军用机场，俄装甲部队从刻赤海峡渡海进入半岛。3月2日后，俄军快速控制克里米亚半岛的各个战略要地，俄空军战机在半岛机场降落，控制了半岛多个军民用机场，数艘俄罗斯战舰封锁塞瓦斯托波尔港，占领了乌克兰空军防空导弹营地，包围了乌克兰海军舰队和海岸警卫旅。3月3日，俄军集结大规模装甲部队，渡海进入半岛。3月5日，俄军攻占了半岛乌军导弹防御基地。3月7日晚，俄两栖船只搭载了大约200辆军车登陆半岛，并攻占半岛首府辛菲罗波尔。3月20日，俄军占领半岛最大的乌军空军基地，数十架米格–29战机全部落入俄军手中，乌空军战机损失过半。3月22日，俄军控制塞瓦斯托波尔的乌海军旗舰"斯拉武季奇"号和唯一潜艇"扎波罗热"号，艇员大半加入俄军。当天俄特种部队和克里米亚自卫队接管乌克兰别利别克空军基地和诺沃费多罗夫卡基地的军营、武器库和指挥部。俄国防部当天日说，乌海军67艘舰艇中的54艘已经加入俄军。3月24日，俄军占领克里米亚费奥多西亚海军基地，至此半岛194个乌军事基地已经全部被俄军占领。在整个占领行动中，俄军还切断半岛对外网络与通信联系。

第二章 同室操戈的乌东部地区战事

图 2-1 俄军控制了乌克兰海军唯一的一艘潜艇"扎波罗热"号

在俄军占领半岛过程中，亲俄民兵武装发挥了重要作用。民兵武装可能是俄正规军乔装的，除了没有军兵种标识外，服装、装备和俄现役部队完全一样。2月27日晚，武装民兵占领克里米亚半岛议会和政府大楼，并在楼上升起俄罗斯国旗。2月28日，全副武装且配有装甲车队的400名民兵武装接管了塞瓦斯托波尔贝尔贝克军用机场，他们装备统一、训练有素，身着俄空降兵军服。同日，克里米亚首府辛菲罗波尔国际机场也被身穿俄军制服的武装民兵占领。3月8日，民兵武装还成立专门的武装部队，达11000人，并包围岛上了所有的乌军事基地。3月19日，民兵武装占据克里米亚的乌克兰海军总部，扣押并带走乌海军司令盖杜克，在基地门口升起俄罗斯国旗，控制了20艘乌克兰军舰，占乌海军军舰数量一半。3月22日，武装民兵在占领半岛最大的乌陆军军事基地中，体现了相当高的战术素养与作战能力。武装民兵用一辆装甲车撞开基地正门以吸引基地内乌军的注意力，当大部分乌守军被正门的争斗所吸引时，民兵同时以早已准备好的两辆装甲车猛烈撞开离正门200米外的侧面围墙，快速驶入基地内，迅速占领基地制高点——双联高射机枪阵地，由此制高点控制了基地内部的乌军。这时正门的装甲车与民兵相互配合开枪开炮,制服了正门的乌军,整个占领过程不到10分钟,50人的武装民兵就占领了这个数百人的基地,这样的战术与技能,可能是俄特种兵或正规军所为。

(四) 数万俄军压境,强化半岛驻军

乌政变后,为应对局势发展,俄迅速沿着俄乌边境部署了4万精锐部队,包括主战坦克、飞机、大炮、短程导弹等先进装备,半数离边境不到10公里,给乌克兰巨大压力。

图2-2 俄乌边界驻扎的俄大军

占领克里米亚半岛后,为防止事态升级,俄军开始强化半岛军事部署。2014年4月4日,俄装备T-72主战坦克、BTR-80轮式装甲车的陆军装甲部队从本土部署到克里米亚半岛,同时俄军还在半岛的空军基地部署S-300防空导弹,并装配新的雷达系统监测北方区域,防止乌克兰军队空袭。 在5月9日

普京参加的克里米亚半岛阅兵式上,俄军展示了克里米亚半岛驻军强大的装备和力量。多个俄制先进战机编队在空中现身,"虎"式装甲车、BTR-80装甲车、100毫米炮"双刃剑"、152毫米炮相继亮相,参加当天庆典的还包括刚刚恢复命名的黑海纳西莫夫红星勋章高等海军学校编队、黑海舰队士官及驻扎在塞瓦斯托波尔港的反潜舰部队。6月23日,俄宣布将扩建以该岛为基地的黑海舰队,补充新的舰只和潜艇,并加强舰队现代化建设。6月27日,俄海军在克里米亚的塞瓦斯托波尔港举行海军日庆典。俄计划到2017年黑海舰队将拥有6艘最新的11356型护卫舰和636.3型柴电潜艇。11月26日,俄罗斯向克里米亚部署10架改进版苏-27SM战斗机和4架苏-30M2战斗机,俄国防部确定近期将为黑海舰队换装15艘新型军舰,11356型新护卫舰首舰"格里戈洛维奇海军上将"号和636.3型柴电潜艇"新罗西斯"号已经加入。

(五)实力悬殊过大,半岛乌军缴械投降

面对俄军的入侵,实力过于悬殊的乌军只能缴械投降。2014年3月1日,乌代总统、议长图尔奇诺夫下令乌武装力量进入完全的战斗准备状态,同时要求境内所有核电站、机场和其他战略设施增强安保。3月2日,乌临时政府宣布在全国范围内征召预备役人员,所有年龄在40岁以下的成年男子都要征召到武装部队。当天乌临时政府总理亚采纽克在全国电视讲话中宣称,俄军控制克里米亚是"军事侵略",是对乌宣战,战争已经开始。当天乌总检察院向乌武装力量军人发出警告,要求"宣誓忠诚于乌克兰人民的"军人不得向俄军队交出武器或离开驻地,否则将被视作"背叛国家"的行为。3月3日,乌临时政府命令动员100万预备役军人到部队报到。3月17日,乌克兰议会批准首个部分动员令,动员4万人加入乌武装力量。3月18日,由于一名乌军人在克里米亚被亲俄武装民兵击毙,乌国防部下令乌军人可以使用武器反击。

乌克兰危机警示录
和平发展道路中的战争准备

实际上，俄乌两军实力相差相当悬殊。① 面对强大的俄军和己方虚弱的经济军事实力，除了投降，乌军别无选择。 从 3 月 2 日开始，克里米亚的乌克兰军队陆续投降俄军，当天刚刚上任仅一天的乌海军代理司令别列佐夫斯基宣布投降克里米亚当局，出任克里米亚海军司令，后被普京任命为俄黑海舰队副司令。 3 月 3 日，位于克里米亚首府超过 800 人以及拥有大约 50 架飞机的乌空军第 240 战术航空旅基地宣布投降。 3 月 4 日，乌克兰第 50、第 55 和第 147 导弹防空团投降，这些防空团装备了超过 20 个 Buk 导弹系统和 30 个 S-300PS 导弹系统。 3 月 18 日，俄军向克里米亚乌军发出最后通牒，要求其 72 小时内全部缴械投降，否则将采取军事行动。 对于投降俄军的乌克兰军人，3 月 20 日，普京签署命令，允许其加入俄军，并承认他们的现军衔、军事教育背景等。 据俄方估计，在驻克里米亚近 2 万名乌陆海空军人中，仅有 1500 人撤回了乌内地，绝大多数选择加入俄军队。

图 2-3 加入俄军的乌克兰士兵

---

① 根据英国每日电讯报提供的最新数据，俄乌两国军力对比相差悬殊，大致为：现役军事人员数量 76.6 万∶16 万，坦克装甲战车总数 43107 辆∶1543 辆，作战飞机与直升机总数 4055 架∶493 架，海军舰只总数 352∶25 艘。截至 2010 年初，乌克兰军队人均军费为 5100 美元，而同期俄罗斯为 33100 美元。

第二章 同室操戈的乌东部地区战事

对于不愿意投降的乌克兰军人，俄乌达成协议，允许其撤离半岛。3月19日，乌国家边防局的边防军撤离克里米亚。3月20日，乌国防部长公开宣布，正在制定克里米亚撤军计划，希望联合国能帮助其军队顺利撤离。3月21日晚，俄国防部长绍伊古下令，派出俄军警护送乌空降旅撤离克里米亚半岛，并允许乌军人携带或乘坐本军队装备离开。3月24日，乌代总统图尔奇诺夫表示乌已经开始从克里米亚地区全面撤出军队。3月25日，乌代理国防部长杰纽赫表示，乌将与俄达成协议，从半岛撤出的部队将携带全部武器装备。4月8日，乌政府称已与俄达成了关于归还乌海军装备协议，俄先期返还3艘乌军舰只。4月11日，俄又交还1艘导弹艇及1艘油轮。之后，俄又返还1架米-29战斗机和其他飞行器。7月5日，由于乌国防军加紧镇压东部亲俄民兵武装，俄决定中止向乌移交半岛乌军装备和物资，直至东部地区恢复和平局势为止。

在俄军占领半岛的整个行动中，俄乌两军发生了零星冲突，基本没有发生流血事件。3月4日，乌第62战斗步兵团300名士兵向自己的驻地贝尔贝

图2-4 克里米亚前线乌军踢足球无视俄军鸣枪示警

克空军基地进发，意图徒手夺回被俄军占领的阵地。在乌军靠近的过程中，俄方士兵共朝天鸣枪6次。在双方交涉的等待时间内，乌方官兵因无聊就地踢起了足球，但俄方哨卡后出现一群不明身份的武装人员，他们用手中的步枪和轻机枪瞄准乌方官兵，乌方军官随即下令原路返回，整个过程结束，并没有发生流血冲突，这一带有英雄色彩的剧情在一场"即兴球赛"后草草收场。

二、乌国防军与民兵武装的战场拉锯战

东部地区担心自身权益受到乌克兰亲西方政府的侵害，同时受到克里米亚半岛公投独立并加入俄联邦的影响，以卢甘斯克、顿涅茨克、哈尔科夫为代表的东部地区纷纷要求公投独立或加入俄联邦，乌中央政府对此进行武力镇压，民兵武装在俄支持下展开游击战，双方陷入旷日持久的拉锯战。

（一）民兵武装占领区关乎乌克兰生存发展命脉

目前，民兵武装占据的顿涅茨克、卢甘斯克和哈尔科夫三个州，乌克兰族人与俄罗斯族人基本各占一半，都把俄语作为母语，而且多数人信奉东正教。

这三个州在乌克兰国家和经济发展中的地位非常重要，是乌著名的工业基地和矿产基地，"敖德萨的粮、顿巴斯的煤、利沃夫的树"，都是乌经济发展的坚实基础。卢甘斯克州和顿涅茨克州的主要工业区收入能占乌国家预算收入20%。顿涅茨克州下属的顿巴斯工业区是乌克兰乃至全欧洲最主要的产煤区，也是乌的重要创汇来源，乌全国供暖、发电用煤的70%来自顿巴斯。这些地区一旦独立，乌全国将立刻陷入"无电可用、无暖可取"的窘境，创汇来源也将严重受阻。在苏联时期，由于这个地区工业发达，曾创造了系列"苏联第一"：第一台重型蒸汽机车，第一辆电车，第一个非首都城

市的全苏足球冠军，全苏最大的高炉，全苏最大的五金工厂，全苏最大的汽轮机厂，全苏第一个女子拖拉机队，世界生产割煤机的最大车间，全苏首创的先进生产者运动——"斯达汉诺夫运动"始于此……，而哈尔科夫州，则是苏联宇航员之乡，宇航员多达30余人。

鉴于顿、卢、哈三州在乌克兰国家发展中的重要地位，无论是丰富的矿产资源，还是高度科技化的知识精英及其培养机构，全部都是乌克兰的宝贵财富，"十分乌克兰，三分'顿卢哈'"，这几乎就是乌工业经济的半壁江山，是乌克兰不可缺少并尽力要保住的"金三角"。

（二）东部地区武装起义，要求独立或自治

乌克兰反对派政变成功并组建临时政府后，东部地区不承认这个临时过渡政府的合法性，认为反对派政变违反了乌宪法，过渡政府是非法政府，同时因为亚努科维奇生于顿涅茨克州，曾长期在顿涅茨克、卢甘斯克和哈尔科夫三州竞选、执政，在他逃亡俄罗斯后，东部南部地区很多居民都同情他，仍然视他为合法的乌克兰领导人，希望他能回国继续执政。

东部地区也担心亲西方政府的上台会侵害自身权益。2014年2月23日，乌反对派掌权的议会通过法律，废除了《国家语言政策基本原则法》，取消了俄语在乌克兰近半数行政区域的官方语言地位，此举立即引发了东南部民众的集会抗议，他们担心自己的权利会受到基辅亲西方政权更多的剥夺。过渡政府奉行的反俄、亲西方外交政策也让东部地区不愿意接受，东部地区认为自己有权参与乌克兰宪法改革，乌政治体制应充分考虑东部地区人民的权益，包括俄语官方语言地位、加强与俄关系等。但新政府立足未稳，国内局势动荡，不可能答应东部地区诉求，这引发了东部地区的不满。于是，东部地区希望通过抗议活动甚至武装对抗来争取更多的自治权。

乌克兰危机警示录
和平发展道路中的战争准备

受到克里米亚公投加入俄联邦的影响，东部地区部分亲俄抗议者效仿之前亲西方反对派的激进分子，与执政当局进行暴力对抗，并开始酝酿公投独立，以摆脱乌亲西方政府。从3月份开始，支持乌克兰实施联邦制的民众在乌东部顿涅茨克、哈尔科夫和卢甘斯克等地区举行反政府抗议示威集会，要求公投独立或自治。抗议活动以后扩展斯拉维扬斯克、克拉马托尔斯克和顿涅茨克州的其他城市。4月6日，顿涅茨克、卢甘斯克和哈尔科夫三州爆发大规模亲俄居民的抗议活动，武装分子冲破警察防线，冲击并占领当地政府大楼，夺取武器，升起俄国旗，要求就本地区地位问题举行全民公决，要求俄政府迅速向当地派出"维和部队"。当天顿涅茨克州宣布成立顿涅茨克地区人民委员会和"顿涅茨克人民共和国"。4月28日，卢甘斯克宣布成立"卢甘斯克人民共和国"，两州5月11日公投独立并结盟成为"共和国"。随后东部地区反政府组织占领数十个东部城镇的权力机关及其建筑物，乌克兰政府对东部地区的控制力急剧减弱。

图2-5 东部独立地区

（三）乌国防军与民兵武装正面激烈对抗

乌克兰东南部局势不断恶化之后，乌中央政府开始军事镇压活动，民兵武装与乌国防军间的战斗主要集中于顿涅茨克以东约200公里的长方形地区，北至谢维斯托克，东到卢甘斯克、南至克拉斯内。乌国防军在美军顾问指导下，集中4万多正规军，集结苏－27、苏－25、米格－29等飞机约50多架，T－64坦克装甲车约600多辆，各类火炮400多门，同时部署"死亡"和"冰雹"火箭炮3个团，采取步步为营的战术，以最小代价夺取胜利，并不计较时间长短。但乌国防军受到克里米亚半岛投降俄军的影响，士气非常低落，加上临时政府上台后对军队进行了大规模改组，撤换了大批军队高层领导，又招募了许多来自"右区"、新纳粹等极端民族主义"志愿者"和外国雇佣兵，战斗力强的不多。尽管乌国防军拥有绝对人员和立体装备优势，但在与民兵的城市巷战中难以发挥优势，其长驱直入东部地区，后勤运输线拉长，补给困难。

号称十万之众的东部民兵武装，其主力只有万余人，主要包括以俄罗斯族为主的顿巴斯矿工武装，当地苏联老兵和哥萨克、克里米亚民兵，以及俄东正教志愿者、奥赛梯民兵和车臣民兵等。装备属于杂牌不通用非制式，根本没有制空权和火力压制等作战元素，主要是轻武器，还有T－72、T－80和博物馆的T－34/85坦克与卫国战争时期的"斯大林"－3等坦克、装甲车100多辆，同时有数十门高射炮、"冰雹"火箭炮和自行火炮，以及"针式"防空便携式导弹。民兵武装的战略是：坚持北接卢甘斯克，南通克里米亚，东连马里乌波尔，夺取梅里托波尔等地，形成一、二线阵地护卫的交通走廊，并与俄开通陆海交通线。战术上主要采取机动灵活的游击战术，背靠俄人员、物资和装备补给，使用简易改装的各型武器，坚持以少胜多，诱敌深入，以夜战、破袭战、围困打援等拖延乌国防军，重点打击乌国防军补给

线、集中优势兵力歼灭乌国防军有生力量,取得不菲战果。目前,双方的战斗主要经历了六个阶段:

第一阶段,乌组建国民近卫军进行反恐行动。2014年4月13日,代总统、议长图尔奇诺夫在国家电视台发表全国讲话中宣称,他已下令启动对东部民兵武装的"全面反恐行动",行动将"分阶段、负责任、平衡地进行,其目的是保护民众"。4月14日,乌政府宣布东部民兵武装与抗议者为恐怖分子,立即在此展开军警联合的"反恐行动",进行武装镇压,当天代总统、议长图尔奇诺夫批准国家安全与国防委员会有关"采取紧急措施"保护国家领土完整的决定生效。当天晚上乌克兰代理国防部长科瓦利上将表示,乌武装力量正在准备执行国家安全与国防委员会决议确定的任务。4月15日,代总统图尔奇诺夫在乌克兰议会(最高拉达)会议上宣布,当地时间15日早上开始,军队和警察在顿涅茨克州北部采取武力行动,开展"反恐行动"。

鉴于乌国防军在克里米亚半岛的不佳表现,乌精锐的内务警察部队"金雕"因忠于亚努科维奇政府被解散,以及东南部地区俄族警察和安全部队不愿意镇压本地区民众,乌克兰政府前期反恐行动主要依靠刚组建的国民近卫军。3月13日,乌议会通过了《乌克兰国民近卫军法》,规定以乌内务部所辖内卫部队为基础组建国民近卫军,由内务部领导,主要任务是保护公民生命、权利、自由与合法利益,制止犯罪及其他非法行为,维护社会秩序,保障社会安全,与其他护法机构共同保障国家安全和边界防护,制止恐怖主义活动和非法武装团伙活动等。国民近卫军总人数在6万人左右,并得到了临时政府优先充足的预算支持,必要时可根据议会的决定增加人数,人员主要由先前反对亚努科维奇政权的示威者、乌克兰极右翼势力的"右岸"组织成员、预备役和退伍军人组成,很多是参加过阿富汗战争的老兵,政治上与战斗力都强于正规军和警察;但由于乌军警整体士气极为

第二章 同室操戈的乌东部地区战事

低下,反恐行动进展不利。

第二阶段,大规模出动军队进行全面军事镇压。随着局势的不断发展升级,以及反恐行动的失利,在与民兵武装进行停火协商失败后,4月24日,乌临时政府派出数万名全副武装的士兵,在300多辆坦克装甲车、大量火炮和20多架直升机的掩护下,清剿顿涅茨克州斯拉维扬斯克的民兵武装,"反恐"变成全面军事镇压。在交战中,双方动用了武装直升机、战车、重机枪、火箭和迫击炮等。4月30日,乌议长图尔奇诺夫宣布,乌武装力量已经进入全面战备状态,并下令在各州组建地区防御营,以便在危急时刻增援东部战事。5月5日,乌军开始使用战斗机对付斯拉维扬斯克的民兵武装。5月28日,乌空军和空降部队对亲俄民兵武装发起进攻,并首次使用了重武器。

此轮进攻,乌国防军进展不大,损失比较大。4月24日,斯拉维扬斯克的战斗中,民兵武装使用高射机枪、肩扛式导弹击落4架乌克兰直升机,造成数十名官兵,包括多名飞行员死亡或被俘,使得乌临时政府总理亚采纽克不得不亲往前线视察并且鼓动士气。亚采纽克承认,由于多年来不重视国防,所以乌军很弱。5月26日,民兵武装占领顿涅茨克飞机场。5月29日,乌国防军一架直升机在斯拉维扬斯克郊外被民兵武装击落,包括乌内卫部队作战训练局局长、51岁的少将谢尔盖·库利钦斯基在内的14名乌军人丧生,为乌克兰危机中乌国防军阵亡级别最高者。民兵方面也损失较大。5月2日,南部城市敖德萨的亲俄和亲乌两派势力爆发冲突,亲俄派占据工会大楼,并向外面聚集的民众开枪,随后有人向大楼投掷汽油弹,导致大楼起火,造成至少42名亲俄武装分子死亡,240多人受伤,被称为"敖德萨大屠杀",为双方冲突以来死亡人数最多的一天。

第三阶段,新总统波罗申科上台后,乌国防军集中优势兵力,多路进攻

图 2-6 被摧毁的乌军坦克

民兵武装大本营,企图全歼民兵武装。2014年6月7日,波罗申科就任总统后,承诺三个月解决乌克兰东部危机。6月20日,他提出14点和平计划,并宣布20日至27日单方面停火一周,与民兵展开谈判,事实证明这只是缓兵之计。7月1日,波罗申科以民兵违反停火协议为由,决定中止在乌东南部地区单方面停火,恢复军事镇压行动。乌国防军当时主要从三个方面采取军事行动:国防军一部从卢甘斯克一线突击,企图切断民兵武装与俄罗斯的给养联系。从哈尔科夫方向为北集团,乌军一部穿插作战,夺取斯拉维扬斯克、克拉马兹克等要点地区。南集团为主力,约2万装甲步兵,3个自行火炮和火箭炮团,500多辆装甲车和坦克,作为突击主力,企图向南防御克里米亚俄军,向北突击并占领顿涅茨克,乌空军集中苏-25等飞机支援南集团作战。当时乌军共有4.8万~5.2万人,装甲车550~600辆,各种火炮270门,15架战斗机和5~10架直升机。民兵武装兵力为1.9万~2.3万人,130

第二章 同室操戈的乌东部地区战事

辆装甲车，50门各种火炮。

开战后，民兵武装接连撤退，乌军相继收复东部多座被民间武装占领的城市，并宣布已控制东部顿涅茨克和卢甘斯克2/3领土，标志性成果就是收复了4月6日以来被民兵武装占领数月的顿涅茨克州斯拉维扬斯克。该城市一直是乌军和民间武装争夺的重点，也是民兵武装在东部的总部所在地。7月5日，经过一夜激战，乌军攻占了由民间武装盘踞近3个月的东部城市斯拉维扬斯克，标志着乌克兰东部局势迎来"一个关键的转折点"。7月6日，乌军又接连夺回被东部民间武装占领多座城镇，总统波罗申科随后宣布，乌东部"反恐行动"取得了突破性的胜利，东部战事进入转折阶段。但乌军损失也不小，6月14日，乌军一架伊尔-76大型运输机在降落卢甘斯克机场前，遭民兵武装地空导弹伏击，造成49名乌国防军士兵全部丧生。7月11日4时30分，乌东部卢甘斯克州泽列诺波利附近的民兵武装动用"冰雹"火箭炮，对15公里外一个乌陆军摩托化旅发动突袭，并造成23名士兵死亡，90多名官兵受伤。事后，波罗申科总统发誓"要有几十人乃至几百人"，为所遭受的火箭炮袭击事件偿命。

在不断的军事胜利面前，政府对民兵武装的态度也日益强硬。7月8日，乌国防部长格雷特称，只有在民间武装彻底放下武器后，政府才有可能与其就可能停火的条款展开谈判，并声称波罗申科已批准夺取卢甘斯克和顿涅茨克的作战计划。7月14日，波罗申科与乌军警部门负责人会谈时表示，应对"反恐行动"策略进行调整，包括缩小"反恐行动"区域、加强边境防御、保护平民等。8月5日，军方宣布已接近顿涅茨克和卢甘斯克市，正准备对这些城市发动总攻。8月18日，波罗申科签署法律，允许军警在东部特别武力行动区，不警告就动用特别手段和武器。8月19日下午，乌军攻入顿涅茨克市中心地带，与民兵展开激烈巷战。8月21日，乌军对民兵武装大本营——顿涅茨克和卢甘斯克发动强烈攻势,希望在24日独立日之前攻下这两座城市。

面对乌军强大攻势,民兵武装实行机动灵活的战术,坚持紧紧背靠俄罗斯的强大支援,北面坚守,南面诱敌深入,集中优势兵力分割包围并歼灭乌军有生力量敌军,结果反败为胜,打退了乌军的进攻,并收复了大片失地。7月初,乌国防军以绝对优势兵力攻打民兵武装总部所在地斯拉维扬斯克时,民兵武装主动撤离该城。 8月底民兵武装连连撤退到俄乌边境地区时,面临乌军围歼和弹尽粮绝的局面,同时乌军深入东部地区,补给线屡遭民兵武装伏击,也呈强弩之末。 双方处于最后的决战胶着时候,俄全力支持民兵武装,终于使民兵武装反败为胜。 8月22日,俄300多辆大卡车及时送来了人员和2000吨药品、燃料、食品、发电机等物资装备补给。 截止到2015年3月,俄共运送了9批近万吨紧急救援物资。 俄的紧急援助成了东部内战的转折点,此后亲俄武装绝处逢生,绝地反击,乌军一败涂地。 8月22日,民兵武装沿着乌军通向顿涅茨克的重要物资供应路线发起反击,把进攻的乌军分割成几个包围圈,在伊洛瓦伊斯克包围圈,乌内务部顿巴斯营等数个志愿者战斗营遭歼灭性打击。 在阿莫罗夫斯卡包围圈内,有乌军第8集团军、第30机步旅、第95空降旅等。 在北线,民兵武装包围并攻克了卢甘斯克机场,围歼乌军第80空降团。 在南线,民兵武装大举南下,攻克海滨城市新亚速克,在马里乌波尔包围了乌内政部数个志愿者营。 8月28日,乌总统波罗申科表示,目前形势极其严峻,同时指责俄大批重型火炮和士兵已非法越过边境进入到乌境内参加民兵武装。 9月2日,民兵武装反攻夺取了顿涅茨克国际机场。 当天,在卢甘斯克,民兵武装分别对乌军占据的马拉尼古拉耶夫和列尼纳镇两处要地进行合围。 民兵武装接连收复东南部多个小镇,乌克兰局势由此进入新的阶段,乌克兰战局发生大逆转。

第二章 同室操戈的乌东部地区战事

图 2-7 俄援助车队开进乌克兰东部地区

在民兵武装的反攻下，乌军防线几乎崩溃，损失惨重。从公开番号资料看，乌陆军至少有 21 个旅级战斗单位参加了东部地区战役，8 月底惨败后被全歼的：第 72 机步旅、第 79 空降旅、第 80 空中机动旅。大部被歼的：第 1 坦克旅、第 24 机步旅。被包围的：第 17 坦克旅、第 25 空降旅、第 26 炮兵旅，以及第 28、30、51、52、57、93 机步旅。大致完好的：第 92 机步旅、第 95 空中机动旅、第 101 警卫旅、第 128 机步旅、第 11 炮兵旅、第 19 火箭炮旅、第 55 炮兵旅。乌军虽损失惨重，但东部民兵武装也苦于兵力短缺，缺乏重型装备，却无力继续发展战果，双方又开始协商停火，9 月初终于达成停火协议。协议生效后，双方也发生了零星冲突。

根据乌克兰官方统计，9 月初乌军共伤亡 3000 多人，其中死亡近千人，2 架安-26 运输机、2 架伊尔-76 运输机、9 架苏-24 强击机、1 架安-30 侦察机、19 架苏-25 强击机、8 架无人机、21 架各类型号直升机被击落，678 辆装甲车被击毁，近 2000 名士兵失踪。为躲避民兵武装伏击，乌军飞机甚至涂上联合国的标志，还大量将装甲车和火炮牵引车伪装成救护车，借此规避对手打击，俄在联合国安理会严厉谴责了乌军非法盗用联合国标志的行为。民兵武装伤亡也比较大，共伤亡4500余人（其中，死亡1500人），14辆装甲车被击毁。9月6日双方签署停火协议，暂停战事。10月13日，波罗申科撤换了指挥不力的国防部部长，为半年内撤换的第三位国防部部长。10月12日，根据乌克兰国家安全与国防委员会发布的最新战场态势图显示，民兵武装在顿涅茨克州已经基本恢复了6月时所占的区域，并另外占领了该州东南部部分地区。一度被分割包围的卢甘斯克州民兵武装也恢复了与顿涅茨克州的陆上联系，并占领了该州部分地区，乌国防军在顿涅茨克北部捷巴尔切耶夫以及卢甘斯克州的幸福城等地区正在遭受民兵武装火炮、反坦克炮、火箭炮等武器的集中打击。

第四阶段，东部地区选举独立，双方又大打出手。9月停火协议签署后，双方围绕争夺顿涅茨克机场控制权冲突不断。11月3日，东部民兵武装举行"领导人选举"，宣布脱离乌克兰，乌克兰政府随即决定废除东部地区的"特殊地位"，双方又开始激战。11月4日，乌克兰总统波罗申科曾宣布增兵东南部，在顿涅茨克地区和卢甘斯克地区构筑防御工事。11月9日，乌军和民兵武装在顿涅茨克及周边地区互相猛烈炮击。11月12日，乌国防部长波尔托拉克宣布，乌国防军"正在重新部署武装部队"。12月2日，在欧安组织调停下，双方同意停火。

第五阶段，2015年1月以来，民兵武装获得较大进展。1月以来，双方围绕争夺卢甘斯克与顿涅茨克连接部位的战略位置而大打出手。1月18日，乌军公开宣布对东部亲俄武装发动猛攻，夺回顿涅茨克机场大部分地区控制权。但民兵武装在发动的攻势中，围困了连接顿涅茨克与卢甘斯克的铁路枢纽——杰巴利采沃市中8000多名乌国防军并夺取了该市，将卢甘斯克和顿涅茨克两州连接起来，乌国防军伤亡惨重。

德巴尔切夫（杰巴利采沃）突出部位，作为卡在顿涅茨克和卢甘斯克之

第二章 同室操戈的乌东部地区战事

间,属于乌军控制区距离俄乌边境距离最短的突出部,德巴尔切夫附近在2015年年初以来就发生了大规模的战斗。民兵武装在入境俄武装人员支援下,从两翼封锁了德巴尔切夫突出部,包围了乌军3个旅约8000人。由于双方都对停火持相当的怀疑态度,因此乌军不愿意突围撤退,而希望通过打破包围恢复突出部封锁俄乌边界;民兵武装则希望尽快吃掉包围圈内乌军,消灭敌人有生力量。所以在2月初明斯克四方停火谈判中,这支部队的命运却被刻意忽视了,乌国防军断然否认了德巴尔切夫附近乌军遭遇合围的消息,参与会谈的波罗申科因此也不好再提及这支部队。而东乌武装则趁此机会,全力围攻包围圈内的乌军,以便在停火开始前基本结束战斗,双方激烈争夺此地,2月26日乌国防军仓皇撤离杰巴利采沃。据报道,此次战役乌军共有3500多人阵亡,近3000乌军突围,被俘1500多人。

图2-8　亲俄武装让多名被俘乌政府军士兵列队游行示众

此轮交战,乌国防军损失惨重。2015年1月,乌克兰总统波罗申科在接受国家电视台采访时承认,乌国防军有65%的军事装备被摧毁,必须向美国和其他北约国家申请军事援助。2015年2月4日,卢甘斯克的民兵武装出动一架苏-25飞机突袭了乌军装甲部队。根据2015年初公布的《2015世界各国空军军力》,乌空军在2014年初有400架飞机,到2015年1月份,只剩下222架,损失过半,绝大部分为民兵武装击落。

第六阶段,2015年5月底,在欧美G7峰会决定是否延长对俄经济制裁的前夕,乌克兰东部地区局势急剧恶化。乌政府军违反第二阶段明斯克停火协议,将本该从隔离区撤离的大炮拉回隔离区轰击民兵武装,民兵武装也全线反击。乌克兰军方想夺回失地,而民兵武装则企图依靠俄的军事支持,进而拿下位于克里米亚半岛和乌东部之间的马里乌波尔港口城市,把克里米亚和斯巴顿连成一片,战斗时断时续。

(四) 战争带来巨大的伤亡和损失

在乌东部正面战场上,由于乌空军力量薄弱,且容易受到地面防空火力袭击,而民兵武装也没有空中力量,所以交战双方以火炮为主要突击进攻力量,这根植于苏联的军事学说。双方都广泛使用大炮,采用的最重型的系统是"圆点"-U(SS-21)战术导弹和"蛙"7型导弹,都是基于卡车运输发射,射程为100公里左右。BM-30重型多管火箭炮,300毫米口径,射程90公里。"旋风"-S火箭炮相当于BM-30的现代版,拥有更先进的电子设备。最常用的是20世纪60年代BM-21多管火箭炮,含40支122毫米发射管,射程12~45公里。大炮的广泛使用,对双方造成了很大的伤亡,而且乌国防军在整个战斗中表现出对东乌克兰民众的极大恶意,一直在大规模炮击乌东部平民区,东部地区平民伤亡更大。2015年3月2日,联合国人权办公室表示,乌克兰冲突导致超过6000人死亡,15000人受伤,而实际数字远远不止这些。另据欧安组织统计,冲突至今已致约100万人沦为难民。民兵武装损失也很大,2015年2月25日,乌克兰东部城市杰巴利采沃市市长阿

第二章 同室操戈的乌东部地区战事

分奇科夫对媒体表示,受战事影响,该城市80%的房屋已经被毁,停水停电、缺少食品、药品和水,面临严重的人道主义危机。

图2-9 乌东部民兵武装"冰雹"火箭炮齐射

此外,战争还殃及俄乌边界地区。俄边境地区屡次遭遇来自乌克兰方向的炮火袭击,造成了人员伤亡。2014年6月20日,俄南部罗斯托夫州新沙赫京斯克边检站遭到来自乌克兰方向炮击,造成一名俄边检站海关人员受重伤,大楼、公用基础设施被毁坏。俄外交部当天对乌克兰表示强烈抗议。7月12日凌晨,俄罗斯托夫州马林诺夫卡(乌克兰)—古比雪夫(俄罗斯)边境口岸地区的俄边防人员遭到乌克兰方面的射击。7月13日,乌方面发射多枚炮弹,击中了俄罗斯托夫州顿涅茨克市两所民宅,造成平民一死两伤。8月4日凌晨,438名乌克兰士兵向俄罗斯边防军提出庇护请求,乌政府宣称,这些军人是在与乌东部民间武装交火时被迫进入俄罗斯的,而俄方则表示,他们是来俄罗斯"寻求避难"的,俄方为这些士兵打开"人道主义走廊",允许其进入俄罗斯境内。此外,乌克兰屡次抗议俄军攻击乌国防军。7月16

日,乌克兰发表声明,称当天在卢甘斯克地区,俄战机击落一架乌克兰苏－25战机。8月26日,在俄乌总统明斯克会晤前几个小时,乌克兰公布了10名俄伞兵被俘的录像,而俄国防部表示上述军人参加俄乌边境巡逻,可能意外越过边界进入乌克兰,双方没有发生冲突。同时俄表示乌军曾多次越过边界进入俄境内,总人数超过500人次。

战火还殃及无辜者。2014年7月17日,马来西亚民航MH17航班在靠近俄罗斯边界的乌克兰东部地区坠毁,机上乘客和机组成员共298人全部遇难。后调查为地空导弹击毁,但乌国防军与民兵武装相互指责对方所为,由于坠机地点为双方交战区域,欧洲国家虽经数次调查,仍然没有确凿证据证明肇事者,西方坚持认为是俄罗斯或东部民兵武装所为,但俄坚持系乌克兰国防军战机所为,至今原因还未调查清楚。

三、乌中央政府与东部地区经济政治的较量

战场之外,政府与东部地区也展开激烈的政治经济较量,极力为战场服务。

(一)改组政府和军队,加紧战争动员

政变发生后,乌新政府立即开始改组政府和武装力量,撤换大批亲俄领导。2014年2月21日,乌总参谋部副部长杜曼斯基将军宣布辞职。2月26日乌代总统图尔奇诺夫解除了乌克兰对外侦察局长、国防部侦察总局局长、国家安全局局长等人的职务。2月28日,图尔奇诺夫撤换了拒绝对东部地区使用武力的总参谋长兼武装力量总司令、内务部内卫部队司令、国家安全与国防委员会副秘书和国防部三名副部长的职务。5月5日,"敖德萨"惨案后,乌政府集体解除当地警察领导层,组建并派出完全由乌克兰族组成的"基辅"－1特警队前往恢复秩序与镇压亲俄力量。7月

15日，乌内务部解雇了顿涅茨克州585名未通过忠诚度检查的警察，并对他们提出刑事诉讼，另有242名警察还要接受测谎仪的额外检查。此前乌总理亚采纽克责成执法机构和司法部对支持乌东南部民间武装的所有代表、政党和社会团体进行检查，乌内务部及安全局对东部一些城市的官员也进行了检查。波罗申科上台后，两次撤换国防部长。为更好地清除亲俄人士，4月9日，乌克兰议会通过清理共产党人的决议，即"关于谴责共产主义和纳粹主义等极权主义影响和清除其标志的法案"，禁止纳粹和共产主义的标志及其思想，包括国歌、国徽、旗帜、纪念品，还有城市、农村、街道名称等，甚至禁止引用共产党领导人的文章，违法者将被处以5~10年有期徒刑。7月22日，乌克兰议会通过了解散乌克兰共产党议会党团的决议，波罗申科当日即签署生效。10月16日，乌议会批准《政治清理法》，禁止亲俄人士在政府任职，估计有超过100万公职人员受到影响，占公职人员总数1/3以上，政府高层和军警等强力部门领导遭到清洗。该法生效后，乌政府立即公布了第一批因该法而被迫辞职的40名高级官员，其中包括国防部副部长、水利资源署署长、国家航天局局长、毒品监督局局长、经济发展和贸易部第一副部长、财政部第一副部长、司法部第一副部长等。10月30日，乌内政部又解除91名领导职务，包括8名与俄关系密切的将军。2014年12月，总统波罗申科还决定直接引进外国人担任重要公职，如美国人亚列西科出任财政部长、格鲁吉亚人克维塔什维利就任卫生部长、立陶宛人阿布罗马维丘斯担任经济发展和贸易部长，甚至想邀请格鲁吉亚前总统萨卡什维利担任乌副总理。2015年5月，萨卡什维利应邀担任了乌克兰南部敖德萨州州长职位。

在改组政府和军队的同时，乌新政府加紧进行战争动员，截止到2015年

5月,共发布四轮部分动员令,临时征召士兵。① 2014年3月17日,乌议会批准首个部分动员令,动员4万人加入乌武装力量。乌议会5月6日批准了代行总统、议长图尔奇诺夫再次签署"关于提高国防能力措施"的部分动员令,为武装力量、国民近卫军、国家安全机构等军事组织招募志愿兵。② 7月22日,乌议会批准总统波罗申科提交的部分动员令,为乌国防军增加15支作战部队和44支战斗保障部队。2015年1月15日,乌最高拉达(议会)批准了总统波罗申科签署了《关于在2015年进行3次局部动员的命令》,决定2015年实行第四轮部分动员,从1月20日开始,分三阶段进行,第一阶段征召5万人,第二阶段于4月启动,第三阶段预计于6月开启,为武装部队、国民近卫军和边防军补充兵员,以应对乌东部地区日益严峻的紧张局势。由于男性兵源有限,1月30日,乌军方宣称不排除强制女性应征入伍。当天波罗申科总统还颁布了"关于保障2015年动员的补充措施"的法令,规定调整服役年龄男性出境制度,符合入伍条件的18~60岁乌男性被禁出国。为躲避征兵令,大批乌克兰青年涌入俄罗斯申请避难。对此,1月26日,普京建议延长乌兵役适龄人员在俄逗留时间。2月19日,据西班牙媒体报道,乌克兰政府向旅居西班牙的年轻人发出征兵信,召集16~18岁的乌克兰人回国接受训练,与民兵武装作战。3月5日,乌议会通过总统波罗申科提交的扩军法。根据该法,武装力量总人数将达到25万人,其中作战部队人数20.4万人。③ 4月,乌政府统一整编了包括"右区"在内的东部地区作战的

---

① 部分动员是乌克兰的一种临时征兵方式,与正常征兵不同,局部动员时间不固定,通常是在国家遇到危急情况需要加强军事力量时在全国进行临时征兵,对象主要是无需训练就可服役的退伍老兵,服役时间不固定,通常为数十天或数月,最多不超过一年。服役年龄不固定,男子应征者的年龄可放宽至60岁。

② 乌军队最近一次征兵是在2013年秋季进行的,按照有关规定,2014年上半年本应只有内卫部队征兵。

③ 乌克兰议会曾于2012年规定乌武装力量总人数不得超过18.4万人。乌克兰危机爆发一年来,乌克兰军方一直深感兵力不足。虽然东部冲突地区已经按照新明斯克协议实现停火,但是零星冲突不断,且不排除再度爆发冲突的可能。此外,乌当局认为,国家安全面临严重外部威胁,扩军法正是在上述背景下产生的。

"杂牌军",全部编入乌武装力量,前线再无乌志愿部队或其他武装。

此外,乌克兰还不断增加军费,应对东部战事需要。2014年7月31日,乌议会通过追加7.58亿美元军费预算修正案。8月3日,总统波罗申科签署开征新税种"战争税"的法令,战争税是个人所得税之外的税种,包括乌克兰国民各种收入形式,工资、奖金、补偿金和其他劳动所得,乌国民将支出月收入的1.5%作为战争税,用于东部地区战争。8月24日,乌克兰独立23周年纪念日上,波罗申科承诺2015—2017年计划拨款30亿美元进行装备建设。11月5日,波罗申科签署"关于巩固国防的系列措施"的命令和对2015年乌国家预算草案的建议,提出将军费提高到GDP的3%。2015年6月4日,乌克兰政府宣布2015年为国家安全和国防拨款40亿美元,其中国防预算约为20亿美元,为国内生产总值的2.7%,相比去年增长了70%。

与此同时,东部民兵武装也加紧建立统一的政权与军队。2014年5月2日,乌东南部的"敖德萨大屠杀"发生后,亲俄民兵包围当地警察局,逼迫其释放70名被拘人士,接连占领许多政府大楼,宣布组建"东南方面军"。5月11日,顿涅茨克州和卢甘斯克州举行公投,5月12日,两州宣布脱乌"独立"。6月25日,"卢甘斯克人民共和国"和"顿涅茨克人民共和国"合并成"人民共和国联盟"。11月3日,上述两州选举产生自己的议会、政府和国家领导人,"顿涅茨克人民共和国"现任"总理"、民兵武装领导人扎哈尔琴科在领导人"选举"中获得78.9%的选票,以绝对优势获选领导人。"卢甘斯克人民共和国"现任"总理"、民兵武装领导人普洛特尼茨基以63.4%的选票同样赢得领导人"选举"。两州宣布经过选举,共和国联盟已经不再是乌克兰的一部分,当月东部民兵武装组建顿涅茨克煤矿工人为主的矿工师,近1万人,战斗力比较强。2015年2月3日,民兵武装领导人扎哈尔琴科宣布征兵10万人的计划,以抗衡乌军。

（二）政治、经济的对抗

在武力镇压东部的同时，乌政府在政治、经济上对东部地区软硬皆施，企图引诱东部地区屈服。在遭遇8月份的惨败后，2014年9月16日，乌国会通过总统波罗申科提呈的《东部地区特殊地位法》法案，让东部卢甘斯克与顿涅茨克享有有限自治权，可在组织、财政等方面拥有"临时特殊地位"，保障俄语或其他任何语言的权利，可自行委任法官与检察官、建立自己的警察部队，中央政府协助东部重建基础设施，可强化与俄之间睦邻关系等。乌议会当天还表决通过了与之配套的《不得迫害和惩罚顿涅茨克州和卢甘斯克州事件参与者法》，保证对民兵武装人员不追究刑事和民事责任，但犯有重罪者除外。但乌议会也提出要落实上述法案条款的前提是，东部地区必须继续成为乌克兰一部分。对此，东部民兵武装毫不理睬。11月2日，东部民间武装举行"领导人选举"，宣布东部卢甘斯克和顿涅茨克结盟的共和国脱离乌克兰独立，乌政府随即废除《东部地区特殊地位法》。10月18日，乌议会又公布了关于顿巴斯地区特殊地位的法律，保障公民享有使用任何语言的权利，鼓励与俄跨境合作，赦免民兵武装人员。但东部民兵武装宣称乌法律不适用于"共和国联盟"，"共和国"有自己的国家法律。

乌克兰政府也加紧封锁东部地区，防止其获得俄直接支援。2014年5月，乌宣布封锁克里米亚方向的边境，中断陆海空一切交通，禁止所有俄航班进入乌东部城市。6月20日，乌议长图尔奇诺夫宣布，乌克兰武装力量已关闭本国与俄的边界。9月11日，乌政府决定在与俄接壤地区，沿边界兴建由防爆围栏组成的"边境墙"，并辅之以1500公里长战壕、大量掩体和防空洞，目的是阻止敌人侵入乌境内。不过由于东部地区边界大多为民兵武装控制，乌克兰政府也缺乏足够财力，建设难度大。11月15日，波罗申科下令关闭乌东部地区所有的国家服务设施，包括政府机构、金融与司法、学校、医院与紧急情况部门，停止发放养老金、社会保障金和提供公共服务，要求乌公务员以及其他机关工作人员全部撤离民兵武装控制区，目的在于鼓励民众离开民兵武装控制区，以此削弱民兵武装的领导能力。11月19日，乌政府通过了关于单方面标定乌俄边界的总统令草案。11月28日，乌克兰能源煤炭部发布命令，要求该部在顿巴斯（乌东部）军事行动地区所属企业立即停产。克里米亚大部分电力必须依靠乌克兰，12月24日，克里米亚半岛接连遭遇乌克兰的全面彻底大面积断电，断电后克里米亚当局不得不启动本地发电系统以保障地区的基本供电。同时乌还企图切断民兵武装与俄的人员联系，2015年2月3日，乌宣布俄公民进入乌克兰须持护照，之前出入俄乌边界是不需要护照的。

图2-10　俄乌边境控制情况

对此，民兵武装牢牢控制大部分的俄乌边界地区，俄人道主义援助车队都是在民兵武装控制的边境地区进入乌克兰东部地区，民兵武装还攻占了南部出海口，从海上获取俄援助。此外，由于乌克兰煤炭资源主要在东部民兵武装控制区，为反制乌克兰政府的封锁，11月13日，顿涅茨克宣布在乌政府停止军事行动之前，不会向其出售煤炭，这直接影响到乌热电厂运转，这些热电厂供应全国40%的电力需求。东部地区禁止向西部供应煤炭，对乌克兰影响很大。

（三）打打停停的停火协议

从乌东部战事刚起，为配合正面战场需要，各方纷纷介入，进行多轮停停打打的停火谈判，最后在欧安组织力压下实行了停火至今。

早在2014年4月11日，乌政府反恐行动开始前，为软化民兵武装立场，过渡政府总理亚采纽克在顿涅茨克表示，政府会考虑给予地方更多权力。4月17日，在乌克兰开始对东部地区采取"反恐行动"后，美国、欧盟、俄罗斯和乌克兰在日内瓦举行乌克兰问题四方会谈，就缓和乌东部地区紧张形势达成协议，要求乌克兰的所有非法武装组织必须解除武装，撤出占领的建筑物，乌进行宪法改革，特赦东部地区的所有抗议者。4月19日，乌议长、代总统图尔奇诺夫声明有意扩大地方自治权，让地方在经济、社会和财政问题上拥有自主性；准备允许各地区独立地选举领导人，使之对本地区负责；把相应的修改写入新宪法。日内瓦协议签署后，民兵武装又提出乌克兰过渡政府下台、同意举行关于各地区地位的全民公决、亲欧抗议者离开独立广场、解散"右区"等激进组织武装、释放政治犯等要求，作为他们撤出政府大楼的条件，乌中央政府拒绝了这些要求。4月23日，乌政府恢复"反恐行动"，日内瓦协议被废止。

6月初，波罗申科上台后，为争取改组政府和军队的时间，提出了单方面停火一周，公布了关于控制东部武装冲突的14点和平解决计划，呼吁民兵立即解除武装，并承诺不对未犯下"严重罪行"的民兵武装分子进行刑事指控，保证提供"俄罗斯与乌克兰之间的走廊以方便雇佣兵离开冲突区"，通过宪法改革下放权力。由此，乌政府开始与民兵武装展开谈判，6月23日，

第二章 同室操戈的乌东部地区战事

乌克兰政府代表、俄罗斯代表、东部地区代表以及欧安组织代表在顿涅茨克州进行协商谈判，乌政府计划赦免民兵武装，并在俄乌边界设立10公里的缓冲区，条件是民兵武装撤出顿涅茨克和卢甘斯克的政府大楼，但民兵武装要求乌同意东部人民共和国地位的宪法草案，保留武装力量。乌政府无法接受东部主张，6月27日，总统波罗申科重新下达军事清剿命令。

随着战事的激烈，7月2日晚，德、法、俄、乌四国外交部长在柏林就促成乌克兰东部停火达成共识，决定5日前举行包括俄罗斯、乌克兰政府、民兵组织代表及欧安组织在内的四方会谈，为新一轮停火做准备，目的是达成"持久的、无条件的和相互的停火"，停火由欧安组织监督。民兵武装也愿意准备进行停火谈判，但这次停火由于乌国防军大举进攻而失败。

8月27日，在乌军遭遇惨败和乌克兰签署欧美联系国协定后，俄、白、哈关税同盟—欧盟—乌克兰三方会谈在白俄罗斯首都明斯克的独立宫举行，会谈强调有必要结束乌东部流血冲突。在普京与波罗申科会面中，普京首先提到的是贸易问题，称如果乌政府实施加强和欧洲之间关系的计划，那么俄将取消对乌的贸易优惠政策，双方还讨论了结束乌克兰动乱的必要性。白俄罗斯总统卢卡申科会后表示，虽然各方存在分歧，但与会各方一致认为，有必要采取措施缓和乌境内冲突。

随着乌军在8月底的惨败，9月5日，乌克兰问题三方联络小组（乌克兰、欧洲安全与合作组织、俄罗斯）同乌东部民间武装代表在白俄罗斯首都明斯克达成停火协议。9月19日，各方又签署明斯克备忘录，规定冲突双方从交火地区各后撤15公里，以建立30公里宽的缓冲区，并将火箭炮等重型武器撤出攻击范围，交换战俘等。由于冲突双方缺乏互信，停火协议和备忘录均未得到有效落实，双方小规模武装冲突一直没有停止。9月下旬开始，双方武装冲突的规模不断扩大。10月1日，顿涅茨克民兵武装指责乌国防军使用大口径火炮炮击近郊的民兵阵地，民兵武装随后予以还击，双方在顿涅茨克机场附近展开激烈炮战，武装冲突明显升级，停火协议实际上已失效，各方相互指控对方违反了在9月初签订的停火协议。双方在激战的同时，又开始新一轮停火谈判。12月2日，在欧安组织调停下，乌克兰政府和东部民兵武装达成停火协议，同意在受民间武装控制的顿涅茨克机场周边停火。

2015年1月，双方又因为争夺卢甘斯克与顿涅茨克连接部位的战略位置而大打出手。当月乌克兰官方首次公开宣布乌军向民间武装阵地进行了密集的火力打击，而此前的表态均是"在遵守停火令的情况下自卫反击"。为缓和局势，1月12日晚，德国、法国、俄罗斯和乌克兰四国外交部部长在德国首都柏林举行会晤，商讨缓解乌克兰危机办法，四国外交部长再次强调，全面执行明斯克协议是解决乌克兰危机的基础，各方必须全面遵守停火协议。四国外交部长呼吁乌克兰问题三方联络小组在未来几天内举行会晤，争取推动明斯克协议全面实施，包括为有效停火创造必要条件、就人道主义救助运输方式签订协议及继续交换战俘等。1月21日，德、法、俄、乌四国外交部长在德国柏林举行会谈后达成三点共识：冲突各方将撤回分界线、撤出重型武器以及各方派出联络小组。1月31日，乌克兰问题三方联络小组与乌东部民间武装代表在白俄罗斯首都明斯克举行会谈。民间武装要求重新划定双方的势力范围，把他们最近包围的顿涅茨克州和卢甘斯克州之间的战略城镇杰巴利采沃也包括在内，遭到基辅拒绝，谈判破裂。2月1日，乌国防军与民兵武装展开激战。

乌克兰内战持续升级给美国干涉欧洲事务提供了一个绝佳机会。2015年后，美国议员、官员、媒体纷纷逼迫奥巴马军事武装乌克兰，美国会和联邦政府开始公开谈论武装乌克兰军队，支持在欧洲腹地打一场"代理人战争"。2014年12月19日，奥巴马签署"支持乌克兰自由法案"，计划2015

年拨款3.5亿美元向乌克兰提供反坦克炮和穿甲弹等攻击性武器装备，但奥巴马表示，暂不会加大对俄制裁。他签署法案是以备不时之需，给政府在对俄措施上"预留"空间。2015年2月初，美国大西洋委员会、布鲁斯金学会和芝加哥全球事务学会联合发布报告，呼吁美国政府今后3年向乌克兰政府提供总价值30亿美元的"非致命性和防御性致命武器"，包括装甲车、反坦克导弹、无人侦察机和防空系统。2月2日，8名美国前高官发布独立报告，建议美国向乌克兰政府提供总价值达30亿美元的无人机、反坦克火箭弹等武器装备。2月10日，16名美共和党参议员联合提案，要求引入立法授权奥巴马向乌克兰提供致命性武器，呼吁对基辅提供10亿美元的致命性武器援助。2月11日，美国驻欧洲陆军司令霍奇斯表示，从3月起美国军事教官将开始对乌克兰士兵进行培训。对此，俄强势回应，如果美国向乌克兰提供致命性装备，那就是对俄"宣战"。

在美国的重压下，整个欧洲感觉到扑面而来的战争危险，欧洲决定尽快达成停火协议，以免美国的干预使情况更加复杂。2月11日晚，被称为"诺曼底模式"四国的乌、俄、德、法领导人开始在明斯克独立宫就解决乌克兰危机问题举行会谈。与此同时，乌克兰问题三方联络小组也在明斯克举行会谈。乌总统波罗申科、俄总统普京、德国总理默克尔、法国总统奥朗德在会谈中是在没有各自代表团其他成员参加的情况下进行的。2月12日，经过17小时不间断的艰难谈判，各方宣布就长期政治解决乌克兰危机的综合性措施及乌东部地区停火问题达成协议，共13点计划，主要有：全面停火，停火从当地时间2月15日零点开始生效；双方撤走重武器，双方等距离撤离，以创建缓冲区。双方100毫米口径及以上的火炮系统至少相距50公里，多管火箭系统至少相距70公里，重型火箭炮和导弹至少相距140公里。后撤同时，双方开始就东部当地选举展开对话；要为停火和撤走重武器建立有效的监督和检查机制。欧安组织负责监督协助,使用卫星雷达等所有必要技术工具;禁止指控任何卷入顿涅茨克和卢甘斯克冲突的人,进行赦免和大赦。释放所有人质以及其他被非法拘禁的人员;在国际监督之下,无障碍地向需要者提供人道援助;全面恢复受影响地区的社会和经济联系,恢复东部民众的政府养老金等福利;乌克兰政府将恢复对整个冲突区国家边界的全面控制。从乌克兰领土上撤走一切外国武装集团、武器、雇佣兵,欧安组织将负责监督;乌克兰要进行宪法改革,在2015年底出台新宪法。宪法改革的关键点是权力下放,在获得这些地区的代表的同意后,就东部地区的特殊地位出台永久性法律。可以看出乌交战双方都做了让步,东部地区放弃独立,乌政府承认东部自治。

明斯克会谈结束后,三方联络小组(乌克兰、欧洲安全与合作组织、俄罗斯)也已签署了旨在切实执行去年9月达成的明斯克协议的文件,还有一份文件是法、乌、俄总统和德国总理的声明,都承诺尊重乌克兰的领土主权。

2月15日,乌国防军宣称民兵武装从当地时间3时起停止了炮击。2月18日,顿涅茨克民兵武装宣布从战事不紧张的地区撤走了全部重型武器。2月19日,法、德、俄、乌四国通过电话同意严格执行第二次明斯克协议。2月26日,乌国防军开始从东部前线撤回100毫米口径火炮,同时宣布撤离全部重型武器,双方撤离重型装备的行动是在欧安组织监督下完成的,至此乌克兰东部地区战事逐渐平息。

新明斯克协议是各方经过艰苦的讨价还价、最终妥协的结果,并不能令冲突双方完全满意。协议达成后,四国首脑未举行新闻发布会,仅仅公布了一份未经首脑签字的声明,表明各方在基本问题上仍然存在分歧。乌克兰外交部部长克里姆金2月13日在发布会上表示,协议第十一条提到的顿巴斯地区未来地位问题将由议会以立法形式解决,对东部地区有关人员的赦免必须在经议会通过的法律框架内进行,而赦免武装人员领导不在讨论之列。当天，乌东部民间武装方面也表示，新签订的协议中的部分条款不符合其期望，应当重新讨论。14日，参加联络小组谈判的顿涅茨克代表普什林称，协议第十一条规定乌克兰在2015年进行改革，最关注的问题主要有地区自治权、社会经济发展、官方语言等。但乌克兰总理亚采纽克表示，政府任何时候都不会与"恐怖分子"进行对话，也不会实行联邦制，统一官方语言将是乌克兰语。3月17日，乌克兰议会通过三项法案，宣布东部某些地区为"被占领区"，它们只能在举行地方选举后才可享受特殊地位，而选举只有在"所有非法武装及其军事装备撤离乌克兰领土"后才能进行。乌东部民兵武装称乌议会的这种做法"破坏乌克兰东部和平进程，特殊地位修正案只会推动军事对抗"。如此看来，乌克兰危机的真正解决还任重道远。尤其是进入6月份以来，政府军与民兵武装又重新交火。

图2-11　新明斯克协议谈判过程中

在数次停火协议中，双方交换了不少战俘。2014年11月1日，乌政府与顿涅茨克州在中立领土，距离顿涅茨克约50公里的康斯坦丁诺夫卡交换了战俘，双方各交出25人，其中有几名妇女。此前，乌政府与顿涅茨克州交换过5次战俘,与卢甘斯克州交换过4次。12月26日,民兵武装和乌政府在东部顿涅茨克由交换了数百名囚犯。民兵武装共向基辅政府移交了150名士兵,用以换取222名被基辅当局扣押的军人。这是2014年四月冲突开始以来,双方最大的一次囚犯交换行动。2015年2月22日,乌东部停战协定正式生效一周后,乌军与民兵武装成功交换了约200名战俘,其中乌军139人,民兵52人,这也是第二次明斯克协议的重要内容。

四、欧美与俄公开扶植乌国内代理人

乌克兰经济原本就非常落后,还未摆脱金融危机影响,内战的爆发又使得其经济雪上加霜,国家处于崩溃的边缘。为挽救并扶植自己亲手建立起来的亲西方政府,欧美加大对乌援助,但经济援助杯水车薪,同时顾忌俄反应,对乌军事援助仅限于后勤装备。与此同时,为了对抗欧美和亲西方的乌政府,俄不惜血本,在人员、物资和装备方面全力援助东部民兵武装。

(一)欧美经济援助杯水车薪

乌克兰危机爆发后,欧美等国加大对乌克兰经济领域的援助,但承诺的援助很多,实际到乌克兰手中的很少,根本无法解决乌所面临的经济危机。

乌政变后不久,2014年3月6日,美国国会通过向乌克兰提供10亿美元贷款和其他财政与技术援助的议案,是乌政变后美国首次经济援助,贷款将用于缓解乌克兰削减能源补贴对贫困人口造成的影响。4月1日,美国国会又通过了向乌提供援助10亿美元的贷款担保和1.5亿美元的援助。4月22日,美国副总统拜登访问乌克兰,白宫宣布向乌克兰追加5800万美元一揽子援助,涵盖乌克兰政治、经济、军事、能源、司法等领域,目的是"协助乌克兰贯彻政治和经济改革,加强美国与乌克兰的伙伴关系"。11月21日,美国副总统拜登访问乌克兰,宣布援助乌2000万美元,用于乌执法和司法改革项目，同时宣布将向联合国粮食援助计划提供 300 万美元，用于帮助乌冲突中流离失所的人。2015 年 1 月，美国向乌克兰提供 20 亿美元的贷款担保，以满足"近期社会开支"。2 月 3 日，奥巴马向国会提交的 2016 年预算案中计划向乌克兰提供 1.17 亿美元，向摩尔多瓦和格鲁吉亚提供 5100 万美元，用于对抗俄罗斯的侵略。4 月 21 日，美国援助乌克兰 1800 万美元，包括提供庇护用具、食物、食用水和医疗卫生等物资，这些物资被运往受战区影响的地方。5 月 18 日，乌克兰与美国双方签署了一份政府间协议，协议规定美方将在近期向乌克兰提供 10 亿美元贷款担保，用于实施人道主义项目，救助乌东部顿巴斯军事行动期间受灾的居民。

2014 年 3 月，欧盟承诺在中短期内向乌克兰提供 110 亿欧元援助资金。5 月 20 日，欧盟向乌提供了 1 亿欧元的首批宏观财政援助，该项目下的总援助额为 5 亿欧元；6 月 17 日，欧盟向乌提供了总额为 10 亿欧元的第二批宏观财政援助；7 月 27 日，欧盟同意提供 200 万英镑，资助向乌安全机构派遣安全顾问小组，以帮助东部地区实施法治。8 月，欧盟再度拨款 250 万欧元，用以缓解乌克兰人道主义危机。8 月 23 日，德国总理默克尔在与乌总统波罗申科会晤中承诺：为乌能源和水供应提供 5 亿欧元贷款，只能用于顿涅茨克重建，还提供 2500 万欧元修建难民营。2015 年 6 月 6 日，加拿大总理哈伯访问乌克兰时，宣布将向乌方提供 400 万美元，帮助乌克兰组建巡警队伍。同一天，日本首相安倍晋三在访问乌克兰时宣布，将向乌克兰提供 11 亿美元的低息贷款，并向乌警方捐赠 1500 辆混合动力汽车。

美国还加大对乌克兰其他领域的援助。危机爆发后，美国财政部派专家前往乌克兰，帮助乌政府稳定经济，并在预算和财税领域提供更多援助。在能源援助方面，美国多个部门组成的专家组已抵达基辅，计划安排乌利用天然气管道回流技术，从波兰、匈牙利、斯洛伐克等邻国进口回流天然气。乌克兰多年来依赖俄罗斯供应天然气，目前因两国关系恶化，俄叫停供应优惠天然气，令低迷的乌克兰经济雪上加霜，为此美国一直希望从别国"调气"，绕过俄罗斯缓解乌克兰天然气问题。此外，2014年5月，美国与欧洲复兴开发银行等机构组建专家组，帮助乌制定引资计划，提高乌现有气田的天然气产量，还将帮助乌落实2013年签订的页岩气开发合同，扩大能源供应渠道。政治援助方面，白宫为2014年5月举行的乌克兰总统大选援助了1140万美元，用于选民教育、选举透明管理、有效监督、纠正违规等项目，并资助至少250名长期观察员和1700多名短期观察员前往乌克兰，确保选举顺利举行。

同时，在欧美主导的国际经济组织加大对乌经济援助力度，但条件比较苛刻，往往要求乌进行相应的经济改革，以满足其援助偿还条件。2014年4月30日，国际货币基金组织（IMF）批准一项总额170亿美元、为期两年的对乌克兰贷款援助，旨在帮助乌克兰恢复宏观经济稳定。值得注意的是，来自美俄的董事会成员都对该方案投了赞成票。IMF将首先向乌支付32亿美元，用来偿还该国迫在眉睫的政府债务，避免其出现债务违约，首批已于4月份到达乌克兰账户，但第二笔14亿美元贷款原本于7月提供，由于西方金融界质疑乌的偿债能力，至今还没有到乌账户。同时，乌克兰还将得到来自欧盟、加拿大、日本和世界银行等国家和机构的150亿美元贷款援助。2015年2月12日，IMF又与深陷危机的乌克兰达成协议，向该国提供175亿美元援助，但IMF施压要求乌提高基准利率。3月3日，乌央行将基准利率从19.5%提高到30%，以应对高通货膨胀的形势，此后其货币格里夫纳兑换美元和欧元的汇率在48小时内贬值超过30%。

欧美对乌经济援助承诺的多，实际到乌克兰手中的少。因为近几年欧美自身需要克服的经济问题不少，给乌克兰提供的经济援助是雷声大、雨点小,如美国答应的财政贷款一直没有落实,IMF的贷款也没有下文,仅有的一点援助远远不能满足乌克服当前经济危机和国内动荡的需要。2014年12月15日,乌克兰总理亚采纽克在布鲁塞尔与欧盟的部长们举行会谈后说,战争重创了已经衰败的经济,乌克兰为避免破产急需100亿美元,但欧盟要求乌克兰实行经济改革,以换取财政援助。另外,如果乌克兰局势得不到有效控制,欧盟的援助一方面无助于真正改善乌的经济情况及其人道主义状况,另一方面也有可能导致欧盟出现援助疲劳症,这会使欧盟成员国及其民众对欧盟介入乌克兰事务的立场产生反感。

在无法大规模获得西方援助的情况下,为应对严重的经济危机,乌政府采取了一系列经济紧缩政策,又加剧了经济危机。2014年3月31日,乌决定大面积提高税收水平,包括页岩气使用费上涨42%,无线宽带使用费上涨1倍,汽车和摩托车的新车消费税上涨1倍等,民用天然气价格自5月1日起将上浮50%,水电价格自7月1日起上浮40%,政府裁员2.4万名官员。7月31日,乌总统波罗申科在议会发言中说,东部地区战争每天花费近600万美元,持续的行动导致军费在8月初就用尽,2014年的战争开支超过50多亿美元,约占全年预算收入的20%。8月3日,乌克兰总统波罗申科签署法令,开征新税种"战争税",占每人月收入的1.5%,这造成了民众的普遍不满。8月25日,全球三大评级机构——惠誉国际信用评级有限公司将乌克兰主权评级降至CCC级,即国家"濒临破产",认为其2014年国内生产总值至少下降6.5%,2015年和2016年经济还会负增长。与此同时,普通民众的生活水平严重下降,2014年乌食品和饮料价格上涨25%、水果蔬菜涨幅达56%~77%,医疗服务、交通运输、水电等都有不同程度上涨。2014年年底,乌克兰央行透露,2015年民用天然气价格将上涨280%,通货膨胀可能飙升至25%。2015年3月1日,乌克兰官方通货膨胀数字为28.5%,非官方为272%，几乎破产。外汇储备仅剩64亿美元，只够支付一个月的进口。在战争开始前，乌克兰货币格里夫纳对美元的汇率为8∶1，后来为16∶1，目前为34∶1。乌克兰就业人口平均工资每月为140美元，当局还冻结了工资和养老金计划，中断了多项社会改革。另外，经济危机引发国内动荡，根据乌总检察院数据，2014年犯罪案件超过100万起，其中武装犯罪就超过了20%。

（二）欧美军事援助仅限于非致命性装备

2014年2月28日，也就是政变后不到一周，乌临时政府就向美欧请求紧急军事援助，要求提供武器、弹药和情报支持。因担心美俄关系会进一步紧张，美国国防部表示，重点向乌克兰供应食品和药品而不是武器。欧美顾忌俄的反对，对乌军事援助仅限于"非致命"后勤装备。此外，欧美还出动人员，帮助乌克兰指挥作战、培训人员等。

欧美多次提供非致命性武器装备援助。2014年3月25日，应乌临时政府紧急军事援助的请求，美国宣布将向乌克兰军队援助2.5万份军用食品。4月中旬，美国宣布紧急援助乌克兰一批药品、头盔、睡垫、净水器、帐篷、小型发电机等非杀伤性物资。4月22日，白宫宣布援助乌克兰武装部队和边防部队800万美元非杀伤性物资，包括为乌武装部队提供爆炸物处理装置和手提无线电设备、工程设备、通信设备、车辆以及非杀伤性单兵战术装备。5月7日，五角大楼表示，将向乌克兰边防局提供经费，采购保卫边境所需的特种装备，包括燃料泵、铁丝网、电池和车辆零配件、望远镜和通信设备，用来监测和保障边境安全。6月4日，奥巴马在波兰接见乌克兰当选总统波罗申科，宣布对乌提供500万美元装备援助，包括防弹衣和夜视仪等。6月5日，五角大楼宣布派遣一个美军顾问小组前往乌克兰，评估其"中长期的国防需求"。8月，欧盟成员国领导人在布鲁塞尔举行的欧洲委员会会议上，解除了2月份对乌克兰出口军事技术和装备的限制。8月1日，美国副总统拜登与乌总统波罗申科通电话，宣布美国将向乌边境部队提供800万美元援助，用于加强乌边境安全，包括购买用于基础设施的工程设备、运输和巡逻车辆、监控设备、巡逻艇等，美国还决定向乌国民卫队提供1900万美元的援助。8月7日，加拿大宣布向乌克兰提供价值450万美元的非杀伤性军事装备援助，包括钢盔、射击眼镜、防护背心、急救工具、帐篷和睡袋等。9月18日，乌总统波罗申科访美，收获之一是美国承诺提供5300万美元援助，其中4600万美元用于提供反迫击炮探测装置、防弹衣、望远镜等军用物资，以武装乌国民近卫军和边防军；但美国明确拒绝乌克兰提出的提供致命性武器援助的要求，同时也没有表态支持乌克兰希望得到北约非成员盟国的身份要求。11月21日，五角大楼声明，向乌提供了3部短程轻型反迫击炮雷达，用于探测来袭的炮火，帮助乌军队准确定位打击对手的炮火，共计有20部反迫击炮雷达运抵乌克兰。11月，加拿大又向乌国防军提供了钢盔、射击眼镜、防护背心、急救工具、帐篷、睡袋等军事装备。2015年3月11日，五角大楼宣布，向乌增加7500万美元军事援助，包括反迫击炮雷达、"大乌鸦"无人机、无线电通信设备、医疗器械、夜视仪以及230辆"悍马"车等非致命性武器。

到目前为止，奥巴马政府一直拒绝向乌克兰提供致命性的武器和弹药，只提供"非杀伤性"装备，美国政府也一直在犹豫是否向乌克兰提供致命性武器装备。2014年12月19日，奥巴马签署"支持乌克兰自由法案"，计划2015年拨款3.5亿美元向乌提供反坦克和反穿甲武器、班用武器和弹药、反火炮雷达、火控系统、测距仪、光学制导系统、战术侦察无人机以及安全指挥和通信设备等，但奥巴马一直没有将这个法案付诸实施。2015年2月2

乌克兰危机警示录
和平发展道路中的战争准备

图 2-12　美军援助乌克兰的军粮

日，8 名美国前高官发布独立报告，建议美国向乌克兰政府提供总价值达 30 亿美元的无人机、反坦克火箭弹等防御性武器装备。奥巴马回应称，暂时不会向乌政府提供防御性武器装备。

　　大多数北约成员国也反对美国向乌克兰提供杀伤性武器，并警告美国这种行为将进一步加剧乌东部紧张局势，无助于危机化解。2015 年 2 月 5 日，北大西洋公约组织成员国举行国防部长会议，对乌军援成为一主要议题。参会的德国国防部长乌尔苏拉·冯德莱恩说，向乌输送更多武器不会推动问题解决，也不会结束乌民众所承受的痛苦。荷兰国防大臣雅尼娜·亨尼斯－普拉斯哈特说，荷兰相信政治对话是解决危机的唯一途径，荷兰仅支持向乌克兰提供非杀伤性军事援助。意大利国防部长罗伯塔·皮诺蒂说，意大利反对

第二章 同室操戈的乌东部地区战事

援助乌克兰杀伤性武器,"我们需要给危机降温而不是升温。"英国也表示,不会提供杀伤性武器。英国国防大臣迈克尔·法伦说,英国会更多考虑向乌克兰提供人员培训和非杀伤性武器援助。加拿大国防部长罗伯特·尼科尔森则表示,"过去数月,我们向乌克兰送去了大量非致命性(物资)援助并提供了其他形式支援,我们将继续这样做。"

为取得美国攻击性武器装备援助,乌克兰不惜使用假照片来欺骗美国。波罗申科政府向一些美国国会议员提供了 2008 年在格鲁吉亚拍摄的照片,假照片号称装备有 T-72 主战坦克、BTR 装甲人员输送车和 BMP 步兵战车的俄军部队进入乌克兰,用以证明俄入侵了乌克兰,要求美国支援致命性装备。一些美国议员根据这些照片向国会提交了议案,要求向乌提供致命性武器,用来帮助乌国防军抵抗民兵武装。这些照片也被刊登上保守刊物《华盛顿自由灯塔》,但很快就发现这些照片拍摄于几年之前的俄格战争,结果引发了美国议员强烈不满。

美国自己不愿意直接向乌克兰提供常规攻击性武器装备,但积极怂恿北约成员立陶宛、波兰、罗马尼亚等国向乌克兰提供常规进攻装备,鼓动它们向乌克兰廉价提供了数百辆苏式装甲车、火炮、火箭炮等重型武器,这对于全面向美军标准靠拢的波军和罗军来说没有多少价值,对习惯苏制武器的乌军来说却是"雪中送炭"。美国还提出让波兰、罗马尼亚、克罗地亚等中东欧国家向乌运送俄制米-8 直升机,作为回报,这些国家将获得美军的二手装备。参加北约的中东欧国家本来就不想要俄式装备,正好借乌克兰危机换成美式装备,不仅能讨好美国,还能让乌军快速武装起来。这在 2014 年 11 月 24 日,乌总统波罗申科与立陶宛总统格里包斯凯特会谈中得到验证,会谈结束后波罗申科表示立陶宛将向乌武装部队提供军事援助。与此同时,乌克兰、波兰与立陶宛三国国防部部长已签订成立由 4500 人组成的联合作战旅的协议，该旅由空降分队、后勤保障和维修分队、炮兵分队、工兵分队及无线电、防化排及其他分队组成。建立这一军事机构类似于"小北约"，目的是根据北约的标准和要求进行整合。共同的训练计划，做出共同决定，统一的武器装备，联合演习，所有这一切都是为了让乌克兰军队未来符合北约的标准，从而为乌克兰加入北约做准备。

美欧等国还出动人员帮助乌克兰指挥作战。在4月初乌发动对东部的反恐行动前，美国中央情报局局长约翰·布伦南秘密访问乌克兰基辅。在其结束访问后第二天，乌克兰就宣布对东部地区启动大规模反恐行动。据乌克兰国内媒体公开报道，乌国防部大楼有一层楼专门属于美军，供其指挥乌克兰军队使用。数十名美军专家和北约顾问根据美国政府的指示，为乌新政府提供意见，帮助乌国防军镇压东部民兵武装，并为重建乌强力部门提供意见。此外，欧美还出动特工帮助乌克兰作战。2014年4月9日，俄外交部宣称"尤其关注大约150名美国雇佣军乔装成乌克兰军队在乌克兰活动"。相关网上视频显示，雇佣军统一穿着单色城市作战制服、戴头盔、MOLLE系统的防护背心与装具，颇具美国雇佣兵风格，外界猜测美国佣兵或许已经进入当地。5月2日，投靠民兵组织的乌军第聂伯罗彼得罗夫斯克第25旅高射炮营，在斯拉维扬斯克地区击毁了两架属于乌空军的米-17运输直升机，后证实两架直升机上的14名人员为中情局特工，但事后美国拒绝承认其为美国特工，并拒绝将其尸体接回国。2015年3月19日，英国向乌克兰派遣75名英军士兵，为乌国防军提供医疗、后勤、情报和步兵技能等训练和帮助。4月，美军分三批派遣美陆军第173空降战斗旅300名空降兵前往乌克兰，以培训乌军人。4月14日，加拿大宣布，从今夏开始派遣大约200名军人前往乌克兰，帮助培训乌国防军及提高其国防卫队的安保能力，为期2年。

第二章 同室操戈的乌东部地区战事

图 2-13 疑似美国雇佣军在乌克兰 Amvrosievka 的乌军哨卡

（三）欧美给乌克兰提供军事援助质量不高

美军故意向乌克兰提供低质量的军事情报。美国很早就开始向乌克兰提供军事情报支援，以支援打击民兵武装，但为避免激怒俄罗斯，以保护美军军事机密为由，一直不肯向乌提供高价值的情报，这些情报支援对乌的价值也大打折扣：为防止乌军队利用美国提供的卫星侦察图像来打击俄领土上的军队，美军大大降低向乌提供的卫星侦察图像分辨率，并将图片上俄领土上的军事集结地进行了模糊处理，包括民兵武装集结区的乌克兰边界一线，以及民兵武装阵地位置的数据；借口图像分析、降低分辨率以及审查程序要求，提供间谍卫星拍摄图像至少延后 24 小时甚至数天才给乌军，以至乌军队指挥官经常抱怨情报没有时效性。此外，美军方和情报机构在向一些受过审查并被认定是可靠的乌官员提供较敏感的情报时，特别规定这些情报只允许看，不允许用于战场。正是这些低质量的情报，让乌军损失惨重。

美国拒绝向乌提供先进装备。乌要求美国提供可以提供战场实时情报的高空侦察无人机等先进装备,但美国以俄将会干扰无人机反馈的视频影像或将它们击落为由拒绝。美国向乌克兰提供了短程反迫击炮雷达系统,即著名的 TPQ-48,它可以发现约 4 英里(1 英里=1.069 公里)有效射程内飞入的炮火来源,但美国故意没有提供能使乌克兰人利用这个系统自动回击民兵武装齐射炮火的软件和其他零部件,这使得乌军只能通过手工将来自美雷达上的位置数据输入自己的武器系统,这大大拖延降低了雷达的效力和反击时间,民兵武装也可以趁机变换炮兵阵地。乌要求美国提供下一代短程雷达 TPQ-49,以及两种较远程的反炮兵雷达系统 TPQ-36 和 TPQ-37,这两种系统能够识别来自距离达 31 英里外的大炮和火箭炮,但美国国防部回应没有足够远程雷达提供给乌克兰。乌克兰强烈要求美国提供"轻标枪"便携式反坦克导弹,这种导弹可以摧毁俄厚装甲坦克,但美国劝乌克兰从别处获得此种武器,如爱沙尼亚、立陶宛和波兰等北约成员国都装备有"轻标枪"导弹,但是在北约成员国向乌这个非成员国提供致命性武器前,必须取得内部一致同意,这在目前很难实现。

图 2-14 美军援助乌克兰军队的"悍马"

此外，美军还借乌内战搜集俄军事技术情报。美陆军提供给乌克兰的短程轻型反迫击炮雷达，通过计算对方炮弹的来源点，发现俄支持民兵武装的电子战技术具有穿透美国及其盟国的战场通信网络的潜力。2014年3月15日，在乌克兰克里米亚地区上空侦察的一架美国无人侦察飞机被俄军击落，根据它的识别号码 UAV MQ-5B，这架无人机属于驻扎在德国巴伐利亚的美军第66侦察旅。美军发现俄军使用电子战对在克里米亚上空飞行的这架 MQ-5B 无人机进行了窃听，使美军认识到其陆军的战术通信网络仍然有问题，有助于美军改进其装备技术，同时对俄军的战术也有了很多了解。

（四）俄不惜血本援助东部民兵武装

为争取乌克兰危机的主动权，俄不惜血本支援东部乌民兵武装，普京数次公开表示绝不能让乌国防军消灭民兵武装。2014年8月14日，不顾乌克兰和国际社会强烈反对，俄通过民兵武装控制的俄乌边界，将第一批2000多吨人道主义援助车队（共300辆），满载有水、发电机、药品燃料和睡袋、建材、被服等物资直接送达民兵手中。美国和乌克兰指责俄乘机援助民兵武装以武器装备，俄则坚决否认。到2015年3月，俄共运送了9批，9000多吨包括食品、药品、燃料和其他必需品的紧急援助物资给民兵武装，送去了民兵武装急需的物资与装备。这些援助使得民兵武装反败为胜，歼灭了许多乌国防军有生力量，给乌国防军以沉重打击。

在乌克兰东部战争中，乌军经常遭遇大量准确而猛烈的炮火突袭，这需要准确的雷达定位技术和能力。美国确信俄为民兵武装提供了强大的电子战支援保障，其中不仅有冷战时代的设备，还有据北约所知是研制于20世纪90年代甚至更晚时候的设备。这些俄装备帮了民兵武装的大忙，民兵武装既没有缴获过任何先进的乌克兰电子战设备，也没有操作电子战设备所需的大量电子战专家。而事实上，由于俄的帮助，民兵武装得到了大量电子干扰和窃听活动的支持，从而可以对乌克兰方面的各种通信方式（手机、军用通信以及无人机和其他任何遥控装置的控制设备）进行干扰或窃听，对乌军行动了如指掌，使得乌军在东部地区处处限于被动挨打境地。例如，2014年7月11日4时30分，乌东部卢甘斯克州的泽列诺波利附近的民兵武装动用"冰雹"火箭炮，对15公里外乌克兰陆军摩托化旅发动突袭，造成23名士兵死亡，90多名官兵受伤。

由于俄与乌东部地区直接接壤，交界处又大多被民兵武装控制，俄除直接进行经济物资人员的援助外，还在俄乌边界陈兵数万，对乌保持巨大的威慑和压力，这本身就是一种援助。此外，俄还在俄乌边界开辟乌克兰难民安置点，使民兵武装与政府军作战时无后顾之忧。2014年7月25日，联合国难民署发言人迈克诺顿称，自乌克兰危机爆发以来，已有23万人被迫逃离家园，约13万人越过边境前往俄罗斯。9月1日，俄罗斯政府计划从联邦预算中划拨超过5.7亿卢布（约合人民币9500万元）资金，用于接收和安置俄境内的乌克兰难民。根据俄罗斯联邦移民局最新统计数据，目前已经有超过80万乌克兰难民进入并留在俄罗斯境内，有13万人向俄政府递交了避难申请。早前，俄政府已经为接收难民地区划拨了超过35亿卢布财政款项，这些都使得民兵武装在与乌国防军作战时基本没有后顾之忧。

除直接的装备物资援助外，在乌东部战事中，也不时出现俄军人的身影。西方媒体一直报道俄有许多志愿军直接参加了民兵对乌国防军的战斗。2014年4月22日，美国国务院向媒体公布了11页文档，试图证实乌克兰东部的武装士兵来自俄罗斯军队，照片显示多名士兵的装备和制服等与俄军相似，乌克兰多次公开宣称俄军坦克进入了乌东部地区。在2014年8月底民兵武装的大举反攻中，顿涅茨克方面表示，有大约4000多名俄志愿兵与民兵并肩作战，大多是退伍的职业军人。在民兵武装中有一支战斗力极强的部队,大部分来自高加索的志愿者,乌国防军的几次重大损失,包括"顿巴斯营"几乎被全歼和51旅装甲分队全军覆没都与这支部队有关,这支部队有一个在2008年让格鲁吉亚闻风丧胆的名字——"东方营",当时序列是俄南高加索军区第58集团军42摩步旅"东方营",全部由车臣人组成,是俄尖刀部队。 2015年5月,俄反对派曾公布一份报告,宣称俄直接用于支援民兵武装的费用高达数十亿美元,至少有200多名俄军人牺牲在乌东部战事中。 基辅当局指控俄在"背后支持"民兵武装,并向他们提供士兵与武器,但克里姆林宫拒绝这样的指控,并说那些在东部乌克兰作战的军人是自愿参与到其中的。 2015年5月18日,乌克兰宣称在东部地区抓住两名俄罗斯军人,隶属于俄特种部队第三旅,但俄国防部表示其是退役的军人,并要求乌马上释放他们。

图2-15 疑似俄军T-72B坦克遭乌军歼灭

乌克兰危机警示录》》
《《和平发展道路中的战争准备

俄同时也将乌东部地区战事当作自己新军事能力的试验场。从2008年俄格战争后，俄一直在对暴露出来的严重问题进行重整军备，重新装备和重新训练，以力图缩小与现代化军队间能力上的差距，乌东部地区战争为俄验证这些年的成果提供了一个绝佳机会，如对无人机的使用和电子战运用，这两项技术在2008年时都是俄军队软肋。自那时起，这两项技术都得到了强化发展。现在，它们被广泛运用在乌克兰东部，使乌国防军处于严重的劣势地位。此外，俄派遣志愿军人参加东部地区战争，也是为验证其军事训练成果。这些年来，俄一直在以一项高强度的训练与演习计划进行应对冲突的训练，来自全国各地的数万军人参加了这一训练项目。这些训练演习无论是在规模上还是从复杂性上都在不断强化，常常是直接针对西方，此次乌东部地区战事提供了一个实践的机会。乌克兰的飞机在冲突区域上空遭击落显示出，俄罗斯支持的民间武装获得了非常精良的防空装备。这不仅包括"山毛榉"地空导弹系统，而且还有"箭"等其他用于低空和较短程的武器系统，以及一系列轻型和肩扛式导弹。同时，俄罗斯现在又占据了在乌克兰东部拥有实弹试验场的优势，从而可以对它的新武器、系统和战术进行试验。特别是，如果这些试验都是为对付美国可能提供给乌克兰的防御系统展开的，结果将会有助于俄罗斯评估其军队与北约的直接对抗后果。

此外，俄占领克里米亚半岛后，俄政府加大援助和建设半岛。2014年3月19日，俄罗斯总统普京责成劳动部将克里米亚退休金提升到俄罗斯的水平。同日，普京下令政府部门准备建造一座公路和铁路两用桥，横跨刻赤海峡，连接克里米亚和俄南部克拉斯诺达尔地区，从而不必经过乌克兰东部地区直接进入克里米亚，俄方正在考虑建造刻赤海峡海底隧道的可行性。3月31日，俄总理梅德韦杰夫宣布，克里米亚将被俄政府划为经济特区，享受减税政策，以吸引投资，为克里米亚在职人员加薪，为退休人员增加养老金，计划通过减税、引资等优惠措施，将克里米亚建成旅游胜地。7月俄宣布一项发展塞瓦斯托波尔的计划，包括建立一座发电站，以减少当地对乌克兰的电力依赖。8月14日普京宣布，到2020年前俄联邦政府将拨出7000多亿卢布用于克里米亚各方面的发展。11月30日，普京签署法令，在克里米亚设立自由经济区，在税收、国家调控、自由经济区运作等方面向克里米亚提供特殊待遇。自由经济区时间为25年，可以延长，实行税收优惠和自由关税区制度，即免税将急需的进口商品、零件和设备输入半岛。投资者还可以有权将产品销往俄罗斯市场，并出口到关税同盟国家。

五、警示

信息化战争不仅对装备提出了更高的要求，也对军队和军人本身作战能力及素质提出了更高要求。

（一）军事始终围绕政治并为政治服务

战争是政治的继续。此次俄乌战争，俄军显示出高超的战略思维能力与机动灵活的指挥能力。

俄直接出兵占领战略要地克里米亚半岛。克里米亚半岛直接关系到俄南部边境安全，确保黑海舰队能掌控黑海制海权，从而确保俄能参与全球事务和保持全球大国地位，所以俄占领半岛，实现自己在乌克兰危机中国家战略利益最大化。

对乌东南部，俄军没有采取当年格鲁吉亚的做法，而通过支持武装民兵和联合亲俄武装，与乌军队进行正面战斗，且没有答应东部地区加入俄联邦地区请求。其原因是：占领克里米亚半岛，已经实现俄国家战略利益最大化，也对乌克兰和欧美进行了实质性警告。但如果直接出兵乌东南部地区，则与北约和欧美发生直接军事对抗的可能性大大增加，可能与整个西方全面决裂,这种政治和军事风险太大。 除非乌爆发大规模内战,或加入北约,俄军才可能会直接与乌军和北约全面决战。 所以俄以武装民兵形式与乌展开战斗,进可攻,退可守,俄这种政治考量使得俄军始终牢牢掌握着乌克兰危机主动权。

朝鲜战争中,我以志愿军名义派兵参战,既赢得参战的主动和国际的支持,又避免美直接攻击我本土的可能性,最大限度地保护了新生的人民政权。 对印和对越自卫还击作战中,前者受制于后勤补给,后者受制于当时国际环境,我们给对手沉重一击后撤回,既达到惩戒目的又赢得主动权。 相反,苏联、美国在阿富汗和伊拉克的十年战争,虽然赢得了战役,但最终输掉了上述战争,不仅损兵折将,伤亡惨重,而且遭到国际社会诟病,最终也被迫灰头土脸地撤出,同时也严重拖累了国家发展,苏联甚至因阿富汗战争而拖垮了经济,成为解体的重要因素。 美国在伊拉克战争中耗费数万亿美元,深受国际社会指责并成为美国国内沉重的政治包袱,也严重拖累了美国经济发展。

(二)指挥员须具备高超的作战指挥思维与能力

"出其不意,攻其不备,此兵家之胜,不可先传也",①克劳塞维茨也说过,"突然性是一切战略战术的精髓",突然发起作战,会给对方造成心理上强烈的震撼,令其惊慌失措,失去精神和力量上的平衡,挫伤其抵抗意志,破坏其指挥功能,因此行动的突然性可以大大增加军事胜利的可能性。第二次世界大战,德军突袭苏联的"巴巴罗萨"计划中,德军以换防名义秘密将大批部队和战机偷运到苏联边境,苏联并未及时察觉德军的行动,而德军参战官兵直到开战的前天晚上才知道作战行动。 1941年6月22日3时,

---

① 《孙子兵法·计篇》。

第二章 同室操戈的乌东部地区战事

德军经过精心策划和长期准备，出动2000架飞机，突然袭击苏联西部66个机场以及军事基地、交通枢纽和重要城市，并以数千门火炮猛轰苏联西部边境地区。由于德军的突袭，苏军很多飞机来不及升空就被摧毁在机场，战争第一天，德军仅损失35架飞机，摧毁了苏军1800架飞机，近800架未起飞即被摧毁，德军一举夺取了制空权。由于德军突然发动袭击，苏军猝不及防，在头两个星期内，德军推进500多公里，歼灭苏军近100万人。朝鲜战争中，由于志愿军秘密出兵，并突然对联合国军队发起攻击，使得我在很短的时间内将联合国军从鸭绿江边赶回了38度线附近。

信息化战争，随着侦察、预警技术的迅猛发展，战场变得日益透明。有人因而认为，现代战争中对抗强敌，达成突然性非常困难，甚至不大可能。俄军占领克里米亚的行动有力地否定了这一点，先进的信息技术能保证人们看见"山那边的事情"，却不能保证人们及时看懂对手企图。

在俄兵不血刃占领克里米亚半岛行动中，俄军事力量高明地运用了多种策略，巧妙组合了混合战手法、积极的信息支持和训练有素的特种部队是突袭克里米亚行动成功的保证，这帮助俄神速占领克里米亚，从而获得了战争的主动权。

首先，俄最高统帅声东击西，准确把握了时机。当时俄军大规模调动军队彻底迷惑了外国情报机关，俄军定于3月初在北极开展空降兵大规模训练，甚至向那里出动了空降兵部队，同时大量军用列车开往东方的乌拉尔。这吸引了绝大部分外国情报机关和人员注意力，但直到这些列车抵达目的地，外国情报人员才知道列车是空的，这两场行动掩盖了俄部署军队意图，极大掩护了俄军出兵占领克里米亚半岛的军事行动。

其次，俄情报人员潜伏渗透工作做得好。俄情报人员深度潜入了乌军队内部，对乌军行动了如指掌。当乌克兰军队总部下令对已经登陆了半岛的俄军开火时,俄情报人员却以乌克兰国防部名义起草相反的命令,并将其成功下达给克里米亚半岛的乌克兰军队,这使得乌克兰军队晕头转向,不知如何应对俄军的占领行动。当乌克兰军队试图弄清楚是否开火时,已经错过了最好的反击时机,俄军已经大规模进驻并控制了半岛。

最后,俄军高度的组织性、纪律性发挥了重要作用。在整个占领行动中。俄军在整个过程中实行了严格的无线电静默,西方情报机构从未监听到任何关于俄军换防和开展占领行动的信息。例如,2014年2月24日,俄乌里扬诺夫斯克第31独立近卫空降突击旅首批抵达克里米亚半岛。就在此行动的前两天,该旅组成战术营分队,乘飞机前往阿纳帕,坐装甲车到达克里米亚半岛对面的新罗西斯克,再从那里搭乘大型登陆舰奔赴克里米亚的塞瓦斯托波尔。当时除统帅部外,官兵都不知道俄军要占领克里米亚半岛的行动,突击旅被关在舰船底舱。抵达克里米亚的塞瓦斯托波尔后,官兵就被命令摘掉所有国家和军队徽标,以保持低调,防止恐慌。发给空降突击旅每个人的全套装备是绿色的巴拉克拉法帽、墨镜、护膝和护肘,西方称之为"小绿人"。在"小绿人"帮助下,克里米亚亲俄势力相继占领了政府议会等办公机构和机场、港口等要地,驻守克里米亚的乌国防军措手不及,待到清醒过来,自己的军营和武器已经全部被控制。虽然也有些不甘心的军官带人试图闯过封锁线,但被全副武装的"小绿人"鸣枪示警,最后只得倒戈投诚或缴械撤退,俄方几乎"一弹未发"就占领了克里米亚。直到一年以后,普京在《克里米亚回家之路》纪录片中才承认"小绿人"就是俄军,但仍辩称,该地区的俄军数量未超出条约限制,且未使用武力,并不违反国际法。

俄军兵不血刃占领乌克兰的克里米亚半岛,瞒天过海,声东击西,其行动堪称现代信息化战争的典范,美国和北约情报部门在此过程中,竟然没有预先发现俄军在克里米亚大规模登陆的任何痕迹。突袭克里米亚行动的成功反映了近年来俄军训练、作战水平和战略思想的发展，最大限度地维护了俄罗斯的国家利益。

图2-16　俄乌边界的"小绿人"

（三）军队要具备较高的特种作战能力

在经济全球化发展日益紧密的今天，军事大国之间直接发生战争的可能性比较小，其毁灭性的后果是大国和世界难以承受的，所以大国间的战争更多是代理人战争和特种战争，即大国出动少部分特种部队，援助装备，指挥代理人进行战斗，因此军队必须具备较高的特种作战能力。

美军吸取伊朗人质危机的教训，于1987年设立特种作战司令部，是指挥陆、海、空和陆战队所属特种部队的联合作战司令部。伊拉克战争中，美参战特种兵达上万人，使用卫星、飞机、无人机、地面传感器等实施特种侦察，开战特种攻击，如陆军"三角洲"部队在攻击萨达姆机场前，渗入并控制该机场指控中心，为主力部队顺利进入创造了条件。担负战役牵制重任，引导库尔德人攻击伊军；广泛开战心理战，取得了不俗战绩。美海军"海豹"突击队因击毙拉登而名噪一时。

在乌克兰危机中，参与的各方都广泛使用特种兵部队作战，以较小代价完成比较重要的核心任务。如美中情局局长布伦南秘密访问基辅的次日，乌宣布开始东部军事行动。另据乌安全局透露，数十名美国联邦调查局和中情局雇员为乌克兰新政府提供意见，在基辅国家安全局大楼内，有一层楼为中情局特工所有，并禁止乌官员进入，这应该是美军特工人员在指挥乌军作战。美国情报部门特工根据美国政府的指示，帮助乌克兰政府结束该国东部骚乱，并建设有工作能力的乌克兰强力部门。美方专家主要是协助基辅应对东部乱局，以及建立一个可运作的保安架构。另外，2014年4月27日，乌顿涅茨克武装民兵在战斗中抓获3名参战的乌克兰安全局特种部队军官。5月2日乌军也派出了伞兵突击队、阿尔法特战队进攻斯拉维扬斯克民兵武装。当天，在乌军进攻顿涅茨克过程中，被民兵击毁直升机上就有14名中情局特工，这可能是直接参战的美国特工。以民兵武装能击落数量众多的各型乌国防军飞机，尤其是击落战斗机、6000米高空的运输机，应该也是训练有素的特种兵所为。

在乌克兰危机的特种作战中，无人机、电子战和高效的反坦克武器得到广泛使用，前者是用来侦察和锁定目标，东部民兵武装击落了数十架乌克兰的无人机。电子战的较量使乌军损失惨重。由于乌克兰军队缺乏稳定的通信系统，其通信设备是40年前苏军的装备，其技能参数俄军了如指掌。结果，他们的通信往来不是受到电子干扰，就是将自己的位置暴露给了俄罗斯的电子测向设备，导致他们即刻成为民兵炮火攻击的目标，其中包括"冰雹"火箭炮和其他威力更大的火箭系统，民兵武装在测定乌国防军位置后，打了几次成功的火炮伏击战。作为美国提供的非杀伤性武器援助的一部分，

第二章　同室操戈的乌东部地区战事

图 2-17　斯拉维扬斯克飞起了神秘的导弹

乌克兰获得了反火炮雷达，试图准确定位民兵武装炮火来源与位置。但是这些雷达的使用受到美国故意限制，因此很难准确定位民兵火炮位置，即使定位后，也很难将所获得的监测结果传达给其他部队。由于缺乏能准确定位远程火炮系统火力来源的更尖端系统，导致乌军损失惨重。此外，乌克兰军队面对来自俄罗斯的坦克也相形见绌，不仅是后者比乌克兰的坦克型号更现代化，而且乌克兰还缺乏能正常运转的高效反坦克武器，导致乌军后来作战中极度缺乏坦克。所有这些系统，加上医疗支持和战地医院设备都在乌克兰要求获得支持的援助清单上，以便他们在对抗俄新军事装备时能够提高自己部队的存活率。

现代多维一体的信息化战争中，如果能使用特种作战力量，运用特种作战方法，对对手信息装备体系关键节点事前发起攻击，破坏或者摧毁其关键节点，能破坏甚至摧毁对手整个信息装备体系，从而为作战胜利奠定基础。因而，军队要极其重视特种作战力量建设，研究特种作战方法和相关装备，为未来信息化战争培养开路先锋。

（四）提高民兵、预备役部队的非正规作战能力

此次俄乌战争中，武装民兵始终战斗在第一线，抵抗着乌军的立体进攻，发挥了俄正规军无法替代的作用，为东部地区作战胜利奠定了基础。

信息化战争是军民一体全系统的对抗，军队要充分依靠民众的力量才能在信息对抗中立于不败之地。另外，在社会转型期和矛盾多发期，民兵和预备役部队不但要担负支援保障任务，还在复杂局势下直接参加捍卫国家主权和领土完整、反恐维稳等非正规作战。因此，在压缩总体数量的同时，要优化结构，增加高技术民兵和预备役部队比重。要从组织机构、经费与装备保障等方面健全民兵与预备役部队，并根据信息化战争实际充实和更新训练内容，尽可能在军事演习中增加民兵预备役部队或单独开展经常性演习，确保能提高其作战能力。

（五）游离于国际法之外的西方雇佣兵作战

在此次乌克兰危机中，一直有美国黑水公司雇佣兵参战的消息。黑水公司雇员大部分来自前美国军方和警方的特种部队，装备先进，配有直升机、装甲车、无人机等先进武器，战斗素质高，可以为美国政府解决诸多棘手的难题，既可以克服兵员不足的问题，又能避免因官兵伤亡过多招致的国内政治压力，还可以免除政府需要解决伤亡后的抚恤问题。在作战时，也没有向正规军那样严格的国际法约束，因此美国国防部曾声称黑水之类的私人保安公司是美国整个武装力量不可分割的一部分，"离开了他们，美国几乎不可能顺利打赢任何一场战争。"虽然美国政府极力否认派遣雇佣兵参加乌克兰内战，但美国雇佣兵插手乌克兰国内冲突只会令局势更加复杂。

第二章 同室操戈的乌东部地区战事

从古希腊时代开始,雇佣兵就作为一个特殊群体,以"战争"和"冒险"为职业出现在世界舞台上。1831年,法国外籍兵团成立,成为世界上最早正式加入国家武装力量序列、向全世界征募兵源的外籍雇佣兵团。1920年,西班牙外籍兵团成立,在西班牙内战中扮演急先锋的角色,西班牙外籍军团以训练、作战能力强而闻名。20世纪80年代以前,雇佣兵都是以个人或小团体为单位,他们策动政变、绑架暗杀、劫掠财物,在人们心目当中的形象极坏。如1995年,世界上最大的雇佣兵公司——南非EO公司派出300名雇佣兵协助塞拉里昂政府军作战,这些雇佣兵烧杀掳掠,无恶不作,震惊国际社会。

鉴于雇佣兵游离于国际战争与和平法的灰色地带,引发了一系列问题。2003年,联合国大会曾通过一项法案,禁止外籍雇佣军这个职业,雇佣军活动一度受到限制。进入21世纪,雇佣军开始逐步转型,搞集团公司化经营模式,成立私人武装或保安公司,以商业合同为形式,以国家和大跨国公司作为主要客户,规避法律限制。在将来的战争中,我们也有可能遭遇雇佣兵问题,这需要提前研究,以免陷入不必要的被动。

第三章

此起彼伏的经济制裁战

第三章　此起彼伏的经济制裁战

经济制裁一般是指一个或多个国家、国际组织为实现一定的政策目标，对特定国家或国际组织的经济资源和交往空间实行歧视性限制的政策或采取的行为。广义的经济制裁包括贸易制裁、资产冻结、签证制裁、交通制裁、能源领域打压或国际金融领域的排斥等。

经济制裁战堪称乌克兰危机的"第二战场"，也是西方惯常使用的战术。为表现自己"匡扶正义"的决心与形象，支持乌克兰新政府，欧美对俄挥舞经济制裁大棒，逐步加码经济制裁措施，打压俄主要经济来源的能源行业，封锁孤立俄金融领域，企图压俄屈服。俄强势回应，对欧美进行经济反制裁，双方经济制裁战随乌克兰危机的发展而不断升级。

一、不断扩大的签证禁令和资产冻结名单

在克里米亚公投的次日,欧美就开始对俄相关个人实施制裁,禁止发放入境签证,并冻结其在欧美境内的个人资产,俄也强势地进行回应,对欧美相关个人进行同样的制裁。

(一)欧美对俄的个人制裁

早在2014年年初,在原亚努科维奇政府与乌克兰反对派的街头暴力示威与镇压过程中,美国就开始对乌克兰相关官员进行个人签证制裁。2014年2月20日,在基辅独立广场惨案发生后,美国国务院对涉嫌使用暴力镇压反对派的约20名乌克兰官员实施签证制裁。当天下午,欧盟外交部长紧急召开临时会议,一致同意制裁在基辅骚乱中负有责任的乌克兰官员及相关人员,对其采取财产冻结、禁入欧盟等多项制裁措施。同时,欧盟各成员国还将暂停向乌克兰发放各种有助于暴力镇压的设备出口授权。

应对克里米亚半岛公投和加入俄联邦的个人制裁。2014年3月17日,半岛公投后,美国总统奥巴马签署行政命令宣布,对侵犯乌主权和领土完整负有责任的11名俄罗斯、乌克兰及克里米亚亲俄领导人实施冻结财产、禁止入境等制裁措施,包括普京的两位助手——人称"克里姆林宫灰衣大主教"的苏尔科夫和经济顾问格拉济耶夫,俄联邦委员会(议会上院)主席马特维延科及一名委员,俄副总理罗戈津及两名国家杜马(下院)议员,克里米亚共和国总理阿克肖诺夫和议长康斯坦丁诺夫,乌克兰前总统亚努科维奇和亲俄组织"乌克兰选择"的领导人梅德韦丘克等,白宫称此举"将加大俄罗斯的政策成本"。3月18日,日本政府决定停止日俄间有关放宽俄罗斯人赴日签证审批手续的谈判。在俄宣布接纳克里米亚为俄联邦一部分后,美欧扩大制裁名单。3月20日,奥巴马宣布扩大制裁俄公民名单,共20名俄官员、

第三章　此起彼伏的经济制裁战

企业家、议员被禁止入境美国、在美国境内的资产被冻结，包括普京助手富尔先科、俄罗斯银行股东科瓦利丘克、俄罗斯铁路公司总裁亚库宁、企业家阿尔卡季·罗滕贝格、鲍里斯·罗滕贝格和根纳季·季姆琴科等，以上人员被视为最亲近普京的人，同时禁止美国公民或实体与这些俄企业家的企业进行交易。当天，欧盟决定对破坏乌克兰主权负有责任的 21 人实施限制旅行和冻结在欧盟资产的制裁措施。其中，7 人来自克里米亚，1 人来自乌克兰，另外 13 人来自俄罗斯，排在制裁名单首位的是克里米亚总理阿克肖诺夫，但没有俄官员被列入制裁名单。3 月 21 日，欧盟决定制裁人员名单再增加 12 人，职位最高的是俄副总理罗戈津。

督促执行《日内瓦协议》的制裁。2014 年 4 月下旬，美欧以俄没有履行美、欧、俄、乌四方签署《日内瓦协议》、促进民兵武装停火为由，再次扩大对俄制裁名单。4 月 28 日，美宣布制裁俄副总理德米特里·科扎克、石油公司总裁谢钦和俄罗斯高科技产品发展、制造及出口公司总裁切梅佐夫等 7 人（后 2 人被视为普京政治集团的核心成员和重要支持者），冻结其在美国资产，禁止入境，禁止在美境内或与美公民交易。白宫官员表示，针对俄高级官员的制裁措施，意在迫使这些接近普京的关键人物向政治领导层施压，进一步推动乌克兰局势和解。同一天，加拿大宣布将 9 位俄高官列入制裁名单，禁止进入加拿大。4 月 29 日，欧盟将俄副总理德米特里·科扎克、俄武装力量总参谋长瓦列里·格拉西莫夫、俄国家杜马副主席卢德米拉·舒薇索娃、俄总参谋部情报总局负责人伊戈尔·谢尔贡等 15 位高官列入制裁名单，被列入名单的还有俄总统驻克里米亚联邦区全权代表别拉温采夫、克里米亚事务部部长萨维利耶夫、国家杜马副主席什韦佐娃和涅韦罗夫、塞瓦斯托波尔代理市长梅尼亚伊洛、俄联邦委员会塞瓦斯托波尔和克里米亚参议员科瓦基季，以及卢甘斯克民兵代表普罗科皮耶夫、卢甘斯克州"人民州长"博洛托夫、"顿涅茨克人民共和国"领袖普希林和普尔金、"顿巴斯民兵"副指挥员齐普拉科夫、斯拉维扬斯克民兵领导斯特列尔科夫等。当天,日本政府以乌克兰局势为由宣布对俄追加制裁,暂不向俄政府相关人士等共计23人发放签证。

应对俄支持乌克兰卢甘斯克和顿涅茨克两州公投和独立的个人制裁。卢甘斯克和顿涅茨克两州于5月11日公投独立,美欧又开始制裁俄相关个人。5月12日,欧盟决定再次扩大对俄制裁的人数,包括俄总统办公室第一副主任维亚切斯拉夫·沃洛金、俄空降部队司令弗拉基米尔·沙马诺夫上将、俄国家杜马宪法立法和国家建设委员会主席弗拉基米尔·普利金等多位俄罗斯高层,以及克里米亚首席检察官纳塔利娅·波科隆斯卡娅等13人,禁止其进入欧盟境内并冻结其在欧盟的资产。此外,还有两家克里米亚公司也出现在此次的制裁名单中,冻结塞瓦斯托波尔和克里米亚两家公司——费奥多西亚公司和黑海石油天然气公司在欧盟的资产。其中,黑海石油天然气公司是乌克兰国有石油天然气公司的子公司,在4月11日已被美国列入"黑名单"。欧盟表示,在俄罗斯吞并克里米亚后,这两家公司事实上已被克里米亚新政府充公,欧盟希望通过新的制裁对俄罗斯在乌克兰事件上继续施加压力。7月16日,奥巴马宣布扩大对俄制裁人员名单,包括俄国家杜马副主席、克里米亚行政长官、俄罗斯联邦安全局(FSB)局长以及一位乌克兰分裂主义派别领导人。此外,生产轻武器、迫击炮以及对空导弹等武器的8家俄罗斯军工企业在美资产将被冻结,且无法与美国进行业务往来,其中包括AK-47步枪生产商卡拉什尼科夫,顿涅茨克人民共和国和卢甘斯克人民共和国两个自立政权也被纳入制裁。奥巴马在新闻发布会上表示:"我们必须看到俄罗斯采取具体措施结束俄乌边境冲突,而不仅仅是空口承诺。"

11月3日,东部民兵武装选举议会和政府后,欧美追加对俄个人制裁名单。11月29日,欧盟决定对乌克兰东部反叛势力选举的组织者实施制裁,对分裂分子及其组织进行资产冻结并宣布签证禁令,把13名乌克兰分裂分子和5个分裂政治组织加入包括119人和23个实体的制裁名单中。此次制裁包括卢甘斯克地区的选举委员会负责人谢尔盖·科济亚科夫,以及顿涅茨克地区选举组织者和当地政府的部长们。12月19日,加拿大对20名俄罗斯政界人士和乌克兰民间武装领导人实行签证禁令。

图3-1　2014年7月16日,奥巴马宣布对俄罗斯追加一揽子经济制裁

为督促俄和民兵武装执行2015年2月12日达成的"明斯克停火协议",美欧又扩大对俄个人制裁名单。2月16日,欧盟宣布扩大对俄罗斯和乌克兰东部人员的制裁,包括俄国防部副部长安东诺夫和巴欣(第一副部长)、俄副总参谋长卡尔塔波洛夫和俄知名歌手科布宗在内的19人,以及9家公司被列入"黑名单"。欧盟称两位国防部副部长支持在乌克兰东部部署俄军,上述人员将受到来自欧盟的旅游签证限制和资产冻结。3月11日,美国宣布制裁14名俄罗斯和乌克兰公民,包括乌克兰前总理阿扎罗夫、俄国际欧亚运动领导人和多位乌克兰东部民兵武装领导人,俄罗斯全国商业银行及其主要负责人等，禁止其入境并冻结其在美资产，禁止美国公民与其进行商业往来。

其他事件的对俄个人制裁。2014年5月20日，美国将12名俄罗斯人和1名俄杜马议员列入"马格尼茨基名单"，①12月，又追加4名俄官员列入"马格尼茨基名单"。到目前为止，该名单共有30名俄罗斯人，对其实施禁止入境和冻结在美资产。7月17日，一架马来西亚民航MH17航班在途经乌克兰东部冲突地区时被击落，欧美怀疑是俄支持的民兵武装击落了该民航飞机，又启动一轮对俄个人制裁。7月24日欧盟各国一致同意将俄联邦安全局局长亚历山大·博尔特尼科夫、对外情报局局长米哈伊尔·弗拉德科夫、国家安全会议秘书尼古拉·帕特鲁舍夫和车臣领导人拉姆赞·卡德罗夫（卡德罗夫被控派出战斗人员支持乌克兰民兵武装）等15人被列入欧盟的个人制裁名单，禁止入境并冻结其银行账户，还有"顿涅茨克人民共和国"和"卢甘斯克人民共和国"等18个实体将被正式列入欧盟"黑名单"。7月28日，日本宣布鉴于与马来西亚民航MH17客机遭击坠毁事件有关的乌克兰局势，追加对俄制裁，对包括乌克兰前总统亚努科维奇及克里米亚当局官员、黑海石油天然气公司和费奥多西亚石油基地相关人员实施签证禁令和资产冻结。8月5日，日本政府追加对俄个人制裁，宣布包括冻结乌克兰前总统亚努科维奇等40名个人在日本的资产，以及与俄占领克里米亚、造成乌东部不稳定形势直接相关的两家公司的资产。8月6日，加拿大效法美欧，发布了新一轮的针对俄罗斯和乌克兰的个人制裁名单，包括19名俄罗斯人和乌克兰人，以及22个实体及组织，禁止入境并冻结其在加资产。6月2日，应对俄出台制裁89名欧洲政要入境的"黑名单"，欧洲议会宣布禁止俄驻欧盟大使

---

① 2013年12月份美国会通过《马格尼茨基法案》，旨在对参与囚禁马格尼茨基律师并导致其死亡的俄罗斯官员进行惩处，后美国将其扩大到对所有侵犯人权的俄官员进行制裁，该名单旨在通过禁止入境和冻结在美资产等方式惩治侵犯人权的俄罗斯官员。

奇若夫和另一名俄外交官自由进入欧洲议会,还暂停欧盟-俄罗斯议会合作委员会的合作,未来限制令将扩大到所有俄杜马议员。

截止到 2015 年 3 月,根据欧洲理事会发布新闻公报,欧盟对俄个人签证禁令和资产冻结的制裁总共涉及俄和乌东部地区 151 名个人和 37 家组织,包括克里米亚行政长官阿克肖诺夫、俄国防部副部长安东诺夫、俄副总理罗戈津等。2015 年 3 月 13 日,欧洲理事会宣布决定把对与乌克兰危机相关个人及团体制裁期限延长至今年 9 月。①

此外,乌克兰也对俄和民兵武装实施个人制裁。2014 年 8 月 2 日,乌内务部向俄自民党主席日里诺夫斯基、俄共领导人久加诺夫、公正俄罗斯党主席米罗诺夫以及俄国防部长绍伊古和商人马拉费耶夫发出拘捕令,声称上述人员违反了乌克兰刑法,领导并资助了乌境内民兵武装,导致乌平民伤亡。8 月 14 日,乌议会通过一揽子对俄制裁措施,主要制裁对象是支持乌东部民兵武装的 172 名个人和 65 家企业。

(二)欧美制裁分析

美国对俄个人与组织的入境签证和资产冻结制裁,其象征意义过大,手段大多停留在表面,无法触及俄"筋骨"。到目前为止,美国的制裁仅围绕与俄总统普京关系密切的个人和公司进行,这一"小范围划定"的做法受到国会共和党人批评,他们认为美国应对俄罗斯经济实施更广泛制裁,并向乌克兰提供军事援助。

欧盟制裁底气不足,投鼠忌器。由于双边贸易关系密切,2013 年与俄有着 3700 亿美元贸易额的欧盟和与其仅有 260 亿美元贸易量的美国感受的确是冰火两重天。同时,欧盟对俄天然气依赖程度高达 30% 以上,因此一直对制

---

① 欧盟此前以"损害乌克兰主权、领土完整和独立"为由对上述个人、组织实施制裁,禁止其出入欧盟并冻结在欧盟财产,制裁于 2015 年 3 月 15 日到期。

裁俄罗斯缺乏决心和强有力的制裁措施。欧盟精心设计的制裁名单显示出欧盟在应对此次乌克兰危机过程中也有顾忌，并不打算发出一份完全针对俄罗斯的制裁决议。在第一轮欧盟的个人制裁公布后，2014年3月17日，欧洲议会自由民主党团主席伏思达在欧盟外交部长会上发表声明说，欧盟的制裁更像是在俄罗斯手腕上拍了一下，不是真正的威慑。欧盟的第二轮个人制裁有些"似是而非"，在制裁名单中出现了斯拉维扬斯克"人民市长"维亚切斯拉夫·波诺马廖夫、塞瓦斯托波尔联邦移民局代理局长彼得·亚若什、格尔洛夫卡民兵组织领导人之一的伊戈尔·本兹勒，就连克里米亚美女检察官纳塔利娅·波科隆斯卡娅也名列其中。但令人惊讶的是，顿涅茨克地区分离势力领导人之一的丹尼斯·普希林却并未出现在名单上。同时，欧盟虽首次将企业作为制裁目标，却又尽量避开了俄本土企业，而仅仅针对了克里米亚半岛的能源公司。

此外，欧美个人制裁步调也不一致，让这些密集的个人制裁计划无法发挥其应有威力。没有欧洲配合，最终受损的只有美国自己。奥巴马早前表示，单边对俄实施制裁是错误的。在首轮个人制裁中，为沉重打击俄经济，美国曾提议出对俄石油公司与俄天然气股份有限公司负责人谢钦和米勒同时进行制裁，然而鉴于欧盟对于俄能源的高度依赖，两位能源巨头的名字最终都没有出现在欧盟给出的制裁名单中。与此同时，美方所提议的对俄罗斯国防产业的某些高科技出口进行封锁也因为法国等一些欧洲国家的反对而落空。

（三）俄采取的相同的反制裁措施

欧美对俄个人制裁遭到俄官员的嘲弄。2014年3月17日，俄联邦委员会（议会上院）主席马特维延科表示美国对多名俄官员的个人制裁是"政治讹诈"，知道她在海外没有账户和资产，却将她作为制裁对象，迫使她改变原

第三章 此起彼伏的经济制裁战

则立场。3月21日,普京助手苏尔科夫对俄媒体表示很荣幸被列入制裁名单,相当于获得政治"奥斯卡奖",但他在海外没有银行账户。当天俄副总理罗戈津在其Twitter上写道:"奥巴马同志,那些在海外既没有银行账户也没有房产的怎么办?或许您没想过这个问题?"俄一些高官称奥巴马太浑,因为俄法律明确规定:公务员及其家属必须公示财产,不得拥有外国银行账户,不得在国外购置资产。美欧冻结没有海外资产的俄罗斯官员的资产,这好比是让太监计划生育。3月21日,俄国家杜马全票通过《美国和欧盟针对一系列俄公民制裁的声明》,声明中写道:"我们建议奥巴马先生和欧盟官员们,将投票支持这一声明的所有俄杜马议员列入美国和欧盟的制裁名单。"4月29日,俄副外交部长里布亚科夫表示,美对俄制裁"违背了文明国家间沟通的方式,令人作呕",是"冷战的复苏",俄将被迫做出反制裁措施。俄外交部同日表示,欧盟制裁不能不引起"排斥"反应。2015年5月24日,俄副总理罗戈津在被问及欧美是否担心俄在北极的存在时,回答说:"西方不给我们签证又能如何,将我们置于制裁名单上……,(俄罗斯的)坦克不需要签证。"此言论深深刺痛了西方舆论媒体界。

图3-2 俄最新式坦克T-14

与此同时,俄也采取了针锋相对的反制裁措施。一方面坚决将克里米亚纳入俄联邦。2014年3月18日,就在美国启动对俄个人制裁之后的数小时,普京签署了法令,承认克里米亚为独立主权国家。该文件被上传到了俄罗斯政府官网上公示,表明普京对美国的施压毫不理会。同时俄议会上下两院举行联合会议,商讨并批准克里米亚入俄的问题。3月31日,梅德韦杰夫抵达克里米亚,商讨克里米亚半岛发展问题。4月2日,普京签署命令,将克列入南方军区管辖。4月11日,俄新宪法增加了克里米亚半岛作为俄联邦组成部分的表述。

此外,俄采取对等措施制裁欧美个人。2014年3月20日,俄外交部宣布,"为回应美国政府3月17日公布的制裁俄官员及联邦会议议员的措施,作为'惩罚'对克里米亚公投的支持,俄外交部在相应基础上对同等人数的美国官员和立法者实施制裁",俄对9名美国官员和议员实施个人签证和资产冻结的制裁,包括奥巴马助理普费菲和罗德,参议院多数党领袖哈里·里德、众议院议长约翰·博纳,以及资深参议员约翰·麦凯恩等。3月21日,俄外交部副部长卡拉欣建议普京对西方制裁采取对等、适当的回应。同日,俄总统新闻秘书佩斯科夫表示,俄罗斯将基于相互原则,回应美国扩大制裁名单。他说,"俄罗斯不寻求对抗,但美欧制裁绝对不可以接受,俄每一次都会相应回应。"他还强调,俄罗斯将帮助那些受到美国制裁的个人和法人。同日,俄罗斯外交部长拉夫罗夫表示,国际上针对克里米亚危机对俄罗斯官员和商界人士实施制裁的行为"绝对非法",此举是在俄与西方之间设立人为障碍。3月22日,俄罗斯外交部称,俄政府有权对欧盟的制裁"以牙还牙"。7月19日,针对美国5月份将13名俄罗斯人列入"马格尼茨基名单",俄宣布禁止13名美国人入境,包括关塔那摩、阿布格里卜两监狱虐囚事件有关人员,如2003—2004年担任驻伊美军最高指挥官里卡多·桑切斯中将、阿布格里卜监狱负责人贾尼斯·卡尔平斯基准将，美国议员吉姆·莫兰等。俄外交部宣传，如同美国扩大"马格尼茨基名单"一样，俄也可能扩大"关塔那摩名单"。8月22日，俄对日本做出限制部分日本公民入境的措施，推迟副外交部长级就南千岛群岛争议领土问题的谈判。10月29日，为应对西方个人制裁，杜马议员也被要求在10月31日前上交公务护照。2015年1月29日，俄又追加禁止4名美国公民入境。5月10日，俄公布一份"保密黑名单"，禁止欧盟国家89名政客、情报和军事人员入境俄罗斯，涉及英国、德国、法国、波兰、芬兰、瑞典、西班牙等国，有欧盟理事会副秘书长、即将成为德国总理外交顾问的乌韦—科塞庇乌斯，英国前副首相克莱格和比利时前首相伏思达等。据悉，此名单较早就存在，只是俄一直没有公布，在多名欧盟相关人士一再遭到俄拒签后，应欧盟要求才公布。公布后，欧洲国家群起攻击俄罗斯，认为此名单"不是基于国际法，不可接受"，这与俄被西方制裁人员的淡定形成鲜明对比。

截至2015年3月18日，超过200名外国公民被列入俄反制裁名单，禁止入境并冻结在俄资产，与西方对俄公民制裁的人数相当。在该名单中，主要包括政治家和官员，其中大部分是美国人，约有60名，包括美国老牌参议员约翰·麦凯恩，以及美国总统国家安全事务副助理卡罗琳·阿特金森等，还包括15名匈牙利人和13名加拿大人。

二、层层加码的贸易和高技术制裁

乌克兰危机持续一年多，欧美主导多轮对俄贸易和高技术制裁，不但没能使乌局势好转，反而导致了俄与欧美之间的严重对抗，制裁与反制裁轮番上演，不断加码。

（一）欧美的贸易和高技术制裁不断扩大

从贸易制裁到贸易组织孤立、取消对俄优惠经贸政策、唱衰俄经济发展等，欧美对俄经济制裁不断扩大。

第一，贸易和高技术制裁不断加码。2014年3月18日，克里米亚半岛加入俄联邦后，日本冻结日俄之间新的投资协定谈判。3月20日，奥巴马签署行政命令，授权美财政部首次对俄金融、能源、国防等"俄罗斯经济关键部门"实施制裁，并禁止美国公民或实体与俄罗斯银行、俄罗斯铁路公司、俄企业家阿尔卡季·罗滕贝格、鲍里斯·罗滕贝格和根纳季·季姆琴科的企业进行交易。3月21日，欧盟决定取消原定6月举行的欧盟－俄罗斯峰会，并同意在三个月内与摩尔多瓦和格鲁吉亚签署新的一体化条约。

欧美认为是俄造成了《日内瓦停火协议》的流产，加大对俄经济制裁。4月28日，美宣布对俄实施高技术出口禁令，停止批准"有助于助长俄军力"的美国高科技产品出口申请，吊销所有与此相关的出口许可证，并对俄天然气管道建设公司SGM集团、输送石油的铁路运营商Transoil、投资资本银行、北海航线银行、能源公司伏尔加集团等17家企业进行制裁，其中13家被吊销从美国进口产品许可证，禁止俄罗斯石油公司和俄罗斯高科技产品发展、制造及出口公司在美境内发展业务或与美公民交易。6月，欧盟开始禁止从克里米亚和塞瓦斯托波尔进口商品，7月对克里米亚推出一些经济部门和基础设施项目的贸易和投资限制。

西方怀疑俄是马来西亚民航MH17客机被击落事件的真凶，经济制裁开始触及俄能源、金融和军工核心领域。7月25日，欧盟禁止对俄出口"敏感产品"，包括北冰洋勘探或开采页岩气的深水钻探设备，它们对俄碳氢燃料工业的长期发展至关重要，禁止对俄出口军民两用产品，如机床或高性能电子产品，对进口俄钻石、贵金属、毛皮、伏特加和鱼子酱等奢侈品设限。7

第三章　此起彼伏的经济制裁战

月28日，日本宣布对克里米亚生产的所有商品实施禁运，赞成欧洲复兴开发银行停止向俄提供新投资。7月29日，奥巴马宣布制裁俄"金刚石－安泰"防空防御公司、乌拉尔车辆厂、俄联合造船公司、机械制造科学生产联合体等大型军工企业，冻结其在美资产。

乌东部成立"加盟共和国"后，欧美扩大对俄经贸制裁。12月19日，奥巴马签署行政命令，禁止向克里米亚地区投资并从这一地区进出口货物、服务和技术，禁止美国个人或公司购买克里米亚地区的不动产或企业。当天奥巴马还签署了国会通过的"支持乌克兰自由"法案，授权奥巴马针对俄国防、能源和金融部门的制裁，可以禁止向与俄能源项目有关的公司发放牌照，特别提及对俄天然气工业股份公司的制裁方案。一旦俄天然气工业股份公司控制了北约成员国足够大量的天然气供应源，或者进一步控制了如乌克兰、格鲁吉亚或者萨尔瓦多等国的天然气供应源，奥巴马可以据此对俄采取进一步的制裁措施。法案特别关照了俄大型军火贸易商罗索博龙，授权奥巴马不仅可以对罗索博龙采取制裁措施，还可以对涉及军工贸易上下游环节中所有俄罗斯制造商、物流企业、经济公司采取制裁措施。此外，法案中还有相应条款授权对俄境外金融机构进行的制裁。法案还批准一项每年高达2000万美元的经费，用于向俄境内加强"和平演变"。12月20日，欧盟禁止在克里米亚和塞瓦斯托波尔投资，禁止公民和企业购入克里米亚房地产、实体、金融企业或向其提供相关服务，禁止向克里米亚和塞瓦斯托波尔提供旅游服务，除非在紧急情况下，欧洲游轮不能在克里米亚半岛港口停靠。此外，还禁止商品和技术出口到克里米亚或在克里米亚使用，包括交通、电信、能源部门，以及石油、天然气和矿产资源的勘探、开采和生产等，以限制该地区开采石油、天然气和矿物资源的能力。

此外，西方还中断了与俄的航天合作。2014年3月18日，日本政府决定冻结日俄之间宇宙协定,包括暂不启动与投资、太空开发等有关的三项国际协定的谈判。4月,除国际空间站项目外,美国停止了一切与俄的航天合作项目。

图3-3 欧盟延长对俄经济制裁

在上述制裁时限到期后,欧美纷纷延长制裁时间。2015年3月3日,奥巴马发表声明:延长第13660号命令,延长对俄经济制裁一年,包括2014年12月份对克里米亚的制裁。3月20日,欧洲理事会同意将对俄经济制裁延长至2015年底,"经济制裁时间将与完全履行明斯克协议挂钩。"4月15日,西方七国外交部长会议宣布不会放松对俄制裁,除非俄全面实现乌克兰和平计划。6月7日,G7峰会发表声明,决定继续制裁俄罗斯,"制裁措施的持续时间应该清楚地与俄罗斯完全执行明斯克协议和尊重乌克兰主权挂钩。"6月17日,欧盟在布鲁塞尔会议上决定,将对俄和克里米亚的经济制裁延长至2016年1月底,欧盟会在这段时间里对明斯克协议的落实情况进行评估。12月18日,欧盟宣布将对俄制裁两次延长6个月至2016年7月底,12月22日,美国宣布对34名支持乌分裂活动的俄罗斯和乌克兰个人和实体实施制裁。俄则表示也将延长对欧美食品进口禁令,并对乌克兰实施食品进口禁令。

第二,经贸组织的孤立。俄占领克里米亚半岛后,2014年3月13日,由欧美主导、全球富国和市场经济国家组成的经济合作与发展组织宣布暂停俄加入这一组织的谈判进程。在宣布暂停与俄谈判的同时,经合组织强调将积极加强与乌克兰政府的合作,"将使乌克兰利用经合组织的专业知识,解决制定国家政策时面临的挑战。"①3月24日,八国集团中的美、英、法、德、加、意、日七国为限制俄经济影响力,联合抵制在俄召开2014年八国集团峰会。当天美国白宫宣布,总统奥巴马和其他六国领导已经决定,暂停俄在八国集团成员国的地位,把俄逐出八国集团,德国总理默克尔甚至表示G8已经不复存在。俄则表示八国集团本来就是"非正式的俱乐部,没有哪个国家能被开除出去"。11月在澳大利亚主办的二十国集团峰会上,俄受到欧美各国的普遍冷遇,最终迫使普京总统提前离会回国。

图3-4 俄罗斯G8资格被停止

---

① 俄1992年起与经合组织合作接触,1996年正式提出加入申请,经合组织2007年同意开启俄加入这一组织的谈判。

与此同时,美国还积极游说亚洲国家,企图建立世界经济制裁俄的大联盟。2014年7月30日,美国务院表示,美正在说服亚洲国家,加入华盛顿与欧盟对俄制裁阵营。然而迄今为止,亚洲各国对俄实施经济制裁的只有日本和澳大利亚,其他国家对经济制裁俄罗斯并不感兴趣。

第三,美国取消对俄贸易优惠政策。2014年5月7日,奥巴马提请国会取消给予俄罗斯的普惠制待遇。① 10月4日,提议获得美国国会批并立即生效,今后俄向美国出口的数千种商品不再享有免关税待遇。奥巴马在一份声明中说,鉴于俄目前的经济发展水平、人均国内生产总值、居民生活水平以及其他经济指标,俄不应该继续享受适用于发展中国家的普惠制待遇。白宫认为,俄已经是一个高度发达经济体,具有很强的贸易竞争力。取消这项待遇后,俄向美国出口的金属、矿产品、陶瓷制品等将被征收正常范围的关税。根据美国贸易代表办公室的数据,2013年俄出口到美国的425种商品享受普惠制待遇,总金额约5.4亿美元。

第四,唱衰俄经济发展。为配合欧美对俄制裁,西方相关组织积极唱衰俄经济。西方主导的国际信用评级机构不断下调俄国家信用等级至"垃圾级"。2014年3月20日,美标准普尔公司将俄主权信用评级前景由"稳定"下调至"负面",为"BBB-",仅高于"垃圾级"。降级的理由是美欧制裁措施可能对俄经济造成难以预料的后果,从而影响俄信用状况。6月27日,穆迪公司以俄卷入乌克兰冲突对俄经济构成威胁为由,将俄信贷评级展望下调至"负面",穆迪同时还说俄未来五年经济增长前景从之前预测的3%下降到1.7%。如果冲突恶化,面对西方制裁,资本外逃以及俄罗斯银行和公司丧失入市机会,俄经济可能会不堪一击,它也会考虑下调俄经济的评

---

① 为促进发展中国家的经济增长,美国从1974年开始对来自指定的发展中国家的近5000种进口商品实行免关税的普惠制。

级。2015年1月26日，美标准普尔公司再次将俄主权信用评级从"BBB－"降至"BB＋"，俄主权信用降到"垃圾级"，它释放出一个政治意味很浓的信号：俄可能要回到"解放前"——陷入20世纪90年代苏联解体后的混乱。这家机构没有把原因归咎于石油甚至西方制裁，而是称"俄金融体系正在变弱，并因此限制了俄罗斯央行传导货币政策的能力"，但俄股市随之并没有出现暴跌，卢布甚至出人意料地出现反弹，俄政府还通过一项200亿美元的"反危机"计划，力保国家稳定。1月27日，俄总统发言人佩斯科夫称，标准普尔公司降低俄评级是具有政治性的偏见和指令，与俄罗斯经济现状不符。俄美贸易商会会长米尔利安当天说，"从所有数字看，俄罗斯不应降至这一级别。其目的是进一步打击俄罗斯经济。但不要忘记，十多年前，俄曾被降到这一等级，但国家生存下来了。"俄信用评级公司总经理扎伊采夫说，发展独立的国际信用评级机构或是俄克服当前危机的出路。2月20日，穆迪公司将俄主权信用由Baa3降至Ba1，为"垃圾级"，原因是乌克兰危机、油价下跌和卢布贬值背景下，俄经济发展前景恶化。

通过西方主导的国际经济组织给俄经济发展以较差评价。2014年9月25日，世界银行表示受到乌克兰危机和欧盟制裁影响，未来几年俄经济将停滞，2015年经济增长仅0.3%，2016年为0.65%。如果乌克兰危机升级，俄经济将大幅度萎缩，出现负增长。9月8日，摩根士丹利降低了对俄2014年经济增长预测，从0.8%下调至0.6%，还预测2015年经济将下降0.5%，而早些时候公司预测将增长1.9%。2014年底，IMF预测，受资金外逃影响，2014年俄经济增长前景也将变得黯淡，GDP增长将可能跌至0.3%，此前一次估值为1.3%，2014年俄资本出逃规模可能达到1000亿美元，超过2013年的600亿美元。经济合作与发展组织的数据显示，2014年俄GDP增长只有0.3%，而且将继续走低，吸收外资出现2.7%的负增长，进出口贸易跌至近年以来新低。

西方媒体也竞相宣传俄经济困境。2014年4月30日,路透社报道,受乌克兰危机影响,俄资本外逃规模正在逼近创历史纪录的高位,2014年俄全年资本外逃规模可能高达1100亿美元,逼近2008年金融危机的历史最高纪录。5月1日,彭博社统计数据显示,受乌克兰危机影响,俄政府债券受国际冷遇,拍卖量仅相当于去年同期的14%,可能会出现过债务违约,1991年、1993年和1998年俄罗斯都曾出现过债务违约。2015年1月26日,《福布斯》杂志评论称,俄7年前成为金砖国家之一,现在成为金砖国家最先失去"投资"级的成员,主权信用被降到"垃圾级"。1月27日英《金融时报》评论说,主权信用降级至"垃圾级",是对克里姆林宫的又一次打击,凸显全球最大能源出口国经济出现戏剧性恶化。《金融时报》分析说,标准普尔公司试图释放一个信号:俄目前面临的危机比2008年金融危机时还要严峻,①俄主权信用等级重回"垃圾级",象征俄经济全速向那个时代倒退,普京国内合法性的基石不复存在。当天,《南德意志报》评论认为,评级机构标准普尔公司降级俄为"垃圾级",预示着俄经济已经处于死亡边缘。法新社当天的社论说,俄国有电视台已经禁止使用"经济危机"这样的字眼。

(二)俄采取针锋相对的经济反制裁措施

针对西方经济制裁,俄采取针锋相对的经济反制裁措施,同时积极调整自身经济发展政策,转变合作方向,将制裁影响降到最低点。

第一,对欧美的经贸和高技术制裁。在欧美针对俄部分大型企业出台高技术出口限制后,2014年7月22日,俄议会出台新规,降低对国外科技供应商依赖,此举将对在俄的美国微软和IBM等企业业绩产生影响。7月28

---

① 2008年时,油价曾低至40美元/桶,俄GDP缩水8%,当时标普仍维持俄主权信用等级的"投资"范围。

日，俄以发现有害物残留，存在安全隐患为由，宣布停止进口乌克兰牛奶和奶制品，同时对乌种植业产品进口实施限制。此前已禁止进口13家乌克兰厂商的奶酪、所有土豆和猪肉，乌总统波罗申科拥有的如胜国际糖果集团在乌境内企业生产的糖果被列入进口"黑名单"，理由是存在食品安全问题。7月30日，俄以违反检疫规定为由，宣布禁止进口波兰的水果、蔬菜，同日取消对乌克兰商品实施零关税的做法，对进口乌的全部135类商品征收关税，包括牛奶、果蔬、谷物、酒类等，中止与格鲁吉亚的自由贸易协定。8月6日，普京签署《关于采取保障俄联邦安全的特别经济措施》的总统令。根据此令，8月7日，俄公布对美欧食品进口禁令清单，全面禁止进口来自欧美及其他制裁俄的西方国家食物，禁止从美国、欧盟、澳大利亚、加拿大及挪威等国进口包括肉类、鱼类、牛奶、乳制品、奶制品、家禽、水果和蔬菜等食品，禁令有效期为一年，涉及金额近100亿美元。8月11日，俄政府限制向除关税同盟以外的所有国家采购轻工业品。随后俄医院停止引进西方的医疗技术，政府部门及地方政府将放弃使用进口的公务车、公交车以及有轨电车。俄公布食品禁令清单后，白宫发言人普萨基承认，美国对俄采取的反制裁措施表示不安。2015年6月24日，针对欧盟在6月17日将对俄经济制裁延长到2016年1月底的决定，普京签署命令，将对欧盟食品禁运制裁措施延长一年。

食品行业的制裁还波及其他领域。2014年8月起，可口可乐公司从俄罗斯"REN""第五频道""家庭"和"星"4个电视频道广告被撤下。①

---

① 可口可乐公司这一举动可能与美欧对俄制裁有关。"REN"和"第五频道"属于俄罗斯银行旗下的国家媒体集团，俄罗斯银行还持有"家庭"频道超过50%的股份。不久前，俄罗斯银行及其第一大股东科瓦利丘克被美国列入制裁名单。"星"则是俄罗斯国防部的电视频道。可口可乐公司表示，此举纯粹是"经济决定"，与制裁无关。去年可口可乐公司在俄媒体投放的广告费超过25亿卢布（约合4.25亿元人民币），此次撤下广告的4个电视频道是可口可乐公司投放广告的重要渠道。

图 3-5 2015年6月24日,普京宣布,将俄针对欧盟的反制裁措施延长一年

8月20日,俄以检查是否使用抗生素、保护食品安全为由,查封了莫斯科4家麦当劳餐厅,包括苏联时代就开业的普希金广场麦当劳餐厅。8月22日,俄消费者权益保护与公益监督局开始检查俄境内各地的麦当劳餐厅。8月29日,俄已查封12家麦当劳店铺。2015年4月1日,俄对乌总统波罗申科在俄的如胜国际糖果集团进行逃税搜查,声称如胜国际糖果集团在俄工厂于2012年到2013年间,涉嫌逃税约300万美元。

针对美国航空航天制裁,俄采取同样的制裁措施。2014年5月13日,俄宣布"反制措施"措施,涉及国际空间站、火箭发动机和全球卫星定位系统(GPS)等多个领域。在国际空间站方面,俄拒绝美国此前提出2020年后继续维持国际空间站运行的提议。在2020年之后将把目前用于载人航天的资源转移到其他太空项目；①宣布计划停止供应美国火箭发动机。俄宣布如果美国将俄制火箭发动机 NK–33 和 RD–180 用于军事目的，俄将停止向其供应这两个型号的火箭发动机。目前，RD–180 发动机用于美国联合发射联盟公司的"阿特拉斯5"运载火箭，而联合发射联盟公司由洛克希德·马丁公司和波音公司合资成立，实际上垄断了美军事卫星的发射；在卫星导航方面，俄宣布 6 月 1 日起禁止在俄境内的美国 11 个 GPS 卫星导航系统地面站用于军事目的，并将由俄政府完全控制，以此要求美国 9 月前同意俄方在美部署俄格洛纳斯导航系统地面站。如果双方谈判仍无法取得进展，9 月 1 日起俄将完全停止 GPS 在俄地面站的所有工作。随后俄航天署发布消息称，航天署与科研部门已经采取措施，避免在俄境内 GPS 导航系统用于军事目的。8 月 7 日，俄宣布禁止乌克兰航空公司中转航班飞越俄领空，从乌克兰前往格鲁吉亚、阿塞拜疆、亚美尼亚和土耳其等国家的中转航班需要飞越俄西南部领空，俄联邦政府决定禁止乌克兰航空公司中转航班飞越俄领空，飞机就必须绕飞，飞行时间和燃油量都将消耗更多。此外，俄政府正在考虑禁止西方航空公司经过俄领空飞往亚太地区。

在俄罗斯采取上述限制措施后，乌克兰境内的 GPS 信号开始消失，给民航飞行造成了困难。为此，俄联邦航空署已建议航空公司在飞经乌克兰上空时不要使用 GPS。这一措施使 GPS 的个人用户不会受到影响，导航仪仍将照常工作，只是定位精确程度可能受到影响，可让美国对准俄罗斯的核导弹失去精确度，更加难以定位。同时，俄也加快了用格洛纳斯系统替代 GPS 的步伐。

2014 年 6 月 16 日，由于担心俄火箭发动机的制裁，美国联合发射联盟宣

---

① 美国 2014 年年初宣布，将把国际空间站的运行时间延长 4 年至 2024 年。但现阶段，美国完全靠俄罗斯"联盟"号飞船向国际空间站运送宇航员。美国航天飞机编队 2011 年全部退役，而美方寄予厚望的商业宇宙飞船预计 2017 年前无法投入使用。目前，美国需要为每张"联盟"号"船票"支付 6000 多万美元。

布与多家美国公司就研制下一代替代火箭发动机达成协议。针对俄航天领域的制裁,美国航天局随后发表声明,希望双方能继续合作。美国务院发言人普萨基也回应说,美俄在航天项目方面有着长期合作,美方希望继续合作。2014年12月,美国众议院通过参议员约翰·麦凯恩关于美于2019年前全面摆脱俄制发动机的修正案,国会拨款2.2亿美元用于研制新的国产发动机。2015年3月,因计划拒绝俄罗斯火箭发动机RD-180,美国宣布进行航天发射招标,标的为美国计划于2020—2024年进行的28起发射。6月3日,美国太空与火箭系统中心主任萨缪尔·格里夫斯中将表示,美国空军宣布研制火箭发动机招标,以代替俄罗斯的RD-180,项目实施将以公私合作的方式进行。政府计划9月份前与四家承包商签订总额为1.6亿美元的合同,承包商需要自筹至少1/3的资金用于对原发动机的研究。参与研究的主要竞争者为联合发射联盟公司(洛克希德·马丁与波音的合资企业)、美国太空探索技术公司(SpaceX)、Aerojet Rocketdyne Holdings Inc.。

第二,制定应急措施稳定国内经济。在西方公布对俄经济制裁后,俄着手制定了应对欧美制裁的"经济对策建议",主旨是减少俄经济对国际市场依赖,包括限制外汇交易、抛售外国政府债券、在俄主导的欧亚联盟中使用卢布作为唯一交易货币、将出口重心由欧洲转向其他市场等。俄政府和议会还决定采取节流措施,俄联邦政府办公厅将裁员10%,俄国家杜马(下院)和联邦委员会(上院)议员自愿降薪10%,各部门拍卖不用的轿车和部分不动产,减少不必要的出差,不住高级酒店,暂停部分国家采购,取消工作人员的季度奖金及取消对艰苦和保密工作的奖励、补贴。

2014年12月4日,普京发表国情咨文,指出利用三四年时间使经济增速超过世界平均水平,每年劳动生产率至少提高5%,通货膨胀率4%以下,2018年投资总额达到国内生产总值的25%。俄将合理的进口替代产业作为未来发展重点，放松对企业的限制，赦免返回俄的资本，动用国家财富基金向国内银行注资，向经济实体最重要的项目发放贷款。2015年1月27日，俄财政部长安东·西卢安诺夫宣布，2015年用于克服危机的资金总额达到25亿美元。俄政府还将通过对现有国家项目资金的重新分配以开源节流，一些不重要的项目，其资金将转为更重要、更急迫的用途。反危机的计划中包括优化预算、实施结构性改革的措施，如刺激经济增长，即支持重点企业及其中小企业的发展；资助个别行业，在必要时间向个别企业伸出援手；确保社会稳定，监督重要的民生商品及药品的价格，扶持劳动力市场，资助困难阶层等。

此外，俄政府积极发动海外俄商人回国创业。2014年12月18日，为响应普京让商人们把海外资产带回俄罗斯的号召，俄罗斯首富阿利舍尔·乌斯马诺夫把所持的电信营业商 Megafon 和铁矿石生产商 Metalloinvest 的股份从境外转回至俄公司。

第三，成立欧亚经济联盟，扩大对外经贸发展。为发展对外经贸合作，俄力促成立欧亚经济联盟。2014年5月29日，俄罗斯、白俄罗斯和哈萨克斯坦三国领导人在哈首都阿斯塔纳签署《欧亚经济联盟条约》，宣布欧亚经济联盟将于2015年1月1日正式启动，涉及能源、交通、工业、农业、关税、贸易、税收和政府采购等诸多领域，计划2025年前实现商品、服务、资本和劳动力的自由流动，终极目标是建立类似于欧盟的经济联盟，形成一个拥有1.7亿人口的统一市场。从经济上来说，这是俄加强贸易自由化、经济区域化的主要表现；从政治上来说，这是俄在前苏联地区扩大政治影响力的主要举措。这样做，有利于俄经济改革和对外开放，扩大对外贸易，建成完善的地区经济一体化发展体系。2015年1月1日，俄罗斯、白俄罗斯、哈萨克斯坦组建的欧亚经济联盟开始运行，2日亚美尼亚宣布加入。

《欧亚经济联盟条约》规定，欧亚经济联盟是国际性组织，俄罗斯、白俄罗斯、哈萨克斯坦三国在联盟内拥有完全平等的权力，三国在联盟所属机构中拥有平等的表决权。与欧盟设立欧元区有所不同，俄罗斯、白俄罗斯和哈萨克斯坦从未讨论过在欧亚经济联盟框架内使用统一货币。俄曾建议三国在欧亚经济联盟框架内实行统一的外贸政策，但条约最终文本只规定俄罗斯、白俄罗斯、哈萨克斯坦三国应协调外贸政策。此外，俄罗斯和白俄罗斯曾试图将国际合作、共同国籍、移民政策、签证、出口监管、边界安全等内容加入条约，但遭到哈方拒绝。

第四，发展同其他市场经济体经贸往来。在遭遇西方经济制裁的同时，俄积极将对外经济合作的方向转往其他经济体，积极发展同其他经济体的合作。

由于目前俄食品40%依赖进口，对西方实现食品进口制裁后，俄宣布将增加从其他国家进口农产品，巴西等南美农产品出口大国对此反应积极，中国的农产品，巴西的牛肉、鸡肉和大豆，智利的水果，阿根廷的粮食和牛肉等都是俄目标。

俄加快与中国的经贸合作。中国有望取代欧盟，成为俄最大贸易伙伴国。2014年俄中贸易正在迅速扩大，特别是在石油天然气领域取得了重大突破性进展。普京2014年5月对中国的访问期间，俄中签署了51项合作协议，涉及各个领域，金额高达上万亿美元，尤其是有效期长达30年、总造价高达4000亿美元的天然气合同，从中国进口食品和农产品也成为俄新选择。2015年5月9日，中俄共签署32份合同，总价值250亿美元，包括建造莫斯科—喀山高铁建设项目中方向俄融资贷款60亿美元，俄直升机公司和中国航空工业集团签署重型直升机合作协议，俄航天署与中国卫星导航系统委员会签署了关于导航系统兼容性联合声明，俄中保障国际信息安全领域开展合作的政府间协议。两国还讨论了原子能合作的问题、丝绸之路经济带与欧亚经济联盟对接的问题。

（三）经济贸易制裁分析

经济贸易制裁战使俄与欧盟都承受巨大压力，而作为挑动制裁不断加码的美国获利最丰厚。

第一，减缓了俄经济复苏过程。受金融危机影响，近年来俄经济一直疲软。2013年经济增长仅为1.3%，处于缓慢的经济复苏过程中。由于欧美轮番制裁，再加上油价大幅度下跌，俄经济复苏减缓。2014年8月26日，俄经济发展部调低了2014年及随后三年的经济发展预期。2014年经济增长率预测值为0.5%，2015年经济增长率由预测值的2%降至1%，意味着经济继续停滞，2016年增幅为2.3%（原预测值为2.5%），2017年为3%（原预测值为3.3%）。2014年通货膨胀率由预计的6%增至7%~7.5%，2015年由5%增至6%~7%。2014年净资产流出额预测值由原先的900亿美元增至1000亿美元，2015年由300亿美元增至400亿美元。

由于俄美经贸合作规模很小，美国对俄的制裁影响不大。2012年两国贸易额为283亿美元，美对俄投资额为68亿美元，所以美国对俄经济制裁难以起到"伤筋动骨"的效果。对于经济联系紧密的欧盟，其经济制裁对俄影响很大。2012年俄欧之间的贸易额（2675亿美元）占俄罗斯全部外贸的41%，是俄与中国当年贸易额（641亿美元）的4.17倍。根据目前俄与欧盟的贸易状况，双方贸易额为欧盟贡献了1%的国内生产总值，而为俄贡献了15%的国内生产总值。欧盟是俄最大的贸易伙伴和最大的对外直接投资来源地（2012年约占俄罗斯对外直接投资来源的3/4），根据欧盟2013年统计，欧盟与俄贸易额达3360亿欧元，俄对欧盟贸易顺差接近870亿欧元，主要来自油气出口，工业制成品则严重依靠欧盟进口。

乌克兰危机警示录 »
《 和平发展道路中的战争准备

图 3-6 美俄相互制裁

短期内西方经贸制裁无法撼动俄罗斯。据欧盟数据预测，欧盟对俄制裁将使俄经济 2014 年损失 308 亿美元、2015 年损失 1006 亿美元，分别占俄国内生产总值的 1.5% 和 4.8%。俄罗斯统计数据佐证了这一事实。据俄联邦统计局测算，2014 年第一季度经济增长速度已降至一年来最低水平，GDP 同比增长仅为 0.9%，远低于前一个季度 2% 的环比增速，俄领导人也承认了西方制裁的严重后果。2015 年 4 月 27 日，普京在圣彼得堡与俄联邦委员会会晤时承认，由于西方的制裁，俄经济蒙受了 1600 亿美元损失。但短期内，俄可以从金砖国家银行进行融资，到南美各国采购充足的农产品，与中国进行广泛的经济技术合作。2015 年 4 月 16 日的年度"与普京直接连线"的电视直播节目中，普京说去年一年俄经历了克里米亚、冬奥会和外部制裁，但成功遏制了通货膨胀的螺旋式发展。石油开采创下纪录，达到 5.25 亿吨，粮食取得大丰收，住房建设取得良好成绩，失业率并没有大幅度增加。2014 年俄 GDP 增长率为 0.6%，2015 年预算赤字占 GDP 的 3.7% 是完全可以接受的。外汇方面，卢布汇率兑换美元在贬值近一半后强势反弹走强，并已稳定到 50∶1。今年以来俄股市是全球表现最佳股市之一，俄外汇储备比危机前增加近 100 亿美元。

从长期来看，经贸制裁能够影响俄经济发展。俄与世界经济并没有深度融合，能源出口占俄罗斯出口总额的 2/3，若加上金属和矿产资源，该比例将超过 80%。与之相反，俄在全球高科技产品贸易中所占份额远不及 1%，高科技很多产业内部复杂的供应链条相互依赖，遍布全球，而俄仅仅出口原材料，基本没有参与欧美的高科技产品贸易。西方国家从一开始就严重受制于制裁所能实现的短期目标，不能制裁俄天然气出口（因为欧洲对此不可或缺），不能制裁俄的石油出口（因为这在技术上不可能实现），也不能制裁俄参与先进制造业的供应链（因为这种参与几乎不存在）。西方有能力且将要实施制裁的，是俄银行在西方金融市场上的融资借贷能力，以及俄能源公司从 C. Schlumberger、C. Halliburton 等西方服务商获得咨询服务和高新技术的途径。尽管这两类制裁确实非常严厉，但要经过多年才能产生足够大的影响，所以从长远来看，制裁能影响俄经济发展。

第二，欧盟走出经济困境难度加大。欧俄经贸关系紧密，欧俄贸易额为美俄贸易额的 10 倍，欧洲 30% 的天然气供应依赖俄罗斯。俄是欧盟的第三大贸易伙伴和主要能源供应国，欧盟 28 个成员国中，意大利、德国等国与俄保持着非常紧密的经济联系。德国是俄的最大工业品进口国，在俄的德国企业约有 6200 家，投资额达 200 亿欧元，2013 年俄德贸易额达到 1000 亿美元，占德国出口的 3.3%，约有 50 万个工作岗位直接依赖对俄出口。俄还是目前西班牙增长最快的外国游客来源国之一，2013 年共有约 158 万俄游客来西班牙旅游，增长了 31.6%，无论是从创造就业还是外汇收入来说，来自俄罗斯的游客和投资都是当前西班牙政府的重要关切点，西班牙企业目前在俄也有较多投资项目。国际清算银行（BIS）提供的数据显示：截至 2015 年第一季度，俄约有 74% 的外债来自于欧洲。法国是最大债主，470 亿美元债权。美国排名第二，为 270 亿美元。随后是意大利 260 亿美元。

欧盟高度依赖俄能源供应，双方能源合作紧密。据俄海关数据，2012年欧洲28国每日从俄进口380万吨原油，占俄罗斯日出口量的80%。欧盟全年累计从俄原油进口花费高达1450亿美元。天然气方面，欧盟每年消费近6000亿立方米天然气，超过4000亿立方米天然气需要从外部进口，其中33%来自俄罗斯。① 英国石油持有俄罗斯石油天然气公司20%股权，埃克森美孚、挪威国家石油和埃尼等也与该公司有钻探合作项目。此外，嘉能可、维多、托克等能源交易商也与俄罗斯石油天然气公司有资金拆借合作。

当前，欧元区经济处于艰难的复苏期，内部金融债务危机反弹，经济不容乐观。2014年8月，欧洲统计局公布了一系列悲观的经济数据：2014年第二季度，欧元区GDP增长率同比仅为0.7%。整个欧盟28国的GDP增长率同比仅达到1.2%。作为欧洲经济引擎的德国GDP增长率为1.3%，法国只有0.1%。整个欧元区、欧盟国家，包括法国陷入停滞状态，在欧洲主权债务危机后经济恢复的态势再次回落。2015年4月20日，欧洲议会社会民主党团主席汉内斯·斯沃博达警告欧盟不要引发与俄罗斯的贸易战，斯沃博达说："欧洲还未走出经济危机，需要出口。"5月2日，欧盟货币与经济事务委员瑞恩再次发表了反对意见，"任何理性的欧盟民众都应该进一步反对制裁俄罗斯，因为这对欧盟是有经济代价的。"5月31日，意大利外交部部长保罗·真蒂洛尼出访莫斯科前夕接受媒体采访时强调，尽管西方对俄罗斯实施制裁，但意大利不拒绝与俄进行对话。同时他认为，只有政治手段才可能解决乌克兰危机。

俄欧相互经贸制裁使欧元区走出经济困境雪上加霜，不可避免地伤及欧盟自身脆弱复苏的经济。融资限制等措施将严重影响双方的经贸关系，使自

---

① 张建平，聂伟："欧美制裁俄罗斯对相关国家的影响"，《当代世界》2014年第11期。

身的经济社会运转受到严重影响：德国的代价是丧失50万个工作岗位；法国担心武器出口问题；英国担心金融中心地位受影响；意大利担心能源危机。根据欧盟评估，俄的经贸反制裁将让欧盟遭受约50亿欧元的农业进出口损失，受影响农民达950万人。据欧盟测算，由于相互制裁，预计2014年欧盟将损失400亿欧元，2015年为500亿欧元，占欧盟GDP的0.3%和0.4%，这已引起南欧国家严重不安，特别是经济增长缓慢的意大利。俄对来自欧盟的农产品实施为期一年的进口限制公布后，欧盟驻俄罗斯大使维高达斯·乌萨科卡斯称，如果俄这些农产品禁令长期维持，可能造成欧盟每年160亿美元的贸易损失，乌萨科卡斯甚至威胁要去WTO控告俄，但是WTO并不能解决具有政治本质的经济制裁。欧盟2013年向俄出口食品和农产品总共为158亿美元，约为欧盟农产品出口总额的10%。波兰是世界上最大的苹果出口国，2013年出口值达近4亿美元，其中超过2/3出口至俄罗斯，2013年波兰对俄出口果蔬4.32亿美元，占波兰果蔬出口的54%。如俄对波兰其他食品也实施禁运，将造成波兰近7亿美元损失。8月份是食品容易腐烂的季节，当俄正式停止从波兰进口苹果和多种水果和蔬菜后，盛产苹果的波兰采取紧急措施，一方面向欧盟申请补贴，另一方面向美国申请紧急出口苹果，还发动国内吃苹果运动。8月9日，波兰驻美国大使不得不请求美方从波兰紧急进口苹果。俄的禁令严重冲击了芬兰的奶制品行业，芬兰奶制品2/3出口俄国，2013年出口值达5亿美元。芬兰最大的奶制品企业瓦利奥公司迫于俄的禁令，已经宣布裁减1/4员工。德意志银行预测，俄罗斯的反制裁，导致德国损失2.5万个工作岗位，经济增长率下降0.5%。在俄采取农产品反制裁措施后，欧盟不得不迅速向成员国提供1.25亿欧元的农业补贴来救急，而这对于享受高额农业补贴的欧盟成员国仅是杯水车薪。欧盟对俄制裁使俄减少了1000多亿美元的贸易顺差，也使欧盟失去了俄这个市场。2015年2月9

日，西班牙外交大臣何塞·曼努埃尔·加西亚表示，因乌克兰问题对俄的制裁已经令欧盟在出口方面损失了210亿欧元，西班牙的农业和旅游业遭到沉重打击。意大利50名企业家在罗马发表公开信称：对俄实施经贸制裁是一个时代错误，俄是欧盟能源的主要供应者及贸易伙伴，制裁俄就是制裁欧盟自己。多个欧盟成员国已经表示，由于俄的经贸制裁，它们的经济将会遭到严重打击，其中德国和波兰将会失去与俄的大部分贸易额，而立陶宛、拉脱维亚和爱沙尼亚等波罗的海国家预计会有更大幅度的国内生产总值损失。或许更具深远影响的是，受到制裁的俄将会寻求替代性贸易和投资伙伴，从而间接对由美欧主导的全球经济秩序产生冲击。

事实上，欧盟内部对俄制裁的分歧逐步加深，希腊、塞浦路斯、意大利、奥地利和匈牙利等国家反对对俄制裁，希腊新政府甚至不惜使用否决权阻止新的制裁。2015年1月29日，欧盟在布鲁塞尔的外交部长会议上，由于希腊的坚决反对，未能就对俄实施新的经贸制裁达成协议，只是同意将目前的制裁延长到2015年9月。东欧和波罗的海国家出于历史和地缘政治原因，强烈要求对俄制裁。担心乌克兰危机会波及本国，德国和法国对俄制裁相对克制，坚持和俄保持对话，争取共同解决乌克兰危机。2015年1月4日，德国副总理加布里尔接受德国《星期日图片报》采访时表示，对俄制裁并不符合德国和欧洲利益。1月5日，法国总统奥朗德在接受法国国际广播电台采访时强调，普京已为其在乌克兰东部的行动付出了沉重代价，"我认为，对俄制裁现在应该停止了。"

第三，美国从制裁战中获利丰厚。俄美两国经济联系远远小于欧俄之间。据统计，2013年，美俄之间的贸易额仅为380亿美元，不及俄欧贸易额（4505亿美元）的1/10，俄在能源上几乎难以对美国形成掣肘，尽管双方都针锋相对进行制裁，但对美俄经济伤害都不大。白宫经济顾问委员会主席贾森·弗曼说,美对俄出口占美国内生产总值的0.1%,对俄食品和农产品出口仅占美全部食品和农产品出口总量的0.8%,约为6亿美元,因此俄反制裁对美影响不大,可能对美国高科技产品出口影响较大,因为向俄出口产品中80%为化工及机械制品。而俄对美出口也很小,美国的制裁对俄影响不大。

相反,美国协同欧盟对俄进行制裁,欧盟承担了相当大的经济损失和风险,美国却成为这一事件中最大受益方。美国一直将俄视为战略对手,利用乌克兰危机为契机,联手欧盟对俄进行制裁不仅能够打击俄经济,又能借俄反制裁削弱欧盟经济实力,还能够塑造美国在处理国际事件中的威信,维护其国际地位。

三、能源领域打压排斥与相互竞争

俄是世界上最大的能源生产、出口大国,"俄原油储量约为72亿吨,占世界总储量5.4%,居世界第六,仅次于中东五国,石油产量在2002年超过沙特,达3.8亿吨,居世界第一,每年出口2亿多吨。"[1]俄也是世界上天然气资源储量最大、产量最多和出口最多的国家,被誉为"天然气王国","储量为48.14万亿立方米,占世界38%~45%,年开采量占世界25%~27%。"[2]同时,"俄煤炭探明储量为5万亿吨,占世界煤炭总储量12%,仅次于美国和中国,居世界第三位。"[3]

近年来,俄国家收入的一半来自石油天然气出口,2013年俄石油天然气出口收入近3556亿美元,[4]占国家GDP近20%,国家财政收入50%多、出口收入总额60%多,俄石油天然气经济一元化结构愈发明显。随着国际油价暴

---

[1] 安尼瓦尔·阿木提,张胜旺主编《石油与国家安全》,乌鲁木齐:新疆人民出版社,2003年版,第190页。
[2] (俄)斯·日兹宁:《国际能源政治与外交》,上海:华东师范大学出版社,2005年版,第22页。
[3] 姜振军:《俄罗斯国家安全问题研究》,北京:社会科学文献出版社,2009年版,第196页。
[4] 岳小文:"2013年俄罗斯油气工业综述",《国际石油经济》2014年第4期。

跌，能源体系的对抗使俄经济面临严峻考验。

（一）天然气管网之争

俄是欧洲最大天然气供应国，欧洲30%的天然气由俄提供，其中芬兰、捷克、德国等六国为100%，2013年俄输欧天然气总量1600多亿立方米，占欧洲天然气消费总量的30.2%，其中60%~80%须过境乌克兰管网，其余通过途经波兰和白俄罗斯的"亚马尔—欧洲"天然气管道入欧。乌对俄天然气依赖程度也达50%以上，年均400亿~500亿立方米。为在天然气出口中占据主动权，欧盟、俄与乌等国围绕天然气管网所有权进行了激烈的争夺。

苏联解体不久，独联体国家与俄在管网控制方面就产生了矛盾。1996年，乌克兰、格鲁吉亚、阿塞拜疆、摩尔多瓦成立四国联盟。1999年，乌兹别克斯坦加入该联盟，该联盟被称作"古阿姆"集团，其目标就是绕开俄，建立一条属于自己的能源管线，将中亚能源直接出口到西欧，从而使欧洲减少对俄能源依赖。而俄能源战略是想统一整合中亚各国能源到俄管线中，确保其能源大国地位，因此两者矛盾重重。

由于俄天然气出口主要依赖乌克兰管网，为确保天然气出口，俄以天然气优惠价格为条件，力图控制乌管网所有权，双方激烈斗争。2005年，俄乌爆发天然气大战，俄将售乌天然气价格从50美元每千立方米涨至230美元每千立方米，但俄表示可以乌天然气管线50%的股份换取优惠价格，遭乌方拒绝。2006年，俄用天然气价格逼迫白俄罗斯出让其管线50%的股份，但白方同样没有答应。按照2010年俄乌《哈尔科夫协议》中关于天然气出口价格条款，2014年年底，售乌天然气价格将涨到400美元每千立方米，难以承受的乌克兰多次要求修改价格计算公式，而俄方提出的条件就是乌交出天然气过境管道控制权。作为回应，乌克兰政府以越权签署对乌不利的天然气合同，给国家造成了巨大损失为由，将前总理季莫申科判刑入狱。另外，乌决定提高煤炭消费量以降低对天然气依赖。

图3-7　俄输欧石油天然气主要依靠乌克兰管网运输

由于俄乌两国先后在2006年与2009年在天然气价格问题上爆发争端，曾导致乌一度关闭管网，中断俄对欧天然气输出，俄方因违约支付大笔罚款。此次乌克兰危机中，俄乌天然气大战又再度爆发。为摆脱对乌管网依赖，从20世纪90年代末开始，俄就开始筹划绕开乌克兰的输欧天然气管线建设。2012年，俄建成通过波罗的海海底直接连接德国的"北溪"管线，①

---

① 这条长1220公里的管道从俄罗斯维堡出发，经波罗的海海底通向德国港口格赖夫斯瓦尔德，年运量达到550亿立方米，主要向德国、丹麦、荷兰、比利时、法国和英国等供应天然气。"北溪"管道是第一条从俄罗斯直接通往欧洲国家的天然气管道。在此之前，俄罗斯的天然气需要过境乌克兰或者白俄罗斯向欧洲供应，其中经乌克兰的供气量占2/3以上。在管道线路上受制于人的俄罗斯因此谋划绕过过境运输国的对欧直达管道项目，"北溪"和"南流"两条管道就是这一战略的产物，"南流"管线也称"南溪"管线。早在1997年就提出初步方案的"北溪"项目，直到2006年后方开始积极运作。项目由俄天然气工业公司（占股份51%），德国Wintershall和E. ON Ruhrgas（各15.5%），法国GDF Suez和荷兰Gasunie（各9%）共同投资建设，德国前总理施罗德担任项目股东委员会主席。

经过乌输欧的俄天然气减少了 10%～20%，终结了俄输欧天然气必须经第三国中转的历史。"北溪"管线对乌影响较大，过境乌的俄天然气减少 10%～20%，乌在俄天然气出口上的影响力下降不少。另外，天然气过境费收入从之前的年收入 30 亿美元减少到 20 亿美元。

为进一步减少对乌管网依赖，2007 年俄与意大利共同发起"南溪"输气管线项目（也称"南流"管线），建设从俄经黑海海底到保加利亚，然后通过两条支线分别通达奥地利、意大利等国家。按照规划，"南溪"管线 2015 年年底投入运用，年输气量达 600 多亿立方米。2012 年，俄开建"南流"项目，①计划建设经黑海的水下管线，连接俄南部和土耳其，并向西延伸到意大利，预计 2016 年开始供气，2018 年全部建成后年输气量将达到 670 亿立方米。未来随着"南溪"管线的建成，乌输气管道将不再是俄天然气输欧的必经之路。但此次乌克兰危机中，"南溪"管线成为欧美眼中钉。欧盟反对这一项目，主要出于对能源供应安全的考量，不愿意过于依赖俄天然气，努力寻求能源供应多样化。2013 年 11 月，欧盟委员会发出特别通知，认为"南溪"管线违背了欧盟反垄断相关规定。乌克兰危机爆发以来，欧盟与俄关系恶化，欧盟极力阻止"南溪"项目。2014 年 6 月，欧盟暂停了"南流"项目后，声称其直到消除违反欧盟第三能源一揽子文件的问题为止，欧盟坚持认为开采公司不可能同时是管线的所有者。同时，由于乌克兰准备向美国出售天然气管网，以换取国际贷款，所以美国也反对"南溪"项目，千方百计让俄输天然气通过乌管网系统。2014 年 6 月 8 日，美国老牌参议员约翰·麦凯恩等三名美国议员与保加利亚总理举行闭门会议，会后保加利亚突然宣布暂停"南溪"管线建设，随后俄杜马国际事务委员会第

---

① 该管线长达 900 多公里,管道股份中俄天然气工业公司 50%,意大利 ENI20%,法国 EDF 和德国 Wintershall 各 15%,项目总价值 155 亿欧元。

一副主席列昂尼德·卡拉什尼科夫斥之为"能源讹诈"。

"南溪"管线借道保加利亚失败后,俄"南溪"管线改道从奥地利进入欧洲。2014年6月24日,普京访问奥地利时,奥地利石油天然气集团和俄罗斯天然气工业股份公司签署协议,建设"南溪"输气管线奥地利段项目。根据该协议,管线将于2016年底投入使用,建成后每年输送的天然气达300亿立方米。尽管欧盟委员会出于政治原因希望搁置这一项目,奥地利石油天然气集团依然坚持开展该项目。[①] 对于俄来说,管线的建成不仅降低了对乌等过境运输国的依赖,还为增加对欧洲天然气出口提供了新的可能。

俄不得不放弃"南流"项目后,转向土耳其出售天然气,并与土耳其联手建立一个南欧的天然气枢纽。2014年12月2日,普京在访问土耳其时,宣布俄放弃"南流"天然气管线项目,双方签署关于在土耳其建设海上天然气管线的谅解备忘录,经黑海海底直接连接俄和土耳其,土耳其流天然气管线对现有的俄土纳布科天然气管线进行扩充,土耳其将取代乌克兰的地位,该管线年输气量为630亿立方米,140亿立方米直接给土耳其,其余输往土耳其与希腊边界,再分配给南欧的客户。俄还承诺将经由"土耳其流"管线的天然气价格下调6%,并附加30亿立方米的输送配额。2014年土耳其消费天然气480亿立方米,基本依赖俄。"土耳其流"项目既可以保障土耳其获得俄天然气,也从过境费中获得好处。2015年4月1日,希腊能源部长帕纳约蒂斯·拉法赞尼斯表示,俄罗斯能源部长诺瓦克和俄气总裁米勒在与希腊

[①] 俄罗斯是奥地利重要的贸易伙伴。2013年奥地利对俄进出口额为30多亿欧元(约合41亿美元),从俄主要进口能源。奥地利多年来的天然气供应依赖俄罗斯。早在1968年,奥地利就成为第一个与苏联签署天然气供应协议的西欧国家。奥地利不发展核电,境内风力发电无法满足需求,因此能源供应主要依靠天然气,没有别的选择。此外,奥地利在政治上保持中立,不愿意因为欧俄围绕乌克兰危机的争端而影响到自身的能源保障。

能源部长工作会晤期间,证实俄罗斯已经确定将在2019年之后停止通过乌克兰向欧洲供应天然气。此后将同北部"北溪"管线和南部走廊输送天然气,南部走廊("土耳其流"天然气管线)的输气路线为俄罗斯—黑海—土耳其—希腊边境。

与此同时,为防止在管网上受制于西方,俄开始积极铺设通往中国的天然气管网。2014年5月普京访问中国,双方签订了长达30年、总造价高达4000亿美元出口天然气合同——《中俄东线供气购销合同》,每年向中方输出380亿立方米天然气。为此,双方商定建设中俄天然气管道东线对华输出俄天然气的管线。2014年9月1日,中俄东线天然气管道线在俄西伯利亚开工建设。2015年5月8日,中俄在第二次世界大战胜利日——5月9日期间,俄天然气工业股份公司与中国石油天然气集团公司签署了一份备忘录,再建造一条通往中国的天然气西线管线,每年出售300亿立方米天然气。

为保障自身能源安全,欧盟坚持能源进口多元化战略,计划单独建设绕开俄罗斯的管网,以极力降低对俄天然气依赖。2004年开始,欧盟就计划修建里海纳布科管道项目,绕过了俄罗斯,从里海沿岸地区经阿塞拜疆、格鲁吉亚、土耳其向西通向德国,年运输能力为300亿立方米,全长3300多公里。由于阿塞拜疆无法保证所有气源,欧盟正在积极游说土库曼斯坦加入该项目,同阿塞拜疆和土库曼斯坦就签署铺设跨里海天然气管道展开谈判,建设连接土库曼斯坦和阿塞拜疆的跨里海管道。这遭到了俄强烈反对,作为环里海五国的成员,俄和伊朗一直要求通过五国一致协商来解决里海纳布科项目,反对任何其他势力的介入。截止到目前,由于投资资金以及天然气来源问题尚未最终解决,该项目数年来一直处于僵局状态,进展十分缓慢。

(二) 石油天然气价格之争

第一，俄乌天然气价格之争。在苏联解体后的很长一段时间，俄以远低于国际市场价向乌克兰提供天然气，以换取乌等国家留在独联体内，这种经济上的优惠政策是维系俄乌关系的重要纽带。乌每年消费天然气总量大约为800亿立方米，其中60%需要从俄进口。2006年1月1日前，乌仅按50美元每千立方米的价格购买俄天然气（国际市场价为230美元）。而随着乌克兰积极靠拢北约和欧盟，俄开始要求乌按照国际市场价格购买天然气，以示惩罚，双方围绕天然气价格爆发数轮激烈争端。

2004年年底乌克兰爆发"橙色革命"，亲西方的尤先科政府追求加入北约与欧盟，并与俄在黑海舰队基地等问题上龃龉不断，矛盾日深。俄觉得再无必要为乌经济埋单，便于2005年12月，要求将2006年供乌天然气价格从50美元每千立方米提高至230美元每千立方米（俄供给欧盟的价格），而乌方要求分阶段提高天然气价格，并按照市场价格计算俄天然气过境费，双方谈判陷入僵局。2006年1月1日，俄天然气工业股份公司切断了对乌天然气供应。1月3日，俄乌在莫斯科重开谈判，4日达成一致，并签署了为期5年的天然气合同：俄天然气工业股份公司以230美元每千立方米的价格将俄天然气出售给俄乌能源公司（俄与乌两国政府各占一半股权），俄乌能源公司将俄天然气与来自土库曼斯坦、哈萨克斯坦和乌兹别克斯坦等中亚国家的天然气混合，再以95美元每千立方米的价格出售给乌克兰；俄天然气经乌的过境费由原来的每千立方米/百公里1.09美元提高至1.6美元。

2008年金融危机导致国际油价大跌、卢布贬值，俄急需现金支持国内经济，以及乌克兰加紧脱俄入欧，因而俄向乌方强硬追讨所欠的20多亿美元债款，其中包括6.14亿美元的天然气债款，同时也要求提高石油天然气价格。俄认为供应乌方的天然气成本约为380美元每千立方米，但出于人道主义因素,考虑到乌在金融危机下处境艰难,因而向乌提出2009年250美元每千立方米的报价。乌方竭力抵制涨价,并要俄支付更多过境管道使用费。乌方认为,2009年俄对乌天然气售价应为201美元每千立方米,两国天然气争端重新爆发。2008年11月,俄乌供气谈判失败。12月18日,俄宣布因乌未能偿清欠费俄方明年起停止供气。2009年1月1日,俄切断对乌供气。1月5日,乌禁止过境输送俄天然气到欧洲。那一年欧洲恰遇罕见冰雪严寒,断气对欧洲多国生产和民众生活形成严峻威胁,因此欧盟强硬敦促俄乌迅速谈判全面恢复天然气供应。迫于国际压力,俄乌重开谈判,1月18日,经长达10小时的艰苦谈判,俄乌终于达成协议:在保持2008年过境费率(每千立方米/百公里1.7美元)不变的条件下,2009年俄方将在欧洲价格基础上给乌方供气价20%的折扣。同时约定,自2010年1月1日起,俄乌天然气价格及过境费将完全按照欧洲价格公式生成。1月20日,俄恢复过境乌克兰的对欧供气。至此,这次持续近三周,导致近20个欧洲国家在寒冬季节遭遇能源短缺危机的断气纷争告一段落。2010年1月,亲俄派亚努科维奇掌政。4月21日,乌俄签署了《哈尔科夫协议》,俄售乌克兰天然气,若天然气价格高于330美元每千立方米,则折扣数额为100美元。低于330美元每千立方米,则每千立方米折扣为合同价的30%,折扣最高不超过100美元每千立方米,该协议有效期至2019年,俄方以该协议换取俄黑海舰队租期延长25年。2013年12月,乌克兰中断与欧盟签署联系国协议后,俄向乌再次提供天然气价格优惠,由原来的400美元每千立方米降至268.5美元每千立方米。

此次乌克兰危机中,俄在天然气价格上强硬面对乌克兰。2014年3月25日,俄宣布不再以优惠价格向乌出售天然气。3月31日,俄国家杜马通过法律,废除了俄乌一系列协议,包括《哈尔科夫协议》,取消售乌天然气价格折扣。4月1日,俄罗斯天然气工业股份公司表示,由于乌拖欠俄天然气债务,乌第二季度购买俄天然气的价格将由268.5美元每立方千米提高到385.5美元每立方千米,即与俄出售给欧洲的天然气价格相同,乌方将不再享受天然气价格优惠。4月3日,俄总理梅德韦杰夫在与俄罗斯天然气工业公司总裁米勒进行工作会晤时做出决定,取消对乌天然气所有优惠,从4月起俄售乌天然气价格将上调至大约485美元每千立方米。俄方随后提出,可以接受385美元每千立方米的价格,并称不再接受讨价还价。俄上调天然气价格对乌影响巨大,乌克兰决定乌民用天然气价格自5月1日起上浮50%,对住房公用事业企业和热电厂7月1日起上浮40%。6月15日,俄乌举行了七轮天然气谈判,乌坚持价格为268美元每千立方米,双方没有达成一致,谈判无果而终。6月16日,俄正式切断对乌天然气供应,并宣布乌只有在还清50亿美元的天然气欠款,并预先支付新的费用后,俄才能对其恢复天然气供应。俄中止向乌供气后,欧洲天然气价格应声上涨10%。欧盟力主双方谈判解决问题,10月30日,俄乌和欧盟三方就石油天然气危机达成协议,一致同意乌在年底前支付拖欠俄的53亿美元天然气欠款中的31亿美元,其中15亿美元近期支付,其余的16亿美元年底前支付。协议规定,乌以后按月预先付款,俄才供应天然气。乌还支付天然气预付款15亿美元,俄保证2014年整个供暖季向乌克兰输气,对乌供气价格为385美元每千立方米。欧盟将帮助乌支付天然气款项,乌确保俄供应欧盟的石油天然气过境。国际评级机构惠誉公司认为,欧洲只能靠俄罗斯供气,没有其他选择。俄如果切断对欧盟天然气供应,虽然也会对欧盟造成明显冲击,但将付出每天损失1亿美元代价。①

第二,沙特与美国联手压低国际油价,重创俄经济发展。全球复苏迟缓导致石油需求低迷,而页岩油气革命导致美国取消原油出口限制释放大量原

---

① Alexei Portansky, "Sanctions Pushing to Decline?" *Russia in Global Affairs*, No. 3, 2014.

油库存，沙特等产油国面对低价继续增产，挤压美国页岩油气竞争者，美国与沙特的竞争与联手，既打击俄与伊朗等国又抑制替代能源研发，也引发国际油价暴跌，使俄石油出口雪上加霜，重创俄经济。

由于页岩气革命获得成功，美国原油产量爆炸性增长。据美国石油协会公布的数据，2011年美国新建了10173口页岩油气井，页岩油气井数量现已占油气井总量的23%，美国时隔62年再次成为石油制品净出口国，对欧洲石油制品出口剧增。① 2013年5月，国际能源署（IEA）曾经发布报告预计，美国（因为掌握水平井和水力压裂技术的页岩油气开采技术）将于2015年成为全球最大的天然气生产国，2017年成为全球最大的石油生产国。据美国能源部宣布，2014年美国页岩油产量达到每天450万桶，80%的页岩油开采成本为每桶60美元以下，加上既有原油产量，原油产量达到每天900万桶，跃居世界第三，世界石油中心正向美国页岩油气方向转移。

美国大量页岩石油气的出口挤压了沙特等欧佩克的市场份额。以低油价确保市场曾经是欧佩克公开的策略，但20世纪80年代自行减产75%的欧佩克不仅没能扭转油价下跌的势头，反而把自己的市场份额拱手让给未减产的国家，最终遭受收入减少和市场份额流失的双重打击。此次，沙特等欧佩克国家吸取教训，坚定不移让油价一路下跌，跌穿高成本产油国和页岩油生产商的生产成本，并使之破产。到时候利用市场垄断使油价再回升，沙特将成为本轮石油战的最大赢家。2014年11月27日，欧佩克决定将石油开采配额维持在每天3000万桶水平。沙特能源大臣曾表示，即使国际油价下跌到每桶20美元，沙特也不会减产。2015年1月，国际油价跌至每桶42美元。2015年4月国际能源署公布最新数据，沙特原油月产量刷新历史，创下日产

---

① "美国2011年页岩油气井投资激增"，http://news.xinhuanet.com/world/2013-04/30/c_124648422.htm，最后访问日期：2015-6-29。

1030万桶的历史新高,当月欧佩克组织日产总量3121万桶,为2012年9月以来新高。世界原油供应进一步增加,而世界经济增长放缓,对原油等大宗商品需求减少,造成国际油价暴跌。从2014年6月以来,国际油价暴跌50%以上,导致开工的美国页岩气钻井数量下跌60%,生产难以为继。2015年2月,美国宣布开工的石油钻井总数为986台,是自2011年开始首次低于1000台,沙特战略初见成效。2015年1月至5月,北海布伦特原油标准价从45美元每桶回升到68美元每桶,西得克萨斯原油价格也回升到60美元每桶大关。2015年6月5日,欧佩克会议在此确认去年11月定下的政策,继续维持每天3000万桶石油的产量。

此轮石油价格大跌对美国影响不大。由于油气勘探和投资占美国总投资10%,但占GDP比例不到1%,①而且美国国内天然气投资也基本不受国际市场变化影响,这意味着从宏观经济层面讲,油气行业投资不会对美国经济增长造成明显的影响。此外,油价下跌对提振消费支出的刺激效果远远大于能源投资减少的负面影响,对美国整体宏观经济而言是利大于弊。IMF在最新发布的《世界经济展望》报告中,将2015年美国经济增长预期大幅上调3.6%,原因之一是油价下跌将提升居民实际收入与消费者信心。从微观层面来讲,油价的持续下跌使得美国的页岩油生产商面临严峻考验,美国能源行业将出现新一轮并购浪潮。

沙特信心十足应对石油大战。2015年1月,沙特公布2015年财政预算支出,显示丝毫没有受到石油收入大幅缩水的影响,虽然出现了2009年以来首次预算赤字,但凭借过去高油价时代积累的7500多亿美元外汇储备,沙特足以弥补亏空,显示出该国经济实力强大足以应对石油下跌数年的积极信

---

① "国际油价持续大幅度下跌,美国页岩油迎'寒冬'",中国投资咨询网,http://www.ocn.com.cn/chanjing/201502/youshi111429.shtml,最后访问日期:2015-6-29。

号。IMF预测2015年沙特经济增长增速达4.5%，略低于去年4.6%，通货膨胀率3.2%，失业率5.5%左右。油价下跌反而会促进沙特加快发展非石油经济，以摆脱单一石油经济的依赖，近年来沙特非石油经济稳步增长。沙特之所以坚持石油战：一方面是不满于俄支持叙利亚巴沙尔政权，利用石油迫使普京放弃对巴沙尔的支持；另一方面联手美国，和俄血拼经济，搞垮俄罗斯。

国际油价大跌重创俄经济发展。俄油气出口收入占俄财政预算的50%以上，近期油价大跌导致俄经济遭受巨大冲击。根据俄海关总署2015年2月10日的数据，2014年俄石油出口收入1538.8亿美元，同比下降11.3%。根据专家分析，油价只有在104美元每桶以上时，才能保证俄财政收支平衡。如果油价跌到80美元每桶，俄经济实际已经进入寒冬。俄2014年的国家预算是估计油价至少为93美元每桶，而且预计2015年为95美元每桶。据测算，俄原油每下跌1美元，俄财政收入将减少14亿美元。受油价下跌和西方制裁影响，俄经济举步维艰，股市从今年以来也下跌了近40%，卢布也曾下跌40%，外资撤离步伐加快。2014年12月2日，俄经济发展部发布经济展望报告，承认2015年俄经济将萎缩0.8%，此前这个预测数值为增长1.2%。与此同时，俄罗斯人2015年的收入将出现平均2.8%的负增长。2015年1月30日，俄财政部长安东·西卢阿诺夫表示，2014年，俄因油价下跌等原因损失2000亿美元，其中400亿～500亿美元的损失是因制裁导致的。3月13日，俄罗斯央行预测，2015年国际市场油价为50～55美元每桶，2016年油价为60～65美元每桶。在这种情况下，2015年俄罗斯资本流出额或将达到1310亿美元，2016年俄资本流出额或将达到890亿美元。

为应对油价下跌，俄已经动用了大量外汇和黄金储备来稳定经济局势，但俄表示不会动用太多外汇储备，俄已决定减少石油天然气产量，让供需关系尽量保持平衡。同时俄也开始改变能源单一经济体系，调整产业结构，加强基础设施建设，修改法律法规，创造一些条件吸引投资，开辟新的经济增长点，让油气出口收入占财政收入控制在25%以下，这从长远来看，对俄经济发展意义非常重大。

（三）对俄石油天然气行业的制裁

石油天然气生产和出口是俄参与经济全球化竞争的先天核心优势，也是俄赖以复兴的关键工具。但是，俄经济对能源出口依赖程度很高，国际能源定价权又掌握在欧美手中，俄对国际油价变动高度敏感，而欧洲又是俄油气出口的主要市场，所以西方正是看重能源产业在俄经济中的重要性和敏感性才将制裁目标瞄准俄石油天然气行业。

第一，欧美不断制裁俄石油天然气企业。2014年4月28日，美宣布制裁俄石油公司总裁谢钦和俄罗斯高科技产品发展、制造及出口公司总裁切梅佐夫等7人，禁止在美境内或与美公民交易。5月12日，欧盟宣布冻结克里米亚的黑海石油天然气公司的资产。7月16日，奥巴马宣布扩大对俄制裁名单，主要制裁对象主要包括俄两大能源公司，即俄罗斯第二大天然气生产商OAO Novatek与俄罗斯最大的石油生产商俄罗斯石油公司，上述企业无法与美国进行业务往来。9月12日，欧盟决定对俄罗斯卢克石油公司、俄罗斯天然气公司、俄罗斯石油公司、俄罗斯苏尔古特石油天然气股份公司等俄国内能源巨头进行制裁，禁止油气业欧盟和美国公司与俄罗斯上述企业合作、支持或参与在北极地区、深海和页岩油气储藏地点的勘探工作，限制俄石油、天然气出口以及页岩气勘探和开采技术及装备的引进。禁止对俄罗斯石油公司、俄罗斯石油运输公司和俄罗斯天然气工业股份公司提供融资。随着俄石油与天然气产业机器设备老化和损耗，其花费在能源开采的成本将迅速增加。因俄多数能源产业处于自然条件恶劣的高寒地区，缺乏欧美国家在油气开采上的技术和项目管理经验，俄能源产业发展将极为困难。特别是在一些复杂地区和项目上，如北极海上致密油和 LNG 设施项目等，将被迫中止，这将严重拖累俄经济的长期增长。

第二，美国不断增加对欧洲能源出口，以打击俄石油天然气出口。克里米亚公投前夕，美能源部在国际油价没有大幅度波动情况下，突然宣布向国际市场投放 500 万桶原油战略储备，投放的种类恰恰与俄出口的主打油品类似。这只是拥有能源定价权的西方对俄开展的能源战的小尝试，对俄发出一个强硬的警告信号。同时，美国增加对欧洲石油天然气出口。页岩油气革命使得美国终于解禁了液化天然气（LNG）出口，①2011 年美国能源部批准建设出口页岩气 LNG 基地，修建了路易斯安那州的 Sabine Pass 和 Lake Charles、得克萨斯州的 Freeport、科珀斯克里斯蒂和马里兰州的 Dominion 等，这些项目都集中在美国东海岸，欧洲是它们最佳的目标市场，不仅需求巨大，长期稳定，而且价格承受能力更强。2015 年年底，美国将开始出口这种页岩气 LNG 到欧洲和世界各地。预计到 2020 年，美国将成为世界第三大 LNG 出口国，年产量达 7400 万吨，占世界 LNG 预计产量的 22%，仅次于卡塔尔和澳大利亚。美国同时还积极帮助乌克兰从波兰等邻国进口回流天然气，欧盟也同意向乌反供气，减少对俄依赖，但每年最多可供 100 亿立方米天然气，规模不大，且始终面临最终供气的俄罗斯压力。美国还联手欧洲复兴开发银行等机构，帮助乌克兰提高现有气田的天然气产量，落实 2013 年与乌签订的页岩气开发合同，扩大能源供应渠道。

第三，欧洲也加快自身能源供应建设。美国页岩气革命传导效应对欧洲影响很大，欧洲页岩气储量与美国相近，有能力也有理由开发本土的页岩气资源，其页岩气储量预计占全球 60%，欧盟已经做出了开发页岩气的战略决

---

① LNG 是将天然气冷却至零下 160 摄氏度,再将体积压缩至原来的 1/600。

策，一旦落实，欧盟的天然气自给能力有望显著提高，这无疑将进一步降低对俄的依赖。目前对俄利好的是页岩气革命仍在形成中，欧洲对俄能源依赖不可能一夜间改变，短期内俄还可以使用能源武器，但从中长期来看，欧洲会进一步减少对俄能源依赖。

长期以来，能源出口一直是俄罗斯的主要财政来源，主要出口市场在欧洲，而欧洲买进俄罗斯的油气，使自身能源安全受制于后者，但一旦前者找到替代渠道、减少购买后者的能源，俄罗斯的能源利益就将受到很大损害。欧洲正是利用了这一点，不断逼迫俄顺应其轨道，激发了俄加速调整能源出口方向的危机感。俄优先调整亚太地区，迅速与中国签订了数额巨大的能源协议。2014年5月21日亚信峰会期间，俄与中国签订东线天然气合作协议，2018年开始供气，每年380亿立方米，累计30年，该协议总价为4560亿美元。2015年4月24日，俄国家杜马全票批准了与中国的东线天然气供应协议，协议有效期为40年，到期自动延长5年。2015年5月9日，俄天然气工业股份公司与中国石油天然气集团公司签署了一份备忘录，建造一条西线通往中国的天然气管道，每年出售300亿立方米天然气。2015年6月，俄已经取代沙特成为最大的对华石油供应国。两国达成时间如此之长、数额如此之大的天然气买卖协议，其影响和意义已不只在商业层面，而必将逐渐分解长期以来西方国家对国际能源贸易的主导权，改变全球能源交易地图，连带引发世界地缘政治的改变。

四、金融体系封堵孤立与抗衡突围

对俄金融体系的制裁大大限制了俄在国际金融市场的融资和支付渠道，对俄金融业和宏观经济都造成了极大影响，如国内投资大幅萎缩、货币加速贬值、企业贷款收紧、企业海外融资能力锐减、资本流动出现障碍、资金外逃加剧。对此，俄积极采取措施稳定币值，推行本币结算，脱离欧美主导的国际金融体系，发展同中国等其他经济体的金融合作。

（一）西方孤立并制裁俄金融行业

冻结俄银行资产，禁止西方公民和实体与之进行交易。2014年3月20日，奥巴马首度对俄发起金融制裁，将俄罗斯银行列为制裁对象，冻结他们在美国司法管辖范围内的资产，禁止美国公民或实体与之进行交易。随后其他西方国家纷纷跟进，制裁冻结俄金融企业资产与交易。4月28日，加拿大宣布制裁两家俄罗斯银行。7月28日，日本宣布赞成欧洲复兴开发银行停止向俄提供新投资。2015年3月11日，美国制裁俄罗斯国家商业银行。俄国家商业银行为克里米亚最大的银行，也是第一家进驻克里米亚半岛的俄银行。

禁止俄金融机构在欧美市场融资。2014年4月28日，欧美宣布制裁俄7家国有商业银行和投资机构，禁止其在欧美资本市场融资，这使得俄银行失去了一半融资份额，俄不能进入欧洲资本市场，也禁止欧洲人购买俄罗斯商业银行的债务和股权以及其余金融产品。7月16日，奥巴马宣布扩大对俄制裁，制裁俄公司银行（Gazprom Bank）和俄罗斯对外贸易银行（VEB），上述制裁对象将无法获得美国境内的中长期资金支持。从日本、澳大利亚、美国到加拿大，以及欧洲国家，纷纷出台新的措施，对俄罗斯的金融机构、能源和军工部门实行资产冻结或者禁止交易。7月25日，欧盟各国一致同意禁止俄天然气工业银行（国家第三大银行）、俄储蓄银行和外贸银行等5家俄罗斯银行在欧洲发行新的债券和股票，阻止俄进入欧盟资本市场，禁止欧盟公民、公司交易5家俄国有银行发行的期限超过30天的债券、股权等金融工具，禁止对3家俄防务公司和3家俄能源公司提供债务融资等。这些银行2013年在欧洲金融市场上大概发行了75亿美元的债券。俄银行可能也无法从非本国侨民那里收取资金。7月30日,美国对莫斯科银行、俄罗斯外贸银行、俄罗斯农业银行和联合造船公司实施制裁。美国公民和企业被禁止购买这些银行或相关法人单位的债券,以及与之进行任何90天以上的交易,这一措施旨在阻挠俄银行对美元进行中长期的投资。9月12日,美国制裁俄最大银行——俄罗斯储蓄银行,同时扩大对俄罗斯其他主要银行的制裁范围。美国禁止买卖俄罗斯储蓄银行、俄罗斯对外贸易银行、俄罗斯天然气工业银行、俄罗斯发展及对外经济事务银行、莫斯科银行和俄罗斯农业银行等6家银行发行的期限超过30天的债券。欧盟制裁方案同样加大限制俄罗斯银行进入资本市场,禁止欧盟公司向5家俄罗斯主要国有银行提供贷款。这些制裁措施将限制俄罗斯主要银行从欧美资本市场上获得融资,影响到银行的资本流通和未来发展。据俄官方统计,俄2015年上半年中小企业贷款已下降了20%左右。企业为维持正常的运营和贸易,不得不从本国市场买入美元和欧元。

停止俄金融机构的信用卡支付系统。2014年3月20日,当普京在同意克里米亚加入俄的文件上签名后,国际两大信用卡支付系统Visa和Master Card在没有任何通知的情况下,突然同时中止对俄受制裁银行的支付卡业务,导致俄50多万张信用卡失效,大量资金外流。4月17日,普京在连线公众的公开发言中称,由于信用卡被锁,俄富豪季姆琴科的妻子甚至一度不能为手术付款。12月26日,两大国际支付系统Visa、Master Card应美国制裁宣布停止向克里米亚地区提供银行卡服务。据俄罗斯央行公开数据,克里米亚地区共有531家俄罗斯银行分支机构。

打击卢布币值。俄经济高度依赖石油天然气,由于2014年国际油价暴跌,再加上西方经济制裁,俄卢布急剧贬值,欧美还乘机打压卢布币值,从而进一步搞垮俄经济。2014年6月17日,国际油价为106.9美元每桶,到

12月16日55.93美元每桶,逼近50美元每桶,跌幅近50%。油价完全雪崩,重创了石油出口大国俄罗斯。12月16日,俄遭遇"黑色星期二":卢布大幅贬值11%,引发俄罗斯央行凌晨火线加息10.5%~17%,当时卢布止跌反弹约5%,但当天欧洲交易时段,油价跌破60美元每桶关口,卢布当天大跌,达20%,一度创下1美元兑换80卢布的历史新低,俄RTS股指盘中也大跌10%,这是该市场1995年以来最大跌幅。面对俄罗斯困境,美国立即"落井下石"。美国白宫16日警告称,在多轮制裁、油价下跌以及卢布贬值等因素的共同作用下,俄经济已处于"危机的边缘"。2014年俄央行5次加息,投放800亿美元外汇储备购买本币(俄共4500亿美元外汇储备),但收效甚微,卢布跌幅达50%,全球垫底,未能有效遏制资本外逃和通货膨胀势头,而且加息后,高利率将给银行体系和实体经济带来巨大压力。

(二)俄重拳维护金融市场稳定

针对美国首度对俄发起金融战,2014年3月21日,俄罗斯总统普京责成总统事务管理局把自己的工资转入受到美国制裁的俄罗斯银行,此举明显是对奥巴马此前宣布的对俄制裁的回应,甚至可以直接称为嘲讽式的行为。4月24日,俄联邦财政部提交了一份应对欧美制裁的"经济对策建议",主旨是减少俄罗斯经济对国际市场的依赖,包括限制外汇交易,抛售外国政府债券,在俄主导的欧亚联盟中使用卢布作为唯一交易货币等。

建立俄自己主导的支付体系。在国际支付系统Visa和Master Card停止向受制裁的俄银行客户提供支付业务服务后,俄誓言2015年建立该国独立的支付体系。俄联邦储蓄银行2014年8月4日公告,开始在俄全境采用俄独立的支付系统"普罗100"的银行卡,此举被认为是继普京3月份表示俄正在筹建本国支付系统后的实质性第一步。目前,支持"普罗100"银行卡的银行在俄银行卡支付市场所占比重为50%。截止到2014年年底,"普罗100"

支付系统的银行卡已发行近200万张,此举旨在创建本国支付系统,以减少对西方的依赖。 俄国家杜马2014年4月通过一项关于建立国家支付系统的法律修正案,俄将建立一个完全由俄央行控股的国家支付结算和清算中心。俄联邦储蓄银行准备把"普罗100"支付系统卖给俄央行,以建立俄国家支付系统。 另外,俄罗斯银行正与中国银联就筹建俄支付系统进行合作,2014年7月,中国银联在圣彼得堡国际银行会议上表示,该公司最近吸引了俄天然气工业银行等30多家俄银行为合作伙伴,未来三年银联卡在俄发行数量将超过200万张。 10月29日,为应对西方制裁,俄外交部要求政府允许通过国内银行发放驻外人员的外币工资。 2015年4月1日,俄罗斯本国支付系统投入使用,但结算仅限于俄国内。 5月29日,俄政府在莫斯科推出名为"Mir"(译为"和平"或"世界")的本国支付卡,并计划于明年大批发行。俄罗斯遭受制裁的10多家银行都准备发行新卡,其中包括驻克里米亚半岛的金融计划,俄强制国营企业使用这种新卡的做法将加快新卡的使用和推广。

卢布贬值危机发生后,俄政府接连重拳维护卢布汇率和金融体系稳定。2014年12月17日,俄央行大幅度加息后,又继续抛售70亿美元外汇,那一周共抛售外汇157亿美元,卢布汇率反弹明显,至1美元兑换60卢布的水平。 12月19日,俄国家杜马当日通过一项法律草案,将向银行业提供最高1万亿卢布的资金支持。 另外,俄政府已向杜马提交2014—2016年预算修正案,进一步增加民众存款保险赔付额,由目前的70万卢布增至140万卢布。得益于油价回升,12月18日布伦特原油价格重返60美元每桶,达到62.44美元每桶。 在俄连续出台强势政策支持下,卢布开始走强。 19日,俄卢布兑美元汇率则在59上下波动,收于1美元兑59.6卢布。 圣诞节当天,美元兑卢布在20天以来首次降到1∶53,进一步脱离了上周创下的历史纪录低点1美元兑80.1卢布,上涨近30%。 卢布稳住了,俄取得卢布保卫战的胜利，俄外汇储备则下降至 3989 亿美元，为 2009 年 1 月份以来的最大跌幅，减少了 22%。12 月 25 日，普京取消了内阁部长们的新年假期，并在当天参加政府工作会议时，对政府在应对经济困难时的表现给予肯定，要求俄央行和政府金融经济部门加强协调，有效稳定卢布汇率。从 2015 年年初以来，卢布兑美元升值了 16%，兑欧元甚至升值了 31%，成为目前表现最好的货币。如果乌克兰冲突不再恶化且油价止跌回升，卢布的良好局面可能还会持续下去。2015 年 5 月 22 日，俄经济发展部副部长阿列克谢·韦杰声称，2015 年年均汇率可能稳定在 1 美元兑换 50~60 卢布。

加快摆脱美国主导的世界金融体系步伐。俄加强了与中、韩、巴西的金融合作。加快金砖国家开发银行的成立，金砖银行将于 2016 年启动，巴西、俄、印、中、南非共同出资 100 亿美元现金，剩下的 400 亿美元作为担保，对由美国和欧洲主导的国际货币基金组织与世界银行形成制衡，为无法从国际金融机构获得足够贷款或者被迫附加政治条件的项目提供融资。2015 年 3 月 28 日，俄申请加入了中国发起的亚洲基础设施投资银行。俄同时也加快减持美元债券，2015 年 3 月俄减持美元债券达 20% 以上，创造了单月最大减持幅度。

加强吸收中国的投资。随着欧盟对俄展开金融制裁，中俄两国间的投资关系日益紧密。为缓解资金短缺问题，俄罗斯企业开始向中国寻求资金支持。据俄罗斯央行统计，仅 2014 年第一季度，俄企就在中国吸收了 131.6 亿美元资金，2013 年同期仅为 3200 万美元。2014 年全年，俄罗斯从中国获取的资金达 500 亿美元。为保障资金流动性，许多俄罗斯企业转向依靠香港国际金融中心的服务和融资渠道，对港币的需求有很大上升。在支付手段上，由于 Visa 支付渠道受阻，许多信用卡持有者转向使用中国银联支付渠道。

随着两国领导人互访频繁，中俄两国政府间的金融投资合作也日益密切。2014年10月13日，中国人民银行与俄罗斯联邦中央银行签署了规模为1500亿元人民币/8150亿卢布的双边本币互换协议，旨在便利双边贸易及直接投资，促进两国经济发展。2015年5月9日，在第二次世界大战胜利日期间，中俄共签署32份合同，在金融领域，中俄签署建立俄罗斯-中国投资银行协议，将在投资与银行业务方面提供广泛的服务，促进中俄经济合作，为俄公司引进中国资本。中国国家开发银行与俄储蓄银行签署60亿人民币信用额度协议。

（三）俄连续出台政策维护国内经济稳定

鉴于复杂经济形势，俄采取多项综合性措施稳定国家经济。2015年1月1日生效的《反离岸法》规定，在俄的受控外国企业将申报未分配利润并向俄纳税，俄财政部估计这将为俄国家预算带来200亿卢布收入。从1月1日起，俄最低工资标准每月增加411卢布，达到5965卢布，提高退休金10%，为鼓励生育而设的"母亲资本"提高到4.53万卢布。1月2日，俄确定了国企领导人薪酬标准，规定联邦国家单一制企业负责人的平均薪酬不得超过其他职工平均薪酬的8倍，此举有利于控制收入差距，避免失衡。1月27日，俄罗斯总理梅德韦杰夫签署了"反危机计划"，28日，俄政府公布了60项财政措施，其中包括银行系统的资本重组和向俄罗斯国家开发银行注资等援助措施，拨款25亿美元用于支持北极地区亚马尔液化天然气项目，承诺向企业提供超过50亿美元援助，向国家铁路、俄罗斯外贸银行和俄天然气工业银行提供援助。

加速推进外贸本币结算。俄在国际贸易中使用卢布的想法早在10年前就提出，2008年提出将莫斯科建成全球金融中心后，俄就一直希望提升卢布作为国际贸易货币和潜在储备货币的形象，致力于在经济上摆脱美元束缚。

鉴于中国是仅次于欧洲的俄第二大贸易伙伴，俄加速推进与中国贸易的本币结算。2002年，俄中两国央行签署边贸本币结算协定，2008年8月初，中国国务院宣布将在东北边境与邻国试点实施人民币贸易结算。2009年举行的中俄总理第十四次定期会晤期间，中俄发布联合声明也曾表明在双方贸易结算中扩大本币结算。2010年中俄总理第十五次定期会晤，两国决定在双边贸易中逐渐减少使用美元结算，而以本国货币作为贸易结算货币。2010年底，卢布成为继马来西亚林吉特之后第二个可以与人民币自由挂牌交易的新兴币种。2011年中俄签订了新的双边本币结算协定，从边境贸易扩大到一般贸易。

乌克兰危机发生后，由于西方对俄的经济制裁，中俄两国贸易开始积极使用本币结算。俄罗斯外贸银行提供人民币贷款，这对中俄双边贸易关系至关重要。2014年4月，俄副总理舒瓦洛夫表示，俄政府正在与专注于出口贸易的公司密切合作，以便这些公司将国际贸易中的货币从美元转化为卢布。5月20日，中俄签署了卢布与人民币结算协议，以避免使用美元。同日，在中俄两国领导人见证下，俄罗斯第二大银行VTB与中国银行签署了以中俄各自本币付款的合作协议，将在包括卢布与人民币之间的结算、投资银行、银行间借贷、贸易金融、资本市场交易等方面开展广泛合作，避免在投资银行、银行间贷款、贸易融资、资本市场交易方面使用美元。5月22日，中俄两国元首共同发表《中俄关于全面战略协作伙伴关系新阶段的联合声明》（简称《声明》），宣布两国将推进财金领域紧密协作，在中俄贸易、投资和借贷中扩大中俄本币直接结算规模。此次《声明》确定了2015年中俄双边贸易额达到1000亿美元、在2020年前达到2000亿美元。进入5月份后，俄主要企业在签署出口合同时候都附上一句："必要时可使用人民币等亚洲货币支付。"2015年第一季度卢布与人民币兑换额度同比增长了5倍，中俄外贸业务结算已经全面向卢布和人民币转换。2013年中俄双边贸易中本币相互结算约占总额的2%，2014年比重提高7倍达4000亿卢布，2015年增速加快，不排除占到双边贸易的40%，俄商业银行还开通了数百个代办人民币结算的账户，而且为普通存款人开设人民币账户的银行也越来越多。

五、警示

欧美与俄的经济制裁战，对加速乌克兰危机的持续升级发挥了较大作用，较好地配合各方在正面战场的需要，其制裁手段之丰富、目标之准确，达到了正面战场精确打击的效果。欧美制裁开始瞄准俄经济的命门——能源、金融和军工行业，俄虽然进行了一些反击，但由于整体经济相对处于弱势，且无法运用最有效的能源武器，其经济反制裁总体处于劣势，这些都给我们很大警示。

（一）国家战略安全重于外部经济制裁

国家安全为国家生存发展和国家利益之根本，只有在国家安全有保障的前提下，国家才能生存发展，也才能有效维护国家利益。在对外关系上也如此，国家安全利益应该是首位的，切不可因经济制裁放弃国家安全利益。

从此次乌克兰危机中可以看到，大国采取确保国家安全的重大战略行动时，切不可为经济制裁而因小失大，应该着眼国家安全与发展的长远考量。寻找黑海出海口是俄几个世纪的梦想，俄占领克里米亚半岛这一黑海战略要地，可以确保俄黑海制海权和俄东南部边境安全稳定，确保俄在乌克兰危机中的发言权，也确保俄能参与国际事务和全球大国地位，有效抗衡北约与欧美的战略围堵与军事压迫。俄上述所得远大于西方经济制裁的付出，所以俄敢于直面西方的经济制裁，并实施了一系列的反制裁措施。

乌克兰危机警示录
和平发展道路中的战争准备

当前，我国陆地边界争端除中印边界外，基本都解决得差不多了。我国领土争端主要存在于东南沿海，尚未统一台湾，南海问题和钓鱼岛问题不时成为热点问题，关系到我海上生命线的安全，关系到"一带一路"和国家和平发展战略的顺利实施，也关系到我未来发展能否冲破第一岛链围堵，这对于维护我国家战略安全和海洋经济命脉至关重要。将来我国要解决这些问题的时候，一些国家绝不会善罢甘休，很可能会对我进行经济制裁，这时应该毫不犹豫坚决面对任何外部经济制裁与挑战，坚决维护国家安全利益。

图3-8　2014年3月18日，俄驻日使馆在其推特官网上发表一张图片，配图说明是"等你来制裁"

（二）防止经济发展过度依赖外需

由于俄罗斯与欧盟经贸关系密切，双方年贸易量超过4000亿美元，合作项目很多，如英国石油持有俄石油天然气公司20%股权，德国大众汽车公司在俄市场份额也很大。虽然双方经济制裁战使得俄与欧盟损失都很大，但欧盟经济总量是俄罗斯的近10倍，其承受能力远大于俄罗斯，所以经济制裁战是俄无法长期承受的。

改革开放以来，我国依靠出口贸易的增长来快速拉动经济发展，但这也使得我国际贸易和能源进口的对外依存度都很高，2014年我石油进口达3.1亿吨，对外依存度60%，石油进口主要来自中东；国际贸易总额26万亿人民币，对外依存度42%，第一大贸易伙伴为欧盟，其次是美国，对两者的贸易占我国际贸易总额的1/4多。 另外，我80%的进口石油、30%的进口天然气和80%的国际贸易需要经过印度洋和马六甲海峡，海上生命线很容易被别国掌控，1993年"银河号"货轮事件就是明证。

而整体上看，我国的外贸依存度与发达国家相比大大偏高。 因为我国自主出口的多为资源性和劳动密集型产品，高新技术产品大多属于加工贸易，而且我国贸易结构中加工贸易比重较大，国内产业结构以制造业为主，第三产业比重较低。 我主要的贸易顺差来源地区为美国、欧盟、东盟和香港特别行政区四个发达地区，其中美国已经后来居上成为顺差最大来源国。 这使得我在面临欧美经济制裁时将处于很被动的地位：一方面大量贸易顺差消失将严重影响我经济发展，另一方面，我国出口的低附加值、资源性和劳动密集型产品的可替代性强，经济制裁对欧美的影响不大。

我国石油等能源和对外贸易依存度过高，而且主要进出口市场在欧美，更容易受其经济制裁，从而严重影响我经济发展，应该适当降低过高的对外贸易和能源依存度，实现外贸拉动型经济增长到内需型经济增长模式的转变，加快开发核能、风能等可再生新能源，降低石油对外依存度。 同时，加强我稀有的自然资源的管理开发，我国很多丰富的战略资源因管理不善遭到恶意开采破坏、低价贱卖，不但极大损毁了资源储量，破坏了环境，甚至被欧美利用所谓一些世贸规则逼迫贱卖，稀土就是例子。 应加强这些稀有资源的管理保护，以便在应对西方制裁的时候能增加自己应对的砝码。

图 3-9 美国经常挥舞经济制裁大棒

（三）官员财产公示制度需进一步完善

俄领导精英从上到下都一致对外，坚决应对经济制裁，其一个很重要的原因就是俄法律明确规定了公务员及其家属必须公示财产，不得拥有外国银行账户，不得在国外购置资产，所以他们的财产和子女基本都不在欧美国家。在面对经济制裁时，领导层没有任何的后顾之忧，这样才能团结一致，并实施经济反制裁措施。普京执政以来高举反腐大旗，继 2012 年推出官员财产申报制度、《审查公务员消费占收入比例法》等措施后，2013 年 1 月《俄罗斯政府法》修正案生效，官员家庭的大额支出也被纳入申报范围。2013 年 5 月，普京又签署"最严厉"反腐法案——《禁止国家官员及其配偶和未成年子女拥有海外资产法》，规定：在三个月内，俄政府官员和国企高管必须对其国外账户及其资产进行清理，违者将受到严厉处罚，甚至追究刑事责任。在普京的治腐行动中,前国防部部长谢尔久科夫、前地区发展部副部长帕诺夫等高官纷纷落马。2014年6月23日,普京向国家杜马提交了旨在完善联邦国家机关反腐制度的法案,要求所有公务员均需提交收入申报。现阶段俄罗斯只要求担任某些重要职务的官员申报收入和财产,而这个法案将要求扩展到全体国家公务员,反腐措施直接禁止他们开设国外账户、在境外存钱、将珍宝保存在外国银行、利用外国金融工具。法案涉及联邦公务员、地方公务员、俄央行和国营公司的员工。2015年1月1日,俄禁止国家安全领域的官员在国外银行开设账户,此前俄法律禁止对象为联邦级国家官员、议会会员、央行和国家公司的工作人员。

将来,我们在解决国家统一、领土完整的反侵略、反干涉战争中,也会遇到西方对我官员的禁止入境签证和个人资产冻结等制裁,我领导精英能否团结一致对外将很大程度上决定我们能否维护好国家的合法权益,因此需要进一步完善官员财产公示制度,杜绝官员将国家和个人财产转移到国外的行为,最大限度确保我领导层能一致对外。

(四)积极推行外贸领域人民币结算

我国目前有近4万亿美元的外汇储备,特别是近10年内外汇储备增长了10倍,占全球外汇储备的1/3。在过去10多年中,大规模外汇储备发挥了重大作用,有效支持了经济高速增长、就业和财政收入增长。但巨额外汇储备是一个沉重的负担,反映了国际收支持续不平衡,严重透支了国内紧缺资源,并带来了严重的环境污染,而且这么大代价的外汇不能为实体经济吸纳。①

目前,我国外汇主要以美元金融资产为主,容易受制于美国。特别是

---

① "外汇储备不能投入养老医疗",《北京青年报》2014年6月13日,第B7版。

乌克兰危机警示录
和平发展道路中的战争准备

2008年金融危机使得巨额外汇储备的风险显现，给我国经济造成巨大压力：一方面，外汇储备的增加，需要我国发行本币形成对冲，造成了难以消解的高通货膨胀压力，不得不收缩货币，对目前经济下行又造成不良影响；另一方面，外汇储备基本都是美元，而美国为减轻金融危机影响，持续实行量化宽松货币政策，大肆狂印美钞，导致美元币值严重下降，也自然导致我巨额外汇储备严重缩水，给我经济造成严重损害。此外，最近几年我国利用外汇储备进行的海外投资又不理想，损失巨大，国外良好的投资市场为欧美所控制，我投资举步维艰。最后，以美元为主的外汇储备更容易受到美国制裁。2014年6月11日，法国巴黎银行因违反美国针对伊朗、苏丹等几个国家的经济制裁规定遭受美国制裁，美国对巴黎银行因与伊朗等国交易开出100亿美元罚单，而巴黎银行2013年全年税前收入也仅为112亿美元。法国总统奥德朗曾致信奥巴马，表达对如此之高罚款的担忧和不满，但最终法国只能接受，巴黎银行创下新的最高罚款纪录，也成为第10家寻求就美国当局相关指控达成和解协议的金融机构。法国央行行长诺亚就此事曾公开表示，法国企业或将在外贸领域用欧元和人民币直接结算，停止使用美元。这是迄今为止法国当局对美国制裁法国巴黎银行一事给出的最强烈的不满和抗议，法国并不是第一个考虑在外贸领域用人民币结算的国家，俄罗斯也在考虑如此做。

从本质上讲，要有效减轻我国美元外汇储备的巨大风险，根本出路在于加速实现人民币国际化，在外贸上用人民币进行结算，以替代对美元的需求。目前，我国已经与俄罗斯等国开展外贸本币结算业务，还需要加快推进人民币国际化战略的进程。2013年10月，欧洲央行与中国人民银行签署了双边货币互换协议，中国加快推进人民币国际化的计划。2014年3月，德国央行与中国签署了一份旨在使法兰克福成为欧洲首个人民币支付中心的协议，数天后英格兰银行宣布与中国签署了类似协议。6月18日，中国人民银行指定中国建设银行清算伦敦的人民币相关业务，使得其成为首家欧洲人民币清算银行，将有助于推动伦敦作为欧洲领先的人民币交易中心的地位。6月29日，中国人民银行宣布将在卢森堡和法国巴黎指定人民币业务清算银行。清算银行将有助于中国、法国和卢森堡的企业和金融机构利用人民币进行跨境交易、贸易和投资。2015年，中俄两国也同意俄对华石油出口用人民币结算。

第四章

无形杀手的网络攻防战

第四章　无形杀手的网络攻防战

在乌克兰危机中，从操控乌社会舆论、瘫痪乌政府和军队网站、挑拨民众闹事，到为反对派提供网络技术支持等，西方没有动用一枪一弹，通过网络空间的政治威逼、经济引诱和文化渗透等战略手段，就颠覆了亲俄的亚努科维奇政权，使乌克兰政体从总统制变为议会制，并建立起亲西方政权，这是西方网络战首次成功实现国家政权更替。此后俄乌等国网络战此起彼伏，双方最高国家机构、军事部门、金融机构、电视台甚至北约等军事组织均遭网络攻击。

随着全球网络信息时代的到来，网络信息安全与网络攻防的迅猛发展，从伊朗大选、格鲁吉亚"玫瑰革命""阿拉伯之春"到乌克兰危机，西方列强以网络战为主导、相关战略规划为指引、专门立法为支撑、完善管理体制为保障、实战训练为途径的网络安全体系逐渐完善,且应用日趋熟练,并开始积极争夺相关国际规则制定,企图由此主导全球网络空间信息与信息流,重复导演"乌克兰政权更迭",实现军事、政治和经济等多重目标,把西方主导的国际秩序和霸权延伸到网络空间。

图4-1　西方早已开启网络战,乌克兰只是最新的战场

一、由防御到进攻的网络安全战略与法规制度

随着网络安全问题的日益严峻、网络攻防技术的逐步成熟、网络战实战的锻炼,欧美列强纷纷明确国家与军队的网络安全战略,制定了专门的网络安全战略与规划,颁布和完善专门的法规制度甚至网络作战条令条例,规范网络攻防,为维护网络安全提供制度保障。

(一)发布专门的网络信息安全国家战略和相关计划

在已颁布网络安全战略的40多个国家中,以美国最为完备。美国的网络安全战略经历了从防御到主动进攻、从国内到全球的转变。1998年,《关键基础设施保护》要求保护重要的计算机系统和资产等关键基础设施。2000

年，《全球时代的国家安全战略》首次将网络安全列入国家安全战略。2003年，《确保网络空间安全的国家战略》首次把网络安全提升为美国国家安全战略重要组成部分，明确网络攻击就是战争，美国保留付诸武力的权力，确定国土安全部负责网络安全，确定网络安全战略目标与任务。2009年，《网络空间政策评估——保障可信和强健的信息和通信基础设施》强调威慑是网络安全主要战略手段，强化网络安全顶层领导，允许先发制人的网络战。2011年，《网络空间国际战略》协调美国与盟友的网络战关系。上述战略标志着其网络战略由守转攻，为抢占全球网络霸权制定路线、方针和措施。美国自奥巴马当选总统之后，一改小布什在任时期对外使用军事武力以谋取利益的强硬手段，转为采取网络攻势，以网络技术实力来实现美国的战略图谋，并取得了惊人的效果。

在上述战略指导下，美国先后颁布《国家基础设施保护计划》《国家网络安全综合计划》和《确保网络未来的蓝图：国土安全实体的网络安全战略》，开发"爱因斯坦"计划和新的"曼哈顿"计划，规划大量网络安全技术研究。

除颁布专门网络安全战略外，俄罗斯在其国家战略中也包括了网络安全内容。1997年，《俄罗斯国家安全构想》明确提出保障经济安全是国家安全首要任务，而信息安全又是经济安全的重中之重。1998年，《国家信息政策纲要》形成了以建立信息社会为核心的、统一的国家信息政策和具体实施措施。1999年，《俄罗斯联邦信息安全法律保障完善构想》把信息安全提到信息环境下国家利益与安全的保护高度，阐述了俄信息安全法律保障现状、目标、原则和构想。2000年，《俄罗斯联邦信息安全纲要》着重强调为信息安全创建法律基础。同年，《国家信息安全学说》将国家信息安全保护作为国家重要战略任务，将网络信息战称为"第六代战争"，首次明确网络信息领域的利益、威胁、措施和重点技术，是第一部正式颁布的网络信息安全国家战略。2008年,《俄罗斯联邦信息社会发展战略》部署2015年信息建设基本任务和原则、实施措施,以及预期目标。① 2009年,《2020年前俄罗斯国家安全战略》,进一步提出国家安全力量和资源将集中于科学教育、信息、军事等领域。2013年,《俄联邦外交政策理念》承袭既往网络信息安全立场。

其他西方国家也纷纷颁布网络安全战略,如2006年《瑞典促进网络安全之国家战略》、2008年《爱沙尼亚国家网络安全战略》和2011年《法国网络安全国家战略》等。2009年英国公布了首个《英国网络安全战略》报告,明确了网络安全上战略目标是降低网络信息空间风险、开展打击危害网络信息安全的行为以及拥有实现上述目标的技术和工具。报告还进一步指出实现上述战略目标的手段和方法,规划网络安全体制机构,成立负责协调政府和民间计算机系统安保工作的网络安全行动中心及协调政府各部门网络安全计划的网络安全办公室。② 2013年欧盟通过《欧盟网络安全战略》,提出要在欧盟建立统一的网络与信息安全标准。

(二)制定进攻性的网络战军事战略与规划

在国家网络安全战略指导下,美军发布了多个网络战军事战略与规划。2005年美国防部发布《国防战略报告》,明确将网络空间和陆、海、空、太空一起定义为五大空间,并首次具体定义网络战。2006年制定《网络空间作战国家军事战略》(NMS-CO),是美军第一份,也是最重要的网络空间军事战略文件,确定了网络空间的军事法。③ 2011年版《美国国家军事战略》突

---

① 王磊:"俄罗斯信息安全政策及法律框架之解读",《信息网络安全》2009年第8期。
② Cyber Security Strategy of the United Kingdom, http://www.cabinetoffice.gov.uk/media/216620/css0906,最后访问日期:2014-05-14。
③ Peter P. The national military strategy for Cyberspace operation[R]. Washington DC: Joint Chiefs of Staff, 2006:3-5.

出强调发展"攻防兼备"的整体网络战能力。同年,《网络空间作战战略》强调跨境先发制人作战方式,提出加强网络战的五大战略规划。[①] 此外,美军兵种还相继颁发《空军网络司令部战略构想》《2009—2013海军网络战司令部战略计划》《陆军网络作战概念能力规划 2016—2028》三个战略文件。国防部 2010 年启动"网络社交炸弹"计划,重点研究如何批量制造网络"机器人",如何在目标国家网络空间发布敏感或虚假信息,引爆网络舆情,掀起街头暴乱,乌克兰政权更迭是其成功典范。2014 年 5 月 14 日,美国参谋长联席会议主席登普西在大西洋理事会的"动荡中的地缘政治研讨会"上发表演讲,将美国军事战略概括为应对"2+2+2+1"的威胁,"1"代表网络安全,网络安全已经成为美军事战略应对的 7 种威胁之一。2015 年 2 月 26 日,美国国家情报总监克拉伯发表美国年度全球安全威胁报告称:俄、中、伊朗和朝鲜为美国网络安全威胁最大来源。2015 年 4 月 23 日,美国防部宣布已经完成对 2011 年以来网络安全战略的修订,首次明确美军在面临威胁时可以实施先发制人的网络攻击,并列出了美国认为最大的网络安全威胁:中国、俄罗斯、伊朗和朝鲜。该修订的核心是明确了网络攻击的层级体系,常规攻击由商业网络公司负责抵御,国土安全部负责更复杂的攻击,五角大楼负责国家级别的攻击,该战略勾勒出国防部保障政府以及美国企业所运行的网络、系统和信息的努力。

(三) 颁布网络信息安全与网络攻防法律法规

在相关战略指导下,美俄网络安全立法主要包含以下内容:

第一,关键基础设施(信息系统)的保护。各国网络安全战略都立足本国网络信息技术实际,将关键基础设施作为保障国家政治稳定与经济发展的

[①] US DoD. Department of Defense Strategy for Operating in Cyberspace[R]. Washington DC: US DoD, 2011.

基础和安全第一要务。① 美先后颁布《关键基础设施保护法》《关键性基础设施信息法》和《促进关键基础设施之网络安全的行政令》等。基于这些法律，当美国认为必要时，可以实行某些特别措施。最近的例子是2011年美国众议院特别情报委员会发起的对我国华为、中兴两公司的调查，最后以它们"可能威胁美国国家通信安全"为由，不准其进入美国信息基础设施市场。其他发达国家在这方面虽然落后于美国，但也出台了一些类似法规。例如，英国要求政府部门、实验室与国有公司的计算机和通信器材必须从本国公司购买，法国政府要求航空、铁路、通信和食品等部门优先购买本国产品。

第二，重视信息安全保护。俄先后公布《政府信息公开法》《产品和服务认证法》《信息保护设备认证法》《信息技术保护活动许可》《信息安全标准体系和测评认证制度》等，增加《刑法典》中关于计算机系统犯罪内容。②

第三，加强信息技术产品和服务安全管理。美《电子政务法》《信息技术管理改革法》《网络信息安全研究与开发法》等，将信息技术产品和服务安全视为信息安全基本防线。

第四，重视个人信息和隐私保护。美先后制定《信息自由法》《联邦隐私保护法》《数字隐私法》和《儿童在线隐私保护》等。2012年7月11日，俄国家杜马通过的《互联网黑名单法》规定，传播对儿童有害内容的网站、网页的网址和域名将被列入"黑名单"，其他还包括鼓动战争或制造民族纠纷的内容。

第五，发展电子商务。俄先后制定了《电子数字签名法》《商业秘密法》《电子文件法》《电子合同法》《电子商务法》等。

---

① 周亮："各国网络安全战略之争议"，《Electric Power IT》2013年第1期。
② 马海群、范莉萍："俄罗斯信息安全立法体系及对我国的启示"，《俄罗斯中亚东欧研究》2011年第3期。

第六，加强网络战立法。1998年美参联会发布《联合信息行动条令》，详细论述了网络攻击。2001年美陆军《作战纲要》规范了信息行动。2009年颁布美军第一部网络战作战条令——《空军网络战条令》，明确了网络战部队指挥控制关系、职责、作战方式以及空军网络战设计、计划、实施与评估流传。

第七，重视综合性基本立法与部门法的结合。美50多部相关联邦法律构建了纵横交错、全面覆盖的网络信息安全法律体系。随着网络信息安全形势发展，美国开始制定网络信息安全综合性基本法，《2012年网络安全法案》是近期国会最重要的法案。2014年11月，日本通过《网络安全基本法》，规定国家及地方政府有义务采取网络安全对策。

"9·11"之后，美加大了网络监控立法。2002年《关键性基础设施信息法》规定关键性基础设施信息不受《信息自由法》限制，不向公众披露。同年，《美国爱国者法》允许政府大规模监控民众电话记录，并禁止服务商对外透露。2015年6月2日，美国会通过《美国自由法案》，取代原《爱国者法案》，规定国家安全机构只有得到法院批准或者紧急情况下，才能向电话公司索要保管的民众电话记录。法案仍批准美情报机构继续开展用于追踪"独狼"式恐怖分子的监控，允许情报机构对特定嫌疑人进行不间断的监控项目，从事国家安全调查时收集酒店、旅行、信用卡、银行和其他商业记录的做法不受限。事实上，法案只是对国内监控项目的调整，对于美国大规模、大范围的海外监控项目仍继续，如2015年6月曝光美国持续监听法国希拉克、萨科齐和现任奥德郎的三位总统。《国土安全法》规定，网络公司有义务向政府提供用户信息，特定情况下无须法院同意，即可监视用户网络信息。

（四）争夺网络信息安全与网络攻防的国际规则

全球网络信息社会中，网络攻击的广泛性和破坏的严重性使得网络安全日益成为国际社会热点问题,为最大限度体现自己的利益,各方争夺网络空间国际规则制定也日趋白热化。目前,全球13台根服务器有10台在美国,微软公司的各版本操作系统基本统治了全球计算机基本操作系统,思创的网络路由器占据全球骨干网络路由器市场,美国挟软、硬件绝对优势,企图主导网络安全的国际法体系的制定,以夺取网络战的主导权,并限制其他国家正当权益。

美国企图单方面主导相关国际规则制定。早在2011年的《网络空间国际战略》中,美国就提出了网络空间国际规则的核心原则与规范。2013年美国主导北约公布了耗时3年多、20多位国际法专家和网络专家编写网络战争规则——《塔林手册:适用于网络战的国际法》(Tallinn Manual),被誉为网络战领域的"日内瓦公约"。《塔林手册》是西方第一份公开系统的网络战国际法,是以西方争夺网络战争规则制定权的重要步骤,反映西方利益和霸权的倾向非常明显。如手册第6条"国家法定义务"条款规定,"一国拥有实施网络战役的国际法律义务以阻止违背国际义务的行为",却对"违背国际义务的行为"做了极其宽泛的解释,这无疑为美、英等国对其他国家肆意发动网络战大开方便之门。又如,在手册对于网络战的战术规定上,第61条"网络战策略"条款规定:网络战役作为战争策略是允许的,但同时又根据西方现有占绝对优势的网络战装备规定了8种网络战战术,分别是:制造"愚蠢的"电脑系统来虚拟不存在的军事力量;发送虚假信息引起敌方错误地相信战役正在发生或进行;利用伪造的电脑标识码、电脑网络(如利用"蜜罐"和"蜜网"技术)或电脑传递;在不违反第36条所规定的制造恐慌条款前提下发动网络佯攻;发出以敌军指挥官名义捏造的命令;心理战;发出虚假情报以进行窃听;利用敌方代码、信号和密码。据报道,基于上述8种战法,美军目前装备了"特洛伊木马""逻辑炸弹"等2000多种网络战武器。如果这一条款获得国际社会承认并成为一般的国际法，那么任何其他的战术将被认为是非法的，一经采用将被追究战争责任。① 因此，"网络战策略"条款的实质是通过限制网络战战术的种类来限制其他国家创造出新的网络战模式，这剥夺了其他国家网络战模式创新的权利，从而维护美、英利益，使其网络战战术在国际世界遥遥领先，永远保持在网络战领域领军集团的地位，这充分反映了西方国家通过掌握国际规则制定权来实现霸权的传统。

图 4-2 《塔林手册》——为美国而写的网络战国际规则

《塔林手册》的出现标志着网络战规则制定权的国际竞争已进入白热化阶段。只要高度重视网络战规则的制定权、有针对性地研究《塔林手册》和

---

① 徐轶杰："警惕北约利用'塔林手册'制造'网络战争规则'"，《中国党政干部论坛》2013 年第 10 期。

网络战的技战术及规则，就可以利用《塔林手册》的不完善性，利用联合国等多边国际机制，通过一系列创新，克服硬件、技术和管理上的不足，在网络战国际规则的制定过程中化被动为主动，使中国充分加入网络战国际规则的制定过程中，掌握或分享网络战国际规则的制定权，从而切实地维护和实现国家的战略利益。

联合国倡导制定相关规则。近年来，联合国一直倡导制定网络信息安全的相关国际规则。2003年和2005年，联合国通过两届"世界信息峰会"形成《日内瓦宣言》和《日内瓦行动纲领》，推出《突尼斯承诺》和《突尼斯日程》两个纲领性文件，启动了建立互联网治理论坛机制和联合国信息通信技术与发展全球联盟实施计划，努力将其在现实世界的作用延伸到网络空间。2009年，联合国秘书长潘基文称，联合国将考虑网络战及其对国际安全的影响和关键的现实问题。许多国家也希望联合国能主导网络安全规则制定。2009年，俄提交《国际电信和信息领域发展安全》议案，主张联合国主导制定网络战条约。2010年，中俄等15国向联合国提交首份全面系统的倡议——《信息安全国际行为准则》草案，以维护国际和平与安全为目标，提议联合国应该出台规范网络空间行为的准则，规制网络战，列出了11项行为准则，建立多边透明、民主合作的网络管理机制与规则，对国家立法和网络安全战略交换信息，并且帮助不发达国家增强计算机体系的保护能力，防止网络霸权。将日益严重的网络威胁与攻击行为或网络战，纳入联合国框架范围内进行规制势在必行。

其他国家积极参与规则制定。许多国家都积极参与网络安全国际规则的制定。欧盟注重网络安全国际合作，与美联手打击网络犯罪，力推《网络犯罪公约》，多次建议美让出互联网霸权。[①] 法国借主办"八国电子论坛"提

---

① 周亮："各国网络安全战略之争议"，《Electric Power IT》2013年第1期。

出"有选择地治理"的方案。英国借"伦敦网络空间国际会议"提出"网空七原则"。中俄联手提出《信息安全国际行为准则》，印度、巴西和南非三国建议成立一个新的国际组织来监督全球互联网治理。由马来西亚倡议建立的"国际反网络威胁多边伙伴联盟"，计划就国际网络安全问题制定出为各国共同接受的准则或协议。2010年，由美国、中国、俄罗斯、英国、法国、德国、意大利、以色列、爱沙尼亚、白俄罗斯、巴西、印度、卡塔尔、韩国以及南非15国签署了一份旨在减少网络攻击的协议。

为应对美国和北约垄断网络国际规则的企图，2011年俄罗斯曾组织52国情报部门负责人在俄第三大城市叶卡捷琳堡举行网络安全会议，俄罗斯在会上提交了《保障国际信息安全》公约草案。该公约明确规定：禁止将互联网用于军事目的，禁止利用互联网推翻他国政权，同时各国政府可在本国网络自由行动。公约草案第4章还专门列举了必须防范的主要威胁，其中包括：利用信息技术从事敌对活动和侵略；一国企图颠覆他国的政治、经济和社会制度；在别国信息空间操纵舆论，扭曲社会心理和气氛，对居民施加影响，以便破坏国家和社会的稳定。俄罗斯方面表示，希望这个公约草案能在联合国获得通过。俄罗斯还积极主张在联合国、欧洲安全组织、上海合作组织等国际组织框架内拟定一份具有普遍性的国际法律文书来规范与限制网络空间的战争和制定网络战条约，俄曾经向联合国提交了一份名为《国际电信和信息领域发展安全》的议案，希望能把未来的网络信息安全和网络战等问题条约化，此举得到了除美国以外大多数国家支持。2015年5月，俄中签署保障国际信息安全领域开展合作的政府间协议，承诺不对彼此进行黑客行为，并同意共同应对可能"破坏国内政治和经济社会稳定""扰乱公共秩序"或"干涉他国内政"的技术。中俄两国还同意交换执法部门信息和技术，并确保信息技术设施的安全。

二、集中统管与分工负责的网络管理体制

网络安全与攻防是高素质人才和高科技的直接对抗。面对网络安全严峻形势和网络攻防迅猛发展，西方列强纷纷整合现有资源，建立健全集中统一的管理体制，举全国之力维护网络安全。

（一）培训网络信息安全与网络战专门人才

美国国防大学率先成立了旨在培养信息战人才的信息资源作战学院，于1995年培养了第一代网络战士。1995年6月，美军16名"第一代网络战士"从美国国防大学信息资源管理学院毕业，他们的任务就是利用计算机在信息空间与敌人展开全面的信息对抗。同时，依托院校资源开设网络战基础课程，如陆军计算机网络作战规划者基础课程、联合网络进攻课程、跨学科网络课程等。西点军校、空军学院和海军战争学院多年前就开设了网络安全课程，1999年美国家安全局开始实施"国家信息安全教育培训计划"，在国内23所院校设立"信息安全保障教育和学术交流中心"，开始职业培训、本科到博士的系统课程。美军规定网络战人员须具备相关上岗资格和专业技能证书，初步建起各军种信息战中心的"红军"、计算机应急分队等为主的"网络勇士"。[①] 英、法、俄等国也相继提出了"未来战士系统"的计划。

在军费预算总体压缩，军校削减学科专业的大背景下，美军的军事院校开始建立了新的网络空间专业项目，其中许多侧重于网络战行为。2014年6月，西点军校成立陆军网络空间学院，旨在应对网络空间领域理论和操作问题。2014年8月，美空军学院受限于2015财年预算削减影响，宣布取消10个门类的学科专业和3门毕业设计课程，但同时宣布开设新的计算机网络安

[①] 孟凡松，韩沂宁，王妍："美军网络战体系建设策略及现状分析"，《航天电子对抗》2012年第4期。

全专业、计算机工程和计算机科学专业,旨在帮助学员更好地理解网络空间领域和空军网络空间战略,课程包括逆向软件工程,恶意软件、病毒,追踪攻击,网络证据搜集和其他恶意代码等,还包括战略学、政治学和法学等,致力于培养高素质的人员以服务于网络领域。

在网络安全形势日益严峻的形势下,日本大学开始致力培养可以应对网络攻击的人才。日本九州大学于2014年与美国马里兰大学签订协议,引进了网络安全对策教育项目与人才培养方面的经验技术,并与2014年12月设立了推进网络安全技术研究及专家培养等工作的研究机构——"网络安全中心",九州大学计划于2017年4月将有关网络安全科目设为所有入学者的必修科目。

(二)招募社会网络信息黑客

美政府和军方很早就秘密招募电脑"黑客"高手,年度全球"黑客"大会是其招募的最佳渠道。联邦官员从1992年起就开始参加"黑客"大会,在2005年的"黑客"大会上,国防部向所有"黑客"发出了加入邀请。① 近年来,"黑客"大会出席人员近半为美官方人员。

目前,美网络战司令部由世界顶级电脑专家和"黑客"组成,包括中央情报局、国家安全局、联邦调查局等部门电脑专家。由于所有成员平均智商在140分以上,因此被戏称为"140部队"。2013年美网络战司令部新建40支网络小队,2015年秋季前组建完成,其中13支由程序员和电脑专家组成。② 美国甚至为精于网络破译技术的在校大学生提供奖学金,作为交换,大学生毕业后需要为政府工作一段时间。据报导,法国为大学应届毕业生"黑客"设立

---

① 王军:"美军盯上黑客大会,招募网络战士意图以黑制黑",《北京日报》2010年8月3日第3版。
② 吴挺:"美国新增13支进攻网络部队",《东方早报》2013年3月14日第A09版。

图 4-3 美军从世界"黑客"大会招募人员

岗位编制，日本政府拟在 2015 年面向社会直接招收"黑客"。

在最近的乌克兰危机中，"黑客"扮演了重要角色。克里米亚公投期间，俄乌两国"黑客"之间的激战达到高峰。2014 年 3 月 16 日，乌克兰政府网站连续遭到了 42 次分布式拒绝服务攻击，与俄罗斯曾对格鲁吉亚使用的攻击方式一致。3 月 17 日，乌"黑客"对俄政府网站进行了 132 次攻击，使其大量网站瘫痪，其中的一次攻击的数据量达到了 1.24×10^5 兆字节每秒，共持续了 18 分钟，是俄"黑客"攻击格鲁吉亚网站力度的 148 倍，是 16 日俄"黑客"攻击乌克兰力度的 4 倍。乌克兰"黑客"曾两次攻陷俄国家杜马网站，并在网页上发布反俄声明，留下"光荣属于乌克兰！"的口号。① 此前国家杜马网站曾受到过一次"黑客"攻击，呼吁俄罗斯居民拿起武器，杀死俄

---

① A dangerous new era: US must take lead in cyber security, *The Christian Science Monitor*, 9th April, 2014.

联邦安全局人员。这些攻击通过僵尸网络进行，世界各地被感染的电脑都可能参与了攻击。

(三) 完善国家网络信息管理体制

网络信息安全的全局性、广泛性、复杂性和破坏力决定了必须多个政府部门联合管理，但这样也容易带来交叉重复、分割管理的问题，因此必须在多部门之上设立直属最高权力机关的权威协调机构，集中统一管理协调网络信息安全问题。这既适应了网络安全的全局性，又能克服多部门各自为政的问题。

美国网络信息安全管理体制相对完善，六大政府部门分工负责网络安全具体事务，直属总统的高级机构总揽网络信息安全事务。国土安全部既负责联邦政府网络信息安全，也负责防御性网络作战。商务部负责网络系统技术保障和制定网络信息基础设施计划。司法部（下属 FBI）负责调查诉讼网络犯罪，参与国会制定的网络安全法规。国务院领导网络信息国际合作。行政部门中包括首席信息官委员会与信息和通信基础设施机构间政策委员会，首席信息官委员会由 28 个联邦行政部门组成，专门负责管理网络安全，信息和通信基础设施机构间政策委员会协调信息和通信基础设施政策。国防部网络司令部管理国防部网络信息运行，领导全军网络进攻与防御战，其司令同时还具有国家安全局局长和中央安全署主任三重身份，主导美国密码学界。

为避免多部门职能交叉带来的种种问题，美设立直属总统的权威机构统一协调管理网络信息安全。2009 年成立全国通信与网络安全控制联合协调中心，协调和整合六大政府部门网络安全管理信息，并分析上报总统。同年成立白宫网络安全办公室，由总统特别助理兼任白宫网络安全协调官，协调全美网络安全日常事务，制定规划。2010 年美国会通过《2009 年网络安全法》，授权总统宣布网络安全紧急状态、限制事关国家安全的重要信息网络权力。直属总统的信息安全政策委员会和总统关键基础设施保护委员会，负责提供网络信息安全状况、政策建议，并协调实施相关计划。权威机构协调统管与六大政府部门具体承办，保证综合协调和各部门合作分工的高效率，有效维护了网络信息安全。

俄也建立了类似美国的网络信息管理体制，具体部门分工负责，直属于总统的权威机构进行集中管理协调。俄具体负责网络信息安全的政府部门包括联邦通讯和信息部、国家安全会议、国防部和联邦安全局。直属与总统的协调机构有国家技术委员会和国家信息政策委员会，前者负责制定和执行统一的网络信息安全技术政策和法律规范，后者领导和协调信息安全保护部门的有关工作。国家安全会议辖有专门负责反信息战机构和特种分队。俄军网络司令部也即将成立，可能直接隶属国防部，也可能为独立兵种。

（四）组建统一的网络作战部队

目前，有100多个国家在军队中设立了专门针对网络空间作战的部门，但有能力打长期网络战的国家屈指可数。美各军种很早就有各自网络战部队，美海军在网络战争司令部的基础上成立舰队网络司令部暨第10舰队（包括海军舰队信息战中心及下属计算机应急反应分队）。空军以第24航空联队为依托成立网络空间司令部，下辖67网络战联队、688信息战联队、689作战通信联队和空军网络集成中心、计算机应急反应分队、第92信息战入侵队等，进一步整合空军现有的网络作战力量，以提高网络一体打击效能。美国陆军成立陆军部队网络司令部及计算机应急反应分队，其职责是维护陆军各基地信息系统的安全，必要时可发起信息网络攻击，侵入、破坏、瘫痪甚至控制别国军事网络。美国海军陆战队也成立了网络司令部。

2005年，美军对战略司令部进行了重组，这个在冷战中以策划和统筹全球核打击为主的最高指挥机关被赋予了统领全军网络战的重任，下辖全球网络作战联合特遣部队和网络战联合功能构成司令部。美国国防部于2006年组建"网络媒体战部队",其成员既是电脑高手又是出色"记者"。他们全天候24小时监控互联网,以便及时纠正错误信息,帮助美军对付"不准确信息",并积极引导利己报道的传播。随着网络战快速发展,2009年美军在整合各军兵种网络战力量的基础上成立了网络司令部,合并全球网络作战联合特遣部队和网络战联合功能构成司令部,与导弹防御部队和战略核力量一起隶属于美战略司令部,是美军十大联合司令部之一,并于2010年5月正式运行,由此建立了集中统一的网络作战部队领导体制,美国也由此成为了全球首个将战争机构引入互联网的国家。网络司令部目前编制力量约1100人,计划于2016年增至6000人。按照计划,整个美军的网络战部队将于2020年前后全面组建完毕。届时,它将担负起网络攻防任务,确保美军将具备网络全天候的全球警戒监视、传输和控制攻击能力,确保美军在未来战争中拥有全面的信息优势。

图4-4 美国网络战司令部标志

日本、俄罗斯、英国也都很重视网络战力量建设，日本自卫队于 2014 年 3 月 26 日正式成立网络战的专门部队——"赛博防卫队"，由来自陆、海、空自卫队的约 90 名自卫队员组成，直辖于防卫大臣，由自卫队总参谋长负责监督指挥。"赛博防卫队"统一了原来陆、海、空自卫队的网络战力量与资源。俄军网络司令部近期将挂牌成立，新建的俄网络司令部可能直接隶属于国防部，也可能被确立为与空降兵和战略火箭兵类似的一个独立兵种。

（五）协调控制盟国网络战立场

美军还把网络战的控制触角伸向盟友，企图控制盟国的网络战力量。斯诺登曾提供的一份文件显示，由美国、英国、加拿大、澳大利亚和新西兰五国间谍机构组成的"五眼"间谍联盟，发动过一场名为"网络魔术师"的网络间谍活动，通过在网络上发布虚假信息，操控网络言论，从而获取所需情报。在美国推动下，2007 年美国国防部与北约签署了"网络安全合作协议"，依据美军的网络战模式，推动北约成立网络作战部队。2008 年，美国推动北约成立网络快速反应部队，以加强北约的网络攻防能力，其司令部组成成员来自美国军方以及中央情报局、国家安全局、联邦调查局等，美军将借北约之手将网络战触角伸向全球。2015 年 4 月 27 日，新版的美日防卫合作指针指出网络安全是美日深化两国军事伙伴关系的关键，该指针也包括了网络空间领域的信息共享。2015 年 5 月 30 日，美日签署关于美国向日本提供网络防御保护伞的联合声明。

三、研发实战的网络攻防装备

此次乌克兰危机中，双方都大量使用了遍及全球的"网络僵尸"攻击武器。目前，美俄网络战能力都比较强，并参与多次网络战实战。美军拥有数千种网络战装备,俄罗斯拥有大型"僵尸网络"等多种网络攻击装备,均具备相当大的破坏力。

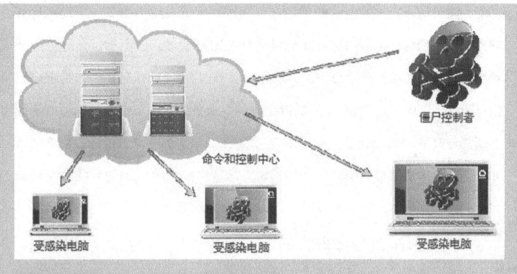

图4-5 "僵尸网络"武器

(一)网络信息欺骗装备

该型装备能大规模窃取敌方信息数据,甚至侵入敌作战指挥系统,篡改控制信号,使数据出现差错,使敌方制导武器偏向,让敌军指挥系统接收虚假信息、受到欺骗,对战场形势做出误判,甚至调动敌军。俄格战争中,俄攻击者潜入格总统网站服务器丑化总统形象。当格把总统网站移至美国后,俄随即创立了虚拟的总统网站,将信息流吸引过来发布虚假信息,极大影响了格民众心理。[1] 美国空军研究实验室正在征集可以提供网络欺诈能力的项目,以便使指挥员能用来提供假消息,迷惑、延迟或者阻止网络攻击者,使友军获益。

(二)网络信息侦察装备

网络信息侦察装备主要有无线电监听、搭线监听、口令破解、网络分析

---

[1] 理查德·A·克拉克、罗伯特·K·科奈克:《网电空间战——对国家安全的下一个威胁及应对措施》,刘晓雪等译,北京:国防工业出版社,2011年版,第26页。

等技术和装备,具备获取敌方通信、内容、网络协议、IP 地址、口令、身份鉴别、网络漏洞等的能力。 2010 年肆虐中东地区的"火焰"病毒就具有间谍功能,能自动分析感染电脑的使用者上网规律、记录用户密码、自动截屏并保存文件和通信,可暗中打开麦克风进行秘密录音等,还可通过蓝牙信号传递指令,然后再将窃取信息发送给其远程服务器。 完成任务后,该病毒还可自行毁灭,不留一丝痕迹。 该病毒窃取了伊朗石油网络系统信息,迫使伊朗切断其与互联网的连接。① 此外,美军还在发展识别攻击的装备。 美军认为,无论攻击者怎样试图通过伪造身份并抹去中间计算机的访问痕迹来隐藏自己的身份,必须识别谁在发起攻击,只有这样美国才可以实施报复。

(三) 网络信息攻击装备

通过"蠕虫""特洛伊木马""逻辑炸弹""自我变形恶意代码""陷阱门"等进行网络攻击,全面瘫痪敌方网络系统,或迫使其关闭网络系统。海湾战争中,美国及盟国战机发起第一波攻击前,美军就链接了伊拉克防空网络,发送网络"逻辑炸弹",摧毁了伊拉克的防空雷达和导弹网络系统。最近,斯诺登泄密的机密文件表明,美国家安全局向华为公司的网络电信设备植入了"后门",可随时监视并发起网络攻击。 美军发展在网络遭到破坏的情况下,仍能发起常规攻击行动的技术和装备。

乌克兰危机中,双方都使用了常规的分布式拒绝服务(DDoS)网络攻击装备。 俄在出兵克里米亚半岛前,切断了半岛与外界的网络和电话联系,同时关闭了境内 13 个亲乌克兰网站,其中就包括一个最大的对乌克兰游行示威持支持态度的网站。 2014 年 2 月 28 日,乌克兰电信运营商 JSC 发表声明,由于用以传输信息的光纤主干电缆遭破坏,JSC 已经失去联络克里米亚半岛

---

① 奇云:"'火焰'病毒点燃网络战火",《科技潮》2012 年第 9 期。

和乌克兰其他地区的技术能力。3月8日，乌克兰国家安全和国防委员会的通信频道曾受到大量"黑客"DDoS网络攻击。乌克兰表示，这些攻击设备安装在俄控制的克里米亚地区，用来干扰乌克兰国会议员的移动电话。攻击意图显然是为了延迟国家面对挑战时的反应时间。乌克兰政府已通知各部门采取紧急措施，防止网站被封锁，并命令执法机构介入调查，搜集赛博攻击的证据，惩处责任人。3月14日，俄罗斯一系列国家机关的网站也遭到了"黑客"DDoS网络攻击，包括俄罗斯总统网站、外交部和中央银行的网站，俄罗斯官方媒体如"第一频道"和"俄罗斯24小时新闻频道"的网站也遭到攻击，俄罗斯通信部还监测到来自乌克兰西部的对俄电视转播卫星的无线电电子攻击。DDoS攻击是将多个计算机联合起来作为攻击平台，对一个或多个目标发动攻击。3月16日，克里米亚公投网站遭到黑客最先进的DDoS攻击，网络安全专家查到了此轮攻击源头的确切地点，据说在此轮攻击发起之前，来自美国伊利诺伊大学厄巴纳香槟分校对公投网站进行了大规模扫描。公投网站自开通以来，经常遭到DDoS攻击，逼迫网站管理方更换了网站域名。同时，"黑客"还攻击了北约数家网站，北约很快恢复了网站运行，"黑客"攻击随之退去，并未造成严重损害。北约发言人在社交网站上发言说，北约多家网站遭到"明显的'黑客'袭击"，网络专家正在努力恢复网站正常功能。乌克兰一"黑客"组织随后声称对此负责，并在网站发表声明称，此举源于对北约干涉乌克兰内政的不满。3月22日，俄外交部网站由于遭到网络攻击而无法访问，导致俄不得不采取特殊措施改进保护系统。

（四）网电一体装备

网电一体装备成为网络战装备发展的新趋势，如美国研制的网络战装备——"舒特"系统，能主动通过敌方雷达反射的电磁波寻找入侵并接管控

图 4-6 "今日俄罗斯"电视台的网站被黑客加上纳粹字眼

制其作战指挥系统。2007年,以色列轰炸叙利亚核设施的"果园行动"中,在美国的帮助下,以色列战机通过"舒特"机载网络攻击系统接管了叙利亚先进的俄制"道尔"-M1导弹防御系统,不具备任何隐身功能的10架以色列F-15战斗机以精确制导导弹摧毁了叙核设施并离去,而叙防空系统没做出任何反应。

(五)网络信息防护装备

防止和抵御敌方对己方网络进行攻击的装备,如网络防火墙等。2010年8月,美国国防部保密网络遭到严重的网络攻击,并造成大量美军军事机密泄露。病毒通过闪存驱动器入侵了美远东军事基地一台笔记本电脑,并很快渗入了美军事网络和国防部保密网络。五角大楼承认这一事件导致军事系统最大规模的情报泄露,包括美国和北约伙伴的技术、作战和情报信息。事后美国国防部重新研究了网络信息和数据库保护办法,研制了能防止在联邦机构网络中非法使用闪存驱动器的设备,目前美国所有国家机构都采用了这种设备。

(六)网络信息设施硬摧毁装备

网络信息设施硬摧毁装备主要通过破坏或摧毁各种网络信息系统所依赖的集成电路、电子元器件等电子设备,达到控制摧毁敌方网络信息系统的目的。 美国正在发展或已开发出电磁脉冲弹、次声波武器、激光卫星武器、动能拦截弹和高功率微波武器等,可对别国网络系统的物理载体进行攻击。1993 年,美军进行了"竖琴"电磁脉冲弹试验,天线群向电离层发射电磁脉冲,阻断了对方通信并摧毁了来袭导弹。 1996 年,美国某国家实验室研制出手提箱大小的高能电磁脉冲武器,可装备在巡航导弹上,其有效作战半径达 10 公里。 1998 年,俄罗斯发明了重 8 公斤的小型强电流电子加速器,爆炸时发出的 X 射线、高功率微波可破坏电子设备。 1999 年,美国在轰炸南联盟时使用了尚在试验中的电磁脉冲弹,造成南联盟大部分地区通信设施瘫痪了 3 小时之久。 2001 年,俄公开展示了 Ranets – E 武器系统,这是世界上第一套公开的武器系统,可造成来袭战机与导弹的电子设备失效。 2003 年,美军使用电磁脉冲弹攻击了巴格达国家电视台,造成伊拉克电视转播信号全面中断。 据美国《电气与电子工程师学会分析》杂志 2014 年报道,电磁攻击已经在韩国发生过,2010 年有超过 500 架进出该国仁川和金浦的飞机曾报告出现 GPS 失灵。 经查,这些电磁场的来源是位于仁川以北大约 50 公里的朝鲜开城市。

目前,美国空军建立了专门负责实施网络信息进攻的部队——第 8 航空队,由信息战、情报、侦察、空中控制、电子战等 9 个联队组成,正在试验各种现有网络装备的效果,并希望美国政府能够提供"确切的网上打击要求",以便确定自己的作战手段和方案。① 美国空军也正在验证能够用微波脉冲摧毁敌方电子信息设备的静音导弹。数年来,作为"反电子设备高功率微波先进导弹项目"的一部分,美国一直在研究能摧毁敌方电子设备的这种武器,在导弹上搭载电磁脉冲弹头,利用功率超强的"微波炉"生成集中的能力束,导致电子设备发生电涌从而瘫痪,而电涌保护器根本来不及做出反应。现在美国空军宣称取得较大进展,能在隐身"联合防区外空地导弹"中使用这种技术。一旦与联合防区外空地导弹相结合,"反电子设备高功率微波先进导弹项目"将成为一种"战争首日"的防区外武器。2012年波音公司成功验证了这种武器,在历时1小时的飞行期间,它令整栋军事建筑物内的计算机瘫痪,永久性关闭了这些电子设备。

四、更新网络作战理论与实战训练

近年来,美军每年都集中数千名军官,集中讨论如何加快网络战建设步伐、提高网络对抗能力的理论问题。② 美军积极发展"先发制人"的网络攻防理论,划分作战手段与等级,谋求网络霸权。

(一)完善网络信息安全与攻防理论

美国军事预测学家詹姆斯·亚当斯在其著作《下一场世界战争》中指出:未来战争中,计算机本身就是武器,前线无处不在,夺取作战空间控制权的不是炮弹和子弹,而是计算机网络里流动的"比特"和字节,③西方网络战实现乌政权更迭就是明证。

美军认为,信息时代,许多技术、军事、经济、智力等财富均以电子形

---

① 刘龙春:"美国空军网络司令部将具备初始作战能力",《国防》2007年第4期。
② 潘金宽,吕小刚:"美军网络战理论创新与实践动向",《外军信息战》2010年第5期。
③ (美)詹姆斯·亚当斯:《下一场世界战争》,北京:军事科学出版社,2000年版,第15页。

第四章 无形杀手的网络攻防战

态存在，越来越多的国家将自己与敌人的传统斗争方法转向网络空间。当今的网络空间堪比战场，但这一领域的行动自由使得美国不能运用现有力量进行有效的战争和威慑，所以美军必须采取所有必要措施，在最大程度上限制这种"自由"，甚至先发制人发起攻击。在2008年4月美信息官员协会会议上，美国空军网络空间司令部司令艾尔德中将就抱怨军方网络战受限于常规攻击的规矩，如要求正式宣战，这暗示美军有可能在网络空间发起不宣而战的突袭。2009年美公布《网络空间政策评估——保障可信和强健的信息和通信基础设施》中就允许发动先发制人的网络战。

美军还认为，网络战不可避免，将网络空间视为美军潜在战场，并积极进行备战。数十年前美军就提出了"网络中心战"，利用全球信息栅格将分布在广阔区域内的各种传感器、C^4ISR系统和各种武器融合成一个高效的大系统，实现战场态势感知和武器共享，通过对各作战单元的网络互联，实现在恰当的时间、恰当的地点，以恰当的方式向恰当的人员安全、及时、准确地提供所需信息，把信息优势转变为决策优势和作战行动优势，充分发挥各种武器平台的最大作战效能，保证部队同步行动，使作战节奏加快、作战代价减少，部队战斗力呈几何级数增长。经过近年来局部战争检验，"网络中心战"已逐步渗透到美军建设各个环节，并成为其转型理论基础、信息化建设和信息化战争指导理论，对世界军事变革产生了深远影响。

随着网络战理论研究的深入，美兰德公司提出了"战略战"概念，认为战略战是一种破坏力极大的"顶级"作战形式，其实施的成败关系到国家安危与存亡。工业时代的战略战是核战争，信息时代的战略战主要是网络战。[1]

---

[1] 石纯民,杨洋:"网络战:信息时代的战略战",《中国国防报》2003年9月2日,第6版。

(二)划分网络信息攻防作战手段与等级

从当前网络战的实战经历和结果来看,网络战作战手段主要包括三种:

一是"黑客"式网络战。目前俄乌网络战就是双方的"黑客"大战。俄乌两国均有较强的网络攻击能力,但总体来看俄技高一筹,而且大多数乌克兰通信基础设施通过俄罗斯控制的线路和开关运作。2014年3月,乌克兰安全部队指控俄关闭了乌西部的移动和固定电话。乌克兰的网络攻击能力也不可小视,美国国土安全部部长助理斯图尔特·贝克曾称,"乌克兰并不是一个强大的国家,但是它拥有一些老练的'黑客'。"据美国媒体报道,乌克兰是著名的"黑客"港湾,这里聚集着数量巨大的网络犯罪团伙。据俄罗斯媒体报道,对俄实施网络攻击的乌克兰"黑客"组织包括 OpRussia、CyberCommand 及"独立广场百人队"等。OpRussia"黑客"组织3月曾对克里姆林宫网站发动过攻击,要求普京停止对乌克兰的侵略。同时还攻击了俄罗斯政府网络和商业机构网络,甚至还攻击俄空军网络。CyberCommand 组织也反对普京吞并克里米亚。他们攻击了俄罗斯企业和机关的网络,包括俄罗斯国防产品出口公司及俄罗斯天然气工业公司等。

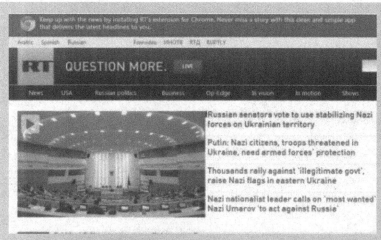

图 4-7 俄人气新闻网站 RT. com 遭到黑客攻击,黑客将 RT 的主页中很多俄罗斯字样都改为了纳粹

二是实体打击。将运用空袭和地面部队渗透破坏等方式攻击敌信息系统，破坏敌指挥控制能力，瘫痪敌方情报、指挥系统，使敌指挥官无法了解战场情况，最终夺取制信息权；或通过实体打击寻找网络接入的突破口，给"黑客"部队创造侵袭条件。

三是心理打击。借助网络战对敌官兵施加心理攻击，摧毁其战斗意志和抵抗意志。伊拉克战争开战前，美军侵入伊拉克国防部邮件系统，向全体伊拉克军官发送邮件，告知其将坦克和装甲车等装备按队形在营区摆放好、人员离开营区，结果很多伊拉克军官直接服从了美军指令。[1] 在利比亚战争中，联军通过电子信箱向利比亚军官发布通告，如：我们有你们指挥所的GPS坐标，也能跟踪锁定你的手机位置，巡航导弹已经对这些坐标设定了程序，你们打算怎么办？此举对利比亚高级军官产生了极大的威慑作用，并迫使他们不断变换手机号码，既瓦解了士气又干扰了通信和指挥系统。

按照上述网络作战手段的运用，网络战可分为三个作战等级：

第一等级是干扰、破坏甚至控制敌方特定信息系统，达到扰乱，甚至颠覆敌方的目的。在乌克兰危机中，西方网络战左右乌克兰政局的发展变化。自乌克兰亚努科维奇政权逐渐倒向俄罗斯，并暂停欧盟联系国协定后，欧美国家对其极度不满，随即加大了对乌克兰当局进行网络干扰和破坏的力度：欧美国家运用网络手段制造和传播政治谣言，采取了窃取、拦截和攻击等多种技术方式，使乌克兰主流网站充满对政府的批评和攻击，极大渲染鼓动了民众反对政府的意愿和氛围。亚努科维奇政府宣布暂停与欧盟签署联系国协定当天，社交网站脸谱网出现一大批抗议人士组成的联系交流群，积极鼓动民众去基辅市中心的独立广场抗议亚努科维奇政府，如"急救欧洲迈丹"

---

[1] 理查德·A·克拉克，罗伯特·K·科奈克：《网电空间战——对国家安全的下一个威胁及应对措施》，刘晓雪等译，北京：国防工业出版社，2011年版，第15页。

"正义部""乌克兰革命欧洲迈丹"等,并有专人出资维护,这些群接收群员发来的文字和图片,几乎实时直播示威游行,并且集中传播对他们立场有利的事件。如基辅女大学生发了一张自己被"金雕"特种部队和警方攻击的照片,配上"我想,我快要死了"的文字,立即被各大网群病毒式传播,顿时民愤四起。另外,示威者还把大量现场视频分享至"Youtube"平台。随着示威的持续,这些网络宣传极大渲染鼓动了民众反对政府的意愿和氛围。同时,欧美国家大规模攻击了乌克兰政府和军队网站,并导致乌官方网站的彻底瘫痪,为颠覆政权奠定了基础。乌克兰危机中,俄乌两国网络战也是攻击和破坏双方的政府网站,乌克兰政府网站和俄罗斯国家杜马、外交部、克里姆林宫和中央银行的网站均遭到干扰破坏,导致网站资源间歇性无法访问,乌"黑客"甚至还攻击俄空军网络。2010年美国和以色列向伊朗核设施网络植入"震网"病毒,导致约1000台离心机瘫痪,迫使伊朗放弃了原定核计划。2010年美国也曾运用"震网"攻击朝鲜核武器项目。美国以往颠覆中东、北非一些国家的政权,同样大量运用网络手段。斯诺登曾披露,由英国、美国、加拿大等国组成的"五只眼"情报联盟,多次通过网络手段达成了预期目的。

第二等级是发动小规模的互联网攻击来策应、支援常规战争。俄军占领克里米亚期间,就切断了克里米亚的网络与通信系统,有效支持了俄军的占领行动。1997年北约轰炸南联盟期间,南联盟"黑客"对美国各个重要网站的攻击属于此层级的网络进攻。

第三等级是全面的网络战争。开战前通过网络战破坏对方重要网络系统,造成军队和国家全面瘫痪,为对手军事行动取胜奠定了基础。如俄对爱沙尼亚和格鲁吉亚的网络战中,被攻击国所有重要部门的网络均遭摧毁,银行、媒体、通信、交通运输和军队指挥通信等网络系统陷入全面瘫痪,整个国家一片混乱。2007年4月，爱沙尼亚政府网站突然被来自世界各地电子信息淹没。尽管有防火墙、备用服务器和经验丰富的技术人员来应对这种突发性事件，但防线还是迅速遭到攻破，网络攻击次数呈指数式增长，包括政府、银行、新闻媒体在内的各大网站相继遭到攻击，无一幸免，整个国家的秩序陷入一片混乱。事后爱沙尼亚国防部长阿维克索6月份在巴黎的一场国际会议上说，爱沙尼亚网络战是"没有被注意到的第三次世界大战"。2008年8月俄格战争中，在冲突爆发之前，俄罗斯就控制了格鲁吉亚的网络系统，格失去了对".ge"域名的控制，格鲁吉亚人无法获得外部信息，也无法向外部发送信息。冲突爆发后，几乎所有的服务器被完全冻结，格银行系统处于瘫痪，移动电话系统和信用卡系统也被迫关闭，格媒体、通信和交通运输系统也陷入瘫痪，格军接收不到上级的指令，上级也无法获悉战况，从而为俄军事顺利奠定了基础。

图4-8 美军网络作战

（三）强化提升网络信息攻防实战演练水平

网络攻防演习和训练是快速检验提高网络安全水平、提升军队网络战技能的有效方式，也可以验证相关装备效能，训练作战方式和手段。

组建网络战靶场和战术训练基地。美国"劳伦斯·利弗莫尔"国家实验室一直以研究互联网和计算机技术著称，他们认为，随着网络等新媒体的兴起，蜂拥而至的"愤怒青年"更容易被利用、被煽动，完全可在网络虚拟空间里制造出政治集会的效应，网络空间正成为组织和动员"抗议者"的重要平台。科索沃战争结束后，美军在西点军校设立网络战作战实验室，论证网络作战理论，提供网络战战场试验环境。2008年，美国启动国家网络安全综合计划，重点建设国家网络靶场，除测试网络战攻防手段外，还兼顾网络战模拟训练，目标是模拟真实的网络攻防战提供虚拟环境，针对敌对网络攻击手段进行试验，以实现网络战能力的重大变化，打赢网络战争，目前已经完成了军兵种网络战战术训练基地和国家网络靶场的建设，如尼尔森空军基地已成为空军网络战战术、技术训练场。

进行网络安全与网络攻防实战演习。美政府和军方分别主导的网络安全与网络战演习中，参与机构众多、规模庞大、演练针对性强。从2006年开始，白宫主导两年一度的"网络风暴"演习，包括白宫、国家安全委员会、国防部、国务院等重要部门参与。2008年"网络风暴Ⅱ"中有18个联邦机构、9个州、4个盟国、微软和思科等40多家高科技信息企业参与，演习了"黑客"入侵、网络欺诈，以及攻击与瘫痪运输、化工、通信等基础设施的内容，重点在于维护美国网络安全。英国、加拿大等15个国家参与了2010"网络风暴Ⅲ"演习。美军则主导年度"网络防御"等攻防演习，由国家安全局电脑专家充当"黑客"负责进攻，西点军校等部队专业人士进行防御，以研究美军网络安全漏洞，如"联合远征部队实验""数字珍珠港""网络拂晓""网络旗帜"等。通过演习，美军已着手备份互联网与重要网络系统。

图4-9 美军在进行网络战演习

乌克兰危机期间，俄军也展开了大规模网络安全军事演习。2014年3月16日，俄罗斯东部军区开始举行通信兵军事演习，有约3000名士兵和超过500个军事设备投入演习。据悉，此次军事演习过程中俄军部队使用最新的通信技术，这是俄罗斯国防部2014—2015军备订单框架下新接收的设备。军事演习中，军事专家将检查在电子干扰、计算机网络恶意攻击条件下通信系统的稳定性，并测试其应对假想敌破坏的能力。3月18日，日本政府举行迄今最大规模网络战演习，参加人员由来自内阁府各省厅、内阁官房信息安全中心、关键基础设施运营商的约100人组成，为史上最大规模。训练主要内容：假设某省厅遭到了赛博攻击，各省厅横向应对赛博攻击的专门机构，开展紧急应对训练并进行跨省厅的信息收集和共享。日本政府以3.18与cyber的日文谐音为由，将3月18日定为"赛博攻击应对训练日"，并计划今后每年的3月18日都要开展同样的训练。

将网络战列入军队日常训练科目。在各类常规联合演习，美军高度重视网络攻防科目的协同设置与演练,如每年的"焦点透镜"和"阿尔索伊/鸽鹰"联合演习中均设有网络战科目,此外,美韩年度"不屈意志"联合军事演习中也设有网络防御作战科目,借助联合演习来演练网络战的协同作战能力与实战效果。2014年9月,日本防卫省确定将于2016年开展自卫队年度网络攻击模拟训练,强化网络防御能力,确保所有政府机构在遭遇网络攻击时候具备反击能力。模拟攻击训练的内容将是"敌国"一方将真实地向自卫队指挥系统输入病毒,发起网络攻击,由自卫队实施防御与反击。日本防卫省已经在2015年度政府预算中列入了网络战训练调查经费,约10万美元。

五、警示

党的十八大提出要"高度关注海洋、太空、网络空间安全",①但我国"网络信息安全防护能力不强,面临严峻挑战"。②"棱镜门"事件表明,长期以来,美国针对中国的网络信息监控范围之大、领域之宽、目标之多、时间之长,从国家领导人、大型高科技企业、重要国家机构、科研院所,到普通人的电子邮件和通信记录,都是美监控对象。美国前国务卿奥尔布莱特曾直言不讳地说:"中国不会拒绝互联网技术,因为中国要实现现代化,这是我们的可乘之机,我们要利用互联网将我们的价值观送过去,送到中国去。有了互联网,对付中国就有了办法。"2014年2月成立的中央网络安全和信息化领导小组首次会议上,组长习近平总书记强调:没有网络安全,就没有国家安全。③因此,网络信息安全是我国家安全建设的当务之急。

---

① 《十八大报告》辅导读本,北京:人民出版社,2012年版,第36页。
② 《国务院关于大力推进信息化发展和切实保障信息安全的若干意见》(国发[2012]23号),中华人民共和国中央人民政府网站,http://www.gov.cn/zwgk/2012-07/content_2184979.htm,最后访问日期:2015-04-24。
③ "管好网络安全,我国出了哪些招?",《北京青年报》2014年12月1日,第A4版。

（一）掌握网络信息核心技术，加快开发相关的装备

近年来，我国网络信息化工作取得了显著发展成就，网络走入千家万户，网民数量世界第一，已成为网络大国。但目前我国网络信息核心技术受制于人，①客观上导致了网络信息安全面临严峻形势。芯片被国外控制，年进口值2000多亿美元，广泛使用于能源交通、金融电力和医疗社保等关键领域，是第一大进口商品。2015年4月9日，美国商务部突然宣布对中国4家国家超级计算机中心禁售英特尔"至强（XEON）芯片"，使得我国计划中的芯片升级严重受阻，将危及中国继续夺取全球超级计算机"五连冠"，这再次暴露我国网络信息核心技术受制于人的局面。在网络基本操作系统中，微软的Windows XP系统垄断我国计算机操作系统市场，份额达70%以上，政府机构、重点行业企业、高等研究机构中Windows XP系统比例相当高。80%的网络系统软件为国外开发，全球3000个大型数据库70%在美国，全球互联网13台根服务器在国外，80%的互联网网页为英语，访问量最大的100个网站94个在美国。美国思科公司占据中国互联网份额70%以上，全面渗透到我国几乎所有大型网络项目的建设领域，涉及政府、海关、邮政、金融、铁路、民航、医疗、军警等要害部门的网络，以及中国电信、中国联通等电信运营商的基础网络，承载着中国互联网80%以上的流量，并控制着所有的超级核心节点。据斯诺登揭秘，美国国家安全局正是通过思科路由器来对中国的网络和电脑实施监控的。我国网络安全面临的威胁已迫在眉睫。我国80%以上的芯片为美国制造，软件系统80%为国外开发。②国内政府部门、军队、企事业单位和个人使用的网络信息硬件产品，大部分是思科、IBM、戴

---

① 《国务院关于大力推进信息化发展和切实保障信息安全的若干意见》（国发[2012]23号），中华人民共和国中央人民政府网站，http://www.gov.cn/zwgk/2012-07/content_2184979.htm，最后访问日期：2015-04-24。

② 李明海："透视西方国家在乌克兰发动的网络战争"，《国防参考》2014年第6期。

尔、宏基等境外品牌。2014年4月8日,微软公司宣布放弃XP系统。同日国内首个大型网络攻防赛——XP挑战平台,开赛仅1分钟XP系统就被攻破。①

我国应把研发网络核心技术作为国家安全战略的重要内容,实现网络空间关键技术自主可控,彻底改变受制于人的局面。要积极推进"核高基"专项工程,努力在操作系统、可信计算、网络协议、微处理器、网关、路由器、密码等软、硬技术方面取得新突破。网络空间要遵循系统发展的客观规律,使各类网络技术均衡发展,形成体系相对优势,避免出现系统短板影响整体效能。另外,当前我国网络信息核心技术已取得长足发展,国产芯片、国产计算机操作系统、网络核心路由器等硬件产品相继产生,因此要加强国产自主可控的网络信息产品和技术的推广应用,这是有效提升我网络信息安全水平,是维护国家网络空间安全的关键。

(二) 颁布网络信息安全战略

我国目前还没有网络信息安全的国家战略,直接影响了我国网络信息安全建设。"中国自身网络防御能力很羸弱,主要原因是政府多个部门缺乏统一的网络安全战略"。② 参照国际通行做法,国家网络安全战略是一个体系,包括国际战略、国内战略、战略目标、网络攻防、技术手段、管理体制和法律制度等。目前我国还缺乏此类战略,仅有三个指导文件。2003年9月7日,国家信息化领导小组《关于加强信息安全保障工作的意见》③首次提出信息安全是国家安全重要部分,并制定了总体方针、基本原则和基本任

---

① "'XP挑战赛'收官:腾讯、金山落败,360坚守成功",新华网,http://news.xinhuanet.com/tech/2014-04/06/c_1110122695.htm,最后访问日期:2015-04-25。
② 2012年1月,美国科技资讯网站ZDNet公布一项最新网络防御能力排行榜的评价。http://news.cntv.cn/20120204/116813.shtml,最后访问日期:2015-04-20。
③ 中国电子政务网,http://www.e-gov.org.cn/ziliaoku/news004/201105/119084.html,最后访问日期:2015-04-25。

务。2006年,中共中央办公厅《2006—2020年国家信息化发展战略》[①]把建设国家信息安全保障体系作为第八个战略重点,提出"积极防御、综合防范"方针,强调重点保护基础信息网络和关系国家安全、经济命脉、社会稳定的重要信息系统。2012年,《国务院关于大力推进信息化发展和切实保障信息安全的若干意见》[②]提出,要制定国家信息安全战略和规划,形成国家信息安全保障体系。

信息时代,网络安全就是国家安全,涉及国家方方面面和个人的工作生活,因此必须将网络安全纳入国家安全,可由中央国家安全委颁布我国网络信息安全国家战略。

颁布专门的网络信息安全国家战略:一是要准确研判威胁源头。要结合国际国内政治、经济、军事、外交形势,深入研究可能对我国造成网络威胁的国家、组织、团体,对国家网络安全形势做出总体判断。二是分析当前网络威胁的主要类型,结合我国的具体形势,评估遭受大规模毁瘫式网络攻击的可能性。三是明确我国应对各种网络威胁应具备的技术手段,提出未来发展方向,制定应对各种网络威胁的应急预案,健全配套设施,培养网络安全人才。四是尽快构建我国近期、中期以及长远的网络空间安全发展"路线图"。

在具体制定专门的网络信息安全国家战略过程中,可以参考国家信息化领导小组、中共中央办公厅和国务院已经颁布的三个网络信息安全指导性文件的相关内容,并结合我国实际,借鉴国外经验。国家网络信息安全战略应

[①] 中华人民共和国中央人民政府网站,http://www.gov.cn/test/2009-09/24/content_1425447_4.htm,最后访问日期:2015-04-25。

[②] 《国务院关于大力推进信息化发展和切实保障信息安全的若干意见》(国发[2012]23号),中华人民共和国中央人民政府网站,http://www.gov.cn/zwgk/2012-07/content_2184979.htm,最后访问日期:2015-04-24。

包括网络信息安全的定位、国内战略、国际战略、阶段目标、网络攻防、技术支持、管理体制、监管监控、产业服务、法律制度等内容，主要聚焦于战略目标定位、核心技术、领导体制、力量建设、关键基础设施保护、安全等级保护、政府信息公开、公民隐私保护、网络监控、应急处理与备份、专门人才培养、法制与标准体系和国际合作与国际规则制定等。此外，国家还应适应上述战略需要，及时颁布网络信息安全的相关国家计划规划，以推动落实上述战略，如制定《基础设施保护规划》和《网络信息安全核心技术发展路线图》《网络信息安全人才培养计划》等，提出具体目标、措施和政策，以加快开发网络信息安全技术研究和信息安全防护水平的提高。鉴于军队在网络信息安全领域的重要地位和作用，应制定军队网络信息安全战略，为有效维护网络安全、加强网络空间军事斗争准备提供基本指引和工作遵循。

（三）建立网络信息安全法规制度体系

作为网络信息安全的制度保障和最后防线，我国法律尚没有任何有效应对手段。十八届四中全会明确提出："完善网络安全保护等方面的法律法规……，加强互联网领域立法，完善网络信息服务、网络安全保护、网络社会管理等方面的法律法规，依法规范网络行为。"[①]

目前，我网络信息安全立法滞后，立法以法规规章为主，主要集中于网络信息服务与管理，立法内容相对陈旧，无法形成统一协调的法律体系，难以适应网络信息安全严峻形势需要。

法律层次的规范太少，且内容过于简单。网络空间法律层次规范总共三部：一部是《中华人民共和国电子签名法》，规范民事领域电子签名法律效力；另两部是网络信息安全专门的法律，即 2000 年《全国人民代表大会常委

---

① 《中共中央关于全面推进依法治国若干重大问题的决定》辅导读本，北京：人民出版社，2014 年版，第 14 页。

会关于维护互联网安全的决定》，规定危害计算机系统，利用互联网实施犯罪等，2012年《全国人民代表大会常委会关于加强网络信息保护的决定》，规定建立个人电子信息保护制度、网络身份管理制度等，二者内容过于简单，前者7条，后者12条，无法适应网络安全复杂形势需要。此外，《中华人民共和国国防法》未涉及网络安全，与网络空间斗争形势差距较大。其他法律也有少量涉及网络安全的内容，如宪法保障公民通信自由与秘密，《中华人民共和国刑法》第285~287条规定计算机系统犯罪，著作权法保护网络信息传播权，治安处罚法、国家安全法和国家保密法等也有相关内容；但这些规定较少，比较零散，缺乏针对性、统一性和协调性，不能适应网络信息安全的复杂形势需要。近期将出台网络安全审查制度，对重要信息技术产品及提供者进行网络安全审查，这是我国首次正式提出建立国家网络安全审查制度，标志着网络信息安全立法开始全面起步。

相关立法以法规规章为主。网络空间领域现有40多部行政法规和500多部部门规章。1991年，《全国劳动管理信息计算机系统病毒防治规定》是第一部网络信息安全专门规范。1994年，国务院颁布《中华人民共和国计算机信息系统安全保护条例》，后颁布大批网络信息安全专门规范。网络信息安全专门法规规章共65部，涉及系统安全、信息安全、信息产品安全、保密及密码管理、病毒程序防治和网络信息犯罪等内容。全面性规范如《中华人民共和国计算机信息系统安全保护条例》，专门性规范如《计算机病毒防治管理办法》，地方性法规如《广东省计算机信息系统安全保护管理规定》，[①]其他法规如《中华人民共和国电信条例》《中国人民解放军安全工作条例》和最高法院《关于审理扰乱电信市场管理秩序案件具体应用法律若干问题的解释》等也涉及网络信息安全内容。除部门规章外，还有一些涉及网络安全

---

① 刘滨："我国信息安全立法的现状与对策"，《上海信息化》2012年第12期。

的规范性文件，如国家互联网信息办公室2014年5月下发的《关于加强党政机关网站安全管理的通知》。部门规章和规范性文件难以有效应对网络信息安全问题的全局性与复杂性。

立法内容以网络信息服务与管理为主。如互联网服务《互联网信息服务管理办法》、信息服务的《中华人民共和国政府信息公开条例》、保护信息网络传播权的《信息网络传播权保护条例》、规范计算机软件的《计算机软件保护条例》、维护电信市场秩序的《中华人民共和国电信条例》、规范电子出版物的《电子出版物管理规定》、规范商用密码的《商用密码管理条例》、规范软件管理《软件产品管理办法》、规范电子商务的《网络商品交易及有关服务行为管理暂行办法》和规范即时通信的《即时通信工具公众信息服务发展管理暂行规定》等。

立法内容滞后且不统一。现行专门法规大多制定于20世纪90年代，内容滞后。如1994年《中华人民共和国计算机信息系统安全保护条例》《中华人民共和国刑法》第285～287条。2001年著名的"吕科事件"中，程序员吕科在其公司网络程序中安置"逻辑炸弹"并取走了源程序代码，在这场严重威胁公司网络信息安全的事件中，由于缺乏相应的法律规定，最终只能按照劳资纠纷处理。① 同时一些法规内容还存在矛盾，不利于网络信息安全的保护。如未经许可从事互联网经营，《中华人民共和国计算机信息网络国际互联网管理暂行规定》第22条规定公安机关处罚，而《中华人民共和国电信条例》第70条和《互联网信息服务管理办法》第19条规定由电信机构处罚。对未取得互联网信息经营许可证的处罚，《互联网信息服务管理办法》规定没收违法所得，处违法所得3～5倍罚款，或处10万～100万元罚款；情节严重关闭网站。而《中华人民共和国计算机信息网络国际互联网管理暂行

---

① 杨文娟："我国网络信息安全问题及其立法现状分析"，《情报探索》2008年第1期。

规定》则规定停止联网，没收违法所得，处1.5万元以下罚款。

相关法律是网络信息安全的最后保护屏障，必须尽快完善网络信息安全立法。

首先，全国人民代表大会尽快制定网络信息安全的综合性基本法——《网络信息安全法》，基本内容包括适用范围、基本原则、力量建设、职责分工、关键基础设施保护、网络产品与服务审查、风险评估、安全等级划分、应急备份、网络监控、网络违法犯罪处理、个人信息保护、核心技术开发应用、安全服务、网络攻防和国际合作等。

其次，要加快网络信息安全专项立法进度。第一，制定《信息基础设施保护法》，保护能源、交通、金融、社保、市政等重要的计算机系统和关键基础设施信息系统，明确关键基础设施范围、管理主体、保护方法、权利义务、法律责任等内容。第二，完善计算机系统和互联网的保护。在《中华人民共和国刑法》中增加网络信息安全犯罪，并将其调整到危害国家安全罪中，增加普通犯罪涉及网络信息安全的处罚力度。完善互联网违法行为的处理，依法打击网络虚假信息、非法有害信息的行为。出台对博客、微信等新型网络工具的管理办法。第三，加快出台信息技术产品和服务安全审查制度，政府部门、实验室和国有企事业单位的计算机和网络器材必须从本国公司购买自主可控的国产品牌，确保信息技术产品和服务的安全。第四，加强网络监控和个人信息与隐私的保护，处理好个人隐私保护与国家网络监控的关系，出台维护网络安全的《网络监控法》、保障个人信息安全的《个人隐私保护法》或《个人数据保护法》等，确实防止个人信息的滥用和隐私的侵犯，适时推进建立政府与私营网络信息企业间的信息共享制度。第五，与电子签名法相衔接，出台电子政务法和电子交易法，修订票据法、会计法、海商法等，确保电子交易和管理的安全有序。第六，完善网络安全等级保护制度，明确范围和层级、责权划分，以及应采取的相应措施。第七，加快网络信息安全核心技术研发应用和人才培养的立法，扶植促进国产品牌的推广应用，培养专门人才，确保的网络安全的基础技术支撑和智力支持。第八，加强网络信息安全标准化建设，保障信息技术服务外包的安全、规范。第九，明确军队在网络信息安全立法中的地位作用。

最后，面对激烈的网络信息安全国际规制权争夺战，我们必须高度重视，有针对性地研究《塔林手册》等相关规则内容和网络战的战技战术，利用目前相关规则还不够成熟完善的时机，积极利用联合国等多边国际机制，通过一系列创新，克服软件硬件、技术和管理上的不足，在网络信息安全国际规则的制定过程中化被动为主动，使中国充分加入网络信息安全的国际规则制定过程中，掌握或分享网络信息安全国际规则的制定权，从而切实维护和实现国家的战略利益。

（四）提高网络信息攻防实战演练

信息时代，美国颠覆别国的活动正在由现实世界向虚拟空间拓展，美国以网络为平台和手段，影响并"绑架"他国国内舆论，控制他国关键基础网络信息系统，借此对他国事务实施粗暴干涉。

为争取在网络信息攻防中的战略主动性：首先，国家要投资建设专门的网络信息攻防实验室或者靶场，研究网络信息安全技术、网络信息安全战略、网络攻防装备、应对理论和方法等内容；其次，国家要主导国家级的网络信息安全演练，借大型网络信息安全演练提升政府机构、大型企业和民众的网络安全意识和技术水平；最后，军队应从速构建精干高效的网络空间攻防力量体系，着力提高网络空间战略制衡能力。

第五章

竞相对抗的心理威慑战

第五章 竞相对抗的心理威慑战

在乌克兰危机中,俄与欧美的心理威慑战主要集中于军事威慑。除军控之外,双方全面终止各种形式的军事合作,常规军事演习和战略军事演习规模空前,军事部署针锋相对,有效配合了乌东部地区正面战场的需要。

一、军事合作全面终止

乌克兰危机爆发后,除战略核武器等军控合作外,北约、欧美和乌克兰等国单方面中止与俄军事合作与交流。俄强势回应,应对欧美。这一局面一直持续至俄2015年9月加大对叙利亚军事介入后才有所缓和。

(一)北约与俄合作全面中断

苏联解体后,北约与俄关系一度得到改善,但俄始终反对北约东扩。

第五章 竞相对抗的心理威慑战

1992年2月，北约秘书长与俄总统叶利钦举行会晤时表示：北约与俄互为对手和敌人的时代已经过去，现在到了伙伴和合作的新时期。1994年1月，北约发表了《和平伙伴关系计划》，①开启了北约东扩的序幕，表明北约东扩并不是遥远的事情，由此引起俄极大不安。为确保自身安全，俄坚决要求加入此计划，并在计划中拥有"特殊地位"，但遭到北约拒绝。经过多次磋商，1995年俄加入北约的《和平伙伴关系计划》，并签署了俄与北约的《双边军事合作计划》。1997年5月，俄与北约签署《俄罗斯与北大西洋公约组织相互关系、合作和安全基本文件》，建立北约—俄罗斯常设联合理事会，这只是一个磋商论坛，被称为"19+1"机制，俄没有任何决定权。1999年北约东扩波兰等国，并轰炸南联盟，俄宣布暂停与北约的一切关系，召回了驻北约大使，直到2000年3月双方关系才得以恢复。俄车臣战争期间，俄对北约在车臣问题上的攻击给予了坚决反击。

"9·11"事件后，北约急需俄反恐和其他领域的合作，而普京当政后也改变了对北约的某些看法，双方关系进一步改善。2002年5月28日，北约和俄签署了成立北约—俄罗斯理事会的《罗马宣言》，宣布"20国"机制正式成立。它与"19+1"机制的不同之处在于：在打击反恐、防核扩散、军备控制等非核心领域，俄拥有与19个成员国完全平等的权利，但在对外军事干预、北约东扩和内部决策等核心问题上没有否决权。理事会章程还规定，当北约国家一致认为所议事项如果让俄参与会有损其安全利益时，该事项可以不列入北约—俄罗斯理事会讨论日程，这一条实质上排斥了俄罗斯在北约与之有利害关系问题上的发言权。《罗马宣言》分配给俄罗斯的是一个"小伙伴"

---

① 其主要内容包括：①北约正式邀请前华沙条约组织国家和欧洲中立国家参加"和平伙伴关系计划"，在军事演习、维和、危机控制等方面进行合作和政治磋商；②伙伴国可向北约总部派出联络员；③伙伴国必须承认西方的民主、人权标准，并尊重现有边界。这个计划是北约盟国与东欧及中亚国家间的一种松散的对话与合作关系，但这实际上也等于开启了北约东扩的序幕。

角色，是将俄罗斯"锁在西方阵营"的重要举措。2004年，爱沙尼亚、拉脱维亚、立陶宛、斯洛伐克、斯洛文尼亚、罗马尼亚和保加利亚加入北约，特别是不受《欧洲常规武装力量条约》及其补充协议限制的波罗的海三国加入北约后，理论上北约可以在这一地区部署任何武装力量，而且从波罗的海国家到俄罗斯中央地区，装甲车只需一昼夜的路程，巡航导弹只需几分钟，这对俄来说是一个巨大的威胁。2008年4月，北约峰会明确宣布将吸纳乌克兰和格鲁吉亚，俄强烈反对，并在2008年8月以俄格战争的形式对北约和格鲁吉亚进行严重警告。俄格战争后，北约严厉谴责俄罗斯，冻结北约—俄罗斯理事会各级别的活动。作为回应，俄停止了与北约的多项合作计划，双方关系跌入低谷，俄格战争是俄首次尝试给北约东扩画下红线。后来在北约的主动斡旋下，2009年4月双方高层接触才恢复。2010年，俄与北约就欧洲导弹防御系统展开磋商。2011年4月，北约—俄罗斯理事会大使级会谈未能就欧洲导弹防御系统的部署达成协议，[①]北约力图建立欧洲导弹防御系统时排除俄罗斯，而俄则要求参与欧洲导弹防御系统，双方分歧太大，经过数年谈判也无法达成协议。同时北约坚持其成员国安全由北约负责，不允许俄插手。

2009年奥巴马上台后，曾经寻求"重启"对俄关系，包括推迟在波兰实施导弹防御计划。北约也尝试推进与俄罗斯的关系，一度将其视为战略伙伴，而非敌人，但北约东扩和美国东欧部署反导系统一直没有停止。乌克兰危机的爆发使俄与北约的紧张关系上升到冷战结束以后的最高点，北约宣布与俄中断一切军事合作关系。2014年3月，北约中止了与俄罗斯关于就销毁叙利亚化学武器的联合行动计划，这原本是北约—俄罗斯理事会成立10多年

---

① 俄反对部署欧洲导弹防御系统有三个目标：一是制定反导系统互不针对的法律保证；二是制定客观的评估标准，以证明反导系统确实用于应对欧洲大西洋地区以外潜在的威胁；三是必须保障俄在未来反导系统建设中的平等参与。北约坚持没有必要与俄签署反导系统互不针对的法律保证，同时必须建立北约和俄两个独立的反导系统，双方以交换信息的方式合作。

第五章 竞相对抗的心理威慑战

来的首次联合行动。4月1日,北约宣布,除与俄保持外交大使级别对话外,中止与俄罗斯一切军事合作,同时中止包括民间交流在内的一切实质性合作事项,以抗议俄占领克里米亚半岛,并增强从中东欧到波罗的海的军事力量。

对于北约中断与俄合作,俄方认为,这是北约发动的一场新"冷战",其目的是让北约组织重新复活。2014年4月2日,俄副总理罗戈津在自己的twitter页面中写道:"北约决定冻结同俄罗斯合作至6月……,上一次(2008年)他们将合作冻结了整整三个月,12月才解冻。这还有什么可说的呢!'冷战',所以北约就冻结。"俄外交部发言人卢卡舍维奇同日发表声明说,北约决定暂停与俄罗斯合作,给人一种"往日重现"的感觉,这种行动对双方均无益处。俄国家杜马国际事务委员会主席普什科夫表示,北约外交部长会是试图重新激活北约这个处于"半死状态"的组织。他说,北约曾多年没有外部敌人,这次是借"俄罗斯威胁"重整军备,此举符合美国利益。俄国家杜马国防委员会副主席克林采维奇表示,"虽然这不是健康的,但也并非致命的。我们已预料到这一点",并表示中断与北约的合作反而可以让俄"更加放开自己的手脚"。4月3日,在北约宣布暂停与俄罗斯的一切合作之后,俄召回了驻北约的最高军事代表瓦莱里·叶夫涅维奇将军,以示抗议。俄国防部当天表示北约此举动"对缓和地区紧张局势无益",俄与北约今后在军事领域的合作将视北约"遏制俄罗斯"的实际措施而定。8月8日,俄国家杜马国际事务委员会主席普什科夫再次表示,北约与俄的合作一直没有实质性进展,一旦停止与北约的合作,俄不会有损失。在这个合作中,除象征性的北约—俄罗斯理事会外,什么都没有。普什科夫还说:双方合作框架下,北约出发点永远都是俄要支持它,但它从不支持俄任何事情。车臣问题上,它没有向俄提供任何援助,反而与车臣武装分子接触,鼓励车臣脱离俄。

对于北约中断与俄所有军事合作,北约内部也有不同声音。2014年4月1日,希腊外交部长维尼泽洛斯在布鲁塞尔举行的北约会议上表示,北约应该保留与俄罗斯进行政治和外交对话的渠道,以防止再次出现冷战。

(二)欧美与俄军事合作全面停止

欧美等国也全面停止了与俄的军事合作与交流。2014年3月3日,美五角大楼宣布,美方暂停与俄罗斯的一切军事合作,包括禁毒、反导和防止核扩散等领域的合作、美俄联合军事演习以及相关军事会谈和会议。3月18日,日本政府决定冻结两国避免军事冲突协定的谈判。当天,英国外交大臣黑格宣布,暂停与俄所有的军事合作,包括一项技术性的合作协议,暂停发放向俄出口军事装备的许可,搁置与俄、法、美举行的联合海军军事演习计划。3月21日,法国国防部长勒德里昂在访问爱沙尼亚途中表示,俄对克里米亚的占领威胁欧洲的和平与安全,法国已经暂停与俄罗斯的绝大多数军事合作,不会再与俄方举行联合军事训练。不过,勒德里昂当时还没有说明法国与俄2011年签订的两艘"西北风"级两栖攻击舰军售合同是否将受影响。[①] 2014年9月,法国决定中止将建造好的"西北风"两栖攻击舰送往俄罗斯,取消了此项购买合同,最将赔偿俄罗斯11.63亿欧元。2014年4月28日,美宣布对俄实施高技术出口禁令,停止批准"有助于助长俄军力"的美国高科技产品出口申请,并吊销所有与此相关的出口许可证。6月17—20日,在德国举行的国际反导大会上,举办方以与俄存在分歧,无法为其接待创造条件为由拒绝俄参会申请。俄认为,鉴于美国与北约在欧洲肆无忌惮部署反导系统,此举无异于进一步破坏对话和国际稳定。7月25日,欧盟宣布

---

① "西北风"级两栖攻击舰可搭载直升机、水陆两栖装甲车、坦克等重型装备以及至多900名士兵,是法国海军现役第二大舰只,也将是北约成员国向俄罗斯出售的最高级别尖端武器。

新一轮制裁中，包括了对俄武器销售和出口禁令。当天，意大利中止与俄联合建造新一代小潜艇的项目，这一项目已经历时 10 年之久。8 月 5 日，德国政府正式宣布取消了在俄建立一座价值 1.2 亿万欧元的作战训练基地项目，①该合同的取消是因为 7 月 29 日欧盟对俄实施包括国防工业在内的经济制裁。当天，俄回应说将按照合同规定起诉德国相关企业，以寻求司法赔偿，而且起诉书已经提交，同时俄将自己建造这个作战训练基地。2014 年 12 月 1 日，俄宣布将抵制奥巴马主持的 2016 年国际核安全峰会。

（三）乌克兰终止与俄所有军事合作

乌与俄在国防科技工业方面有着密切的关系。乌克兰危机爆发后，为报复俄罗斯，乌中断了所有与俄的军事合作。2014 年 3 月 29 日，乌国有大型军工联合企业——乌克兰国防工业公司停止向俄罗斯出口武器和军事装备。4 月 4 日，乌克兰第一副总理亚列马在基辅会见地方媒体代表时说，乌已决定停止与俄罗斯的军事合作。亚列马说："为俄罗斯生产今后用来对付我们的产品是彻底丧失理智的行为。总理已经决定，我们停止与俄联邦的军事合作。"2014 年 6 月上旬，俄工贸部发言人表示，到 6 月 9 日已发生 20 多起乌克兰供货中断事例。6 月 18 日，在波罗申科总统宣布禁止乌向俄出口军品后，全面中止与俄军事技术合作。2015 年 5 月 21 日，乌克兰议会声明废除关于俄乌相互保护秘密信息的协议以及俄乌间军事合作协议。②声明指出，乌克兰应保证自身国家的利益安全、独立、主权以及领土完整。

---

① 该项目是在 2011 年由德国莱茵金属公司中标的，实际上该项目已于 2014 年 3 月 19 日暂停施工。按照原先合同，训练设施本预计在 2014 年 6 月投入使用，每年有多达 30000 支部队在这里训练。该公司的主要责任包括基础通信设施、事后回顾以及激光战术交战模拟系统，计划为超过 1000 名人员提供激光战术模拟系统，足够装备一个加强营战斗小组及蓝方进行实战训练。除了城市战争以及策略训练，中心还提供武器操作训练，例如架桥、渡河以及防空。

② 俄乌相互保护秘密信息的协议于 2000 年 12 月 2 日在莫斯科签署生效，乌克兰议会于 2001 年 11 月 15 日投票通过了该协议。此外，俄乌间军事合作协议于 2002 年 1 月 10 日被乌克兰议会通过。

针对乌克兰中断与俄的军事合作，俄采取了一系列应对策略。波罗申科宣布全面中止与俄军事技术合作后，主管俄国防科技工业的俄副总理罗戈津随即在自己推特网页上说，针对乌克兰的军品断供，俄工贸部已拟定用本国军品完全替代从乌克兰进口装备的方案，并于2015年6月10日提交军工委员会审议，进口替代计划需要上百亿欧元，大部分措施将靠企业自筹资金完成，但企业会在一些方面得到国家支持。按照该计划，俄有望在2~5年全面取消从乌克兰进口军用品，罗戈津以此回应了乌克兰禁止与俄军事技术合作的行为。6月24日，俄国防部副部长鲍里索夫在视察俄罗斯远东地区飞机制造厂时表示，俄罗斯正在想办法，寻求乌克兰进口装备的替代品。为此将提出一个全盘计划并予以实施，届时对乌克兰的进口依赖将减少95%。鲍里索夫称，进口替代方案的进度表已制定完毕，各类进口部件的可用供应源也已清点完成。俄国防部委任了专门负责人，全力做好生产所有必要部件的准备工作。如全球威力最大的俄洲际弹道导弹RS–20"撒旦"完全依赖乌军工企业维持其战备状态，在乌克兰总统波罗申科下令全面禁止与俄展开军事技术合作后，俄宣布准备研制新型液体弹道导弹，将在2018—2020年全面取代"撒旦"，而且完全在俄境内生产。7月3日，俄罗斯副总理罗戈津表示，俄罗斯国防工业将会在2018年彻底摆脱对乌克兰军工产品的技术依赖。目前，俄罗斯已经制定并通过了进口替代的详细计划：第一阶段，制定依赖于乌克兰进口零部件的186项武器和军事装备清单，2018年将完全攻克对于乌克兰的技术依赖问题。第二阶段，制定依赖于北约和欧盟进口部件的武器与军事装备清单。俄罗斯共有640项武器与军事装备依赖于从北约和欧盟进口零部件。2018年，俄罗斯需要完成其中的571项，将完成来自北约和欧盟进口零部件的89%的替代工作。罗戈津还表示，俄的进口替代不仅是其在俄生产和销售，而是在原有产品的基础上研制技术更为先进、更现代化的产品。

俄企业也加快自主创新的步伐，准备替代乌克兰军工供货。俄航空设备公司表示，准备建立液泵机组和自动燃料附件生产线，俄罗斯技术公司下属的技术装备公司表示，旗下的复合材料研究所计划2015年前开始制造火箭燃料生产所需的机件。俄联合发动机制造集团公司表示，将加快推进自己的进口替代计划，位于圣彼得堡郊区的新的克里莫夫设计生产中心即将建成，该中心能够研发和制造直升机发动机。2014年该公司生产近60台直升机发动机，2015年将生产120台，并将逐步把产量提高到每年500台。

乌克兰全面中止与俄军事技术合作对乌影响巨大。乌克兰同俄罗斯在军工领域有着长期的积极合作，俄罗斯占乌克兰军事工业综合体出口总量的90%以上，其国防科技工业体系中近1/8人员，几万名高水平专家的工资依靠俄罗斯国防订货。由于多年来乌克兰军工体系是按照俄罗斯标准体系生成的，不适合西方与北约的装备体系，而且一些战略武器的配套装备也不适合其他国家使用，因此乌克兰骤然停止这种军事技术合作，乌克兰军工体不可能快速转向其他市场，这会给乌克兰经济造成严重损失，可能使其失去主要购买方的危险，导致大批乌克兰企业关闭，很多人失业。据乌克兰专家估计，停止对俄军事合作后，乌克兰国防工业一年损失约为6亿美元，俄方的损失约为20亿美元。2013年乌克兰武器装备出口额约为19亿美元，占乌出口总额的3%左右。

（四）俄退出《欧洲常规武装力量条约》

冷战时期华约组织与北约组织在欧洲的对峙和军备竞赛，给整个欧洲安全带来了沉重的压力和负担。为了限制了两大武装集团在欧洲的军备竞赛，1990年两大武装集团在巴黎签署了《欧洲常规武装力量条约》，其初衷是保证欧洲大陆部署的常规武装力量的数量有一个限制，对华约和北约两个军事集团的常规武装力量做了平等的限制，还建立了情报交换、现场核查和质疑核查在内的核查制度等，该条约是欧洲大陆安全的基石。华沙条约组织解散和苏联解体后，该条约于1992年进行修改，俄罗斯等前华沙条约组织成员与北约签署《欧洲常规武装力量条约》，用于保证冷战结束后欧洲的军事力量平衡，避免陷入新的军备竞赛，确保欧洲安全与稳定。该条约核心内容是：限制数种常规武器和装备的数量，包括坦克、装甲车、口径100毫米以上火炮、作战飞机和武装直升机，同时规定双方进行情报交换并就常规武器接受对方广泛核查。后在莫斯科的建议下，经过3年的谈判，于1999年11月19日在欧洲安全合作组织伊斯坦布尔高峰会议上签署了《欧洲常规武装力量条约的补充协议》：对可部署的坦克、装甲车和火炮三大类地面武器的限额重新做出规定，并对条约适用的地理范围重新做了限定。主要目的是把武装力量和常规武器数量的限制从原来的军事集团对军事集团总额限制，变更细化为按国别及领土面积单个限制，匈牙利、捷克、斯洛伐克、波兰等国家都承担了相应的义务，但是波罗的海国家没有参加《欧洲常规武装力量条约》及其补充协议。在波罗的海国家加入北约后，欧洲地区就出现一个"灰色"地带，理论上可以在这一地区部署任何武装力量。这对俄罗斯来说是一个威胁，因为从波罗的海国家到俄罗斯中央地区，装甲车只需一昼夜的路程，巡航导弹只需几分钟。该条约签署后，北约一直没有批准这个升级版本的条约。随着北约东扩和美国在欧洲部署反导系统，俄担忧日益增加。2007年普京签署命令，决定暂停执行上述条约及其相关协议。

欧盟和北约在华约解散后轮番向俄罗斯战略腹地大举扩展，加剧了俄的战略疑虑和不满，并最终引发乌克兰危机，俄宣布彻底废止此条约，脆弱的欧洲安全平衡被打破。2015年3月10日，俄外交部宣布暂停参加《欧洲常规武装力量条约》联合磋商小组的会议。俄罗斯军控代表马祖尔对外公布这

第五章 竞相对抗的心理威慑战

一决定,虽然也留下一丝缝隙,称依然可就新的符合俄欧双方利益的机制进行对话,并委托白俄罗斯作为条约联合协商小组己方利益看护者,但去意已决。3月11日,俄外交部决定完全停止执行《欧洲常规武装力量条约》,外交部表示,俄准备同相关国家讨论制定新的《欧洲常规武装力量条约》,以维护欧洲地区安全,新条约应符合当前的现状,全面权衡包括俄罗斯在内的所有相关国家的利益。俄罗斯在很长时期内一直尽全力支持《欧洲常规武装力量条约》,但遗憾的是,北约集团屡次阻止《欧洲常规武装力量条约修改协议》生效。令俄罗斯动怒并退出此条约的,显然不仅是被经济制裁严重折磨,美欧在中东欧日渐增加的军事动作也让其继续不甘示弱。这次正式退出,无疑单方面对这个稳定欧洲安全的重要法规处以极刑。至此,俄彻底退出了《欧洲常规武装力量条约》,标志着乌克兰危机引发的俄罗斯与西方对抗进一步加剧和升级,进而导致苏联解体后的欧洲安全形势倒退20多年。

北约对俄罗斯的退约行为表示失望,惊呼"冷战寒风吹拂""东西方冷战对峙死灰复燃",捷克和波兰相继表示不能低估当前危险,必须"为最糟糕的情形做准备"。伴随着乌克兰危机持续升级,双方不仅在乌克兰东部投入长达一年多的代理人战争,而且竞相在周边地区增加兵力,举行各种演习,甚至彼此武装示威或挑衅,俄外交部军控部门负责人甚至公开表示,俄有权在克里米亚部署核武器。这说明,俄退约只是军事手段反制第一步,组合拳的后续招数也许已经备好。

欧洲安全形势一直比较糟糕,尽管华约早已解散、北约势力强大,美国和欧盟阵势巨大,俄罗斯形只影孤,但这依然是世界上最具威慑力和毁灭力的军事对峙。第二次世界大战后的朝鲜战争、中东战争、越南战争、柬越战争、阿富汗战争等,都是冷战代理人之战,虽然俄美这两个军事最强大的国家始终没有出现在第一线直接拼刺刀,战争基本被控制在局部战争的安全范围内，但两强角力引发的全球危机并非没有出现。1962年古巴导弹危机，1973年第四次中东战争，都曾引起两个超级大国的全球红色警戒甚至核战威胁，好在彼此可以毁灭无数遍的"核恐怖平衡"遏制了超级大国的直接和全面战争。尽管乌克兰危机四方签署了明斯克第二停火协议，也切实实现了停火，但双方前线控制事态，却在二线态度强硬，军事动作频频，对峙与冲突锋面已不局限于乌克兰一线，而是沿西北方向朝波罗的海沿岸国家到黑海沿岸、巴尔干半岛等战略边疆调兵遣将，大秀肌肉，摆出不惜赤膊上阵直接对决之势，这是比较危险的事态，俄退出《欧洲常规武装力量条约》，使欧洲安全形式雪上加霜。如果乌克兰危机继续发酵乃至失控，不排除俄与欧美全面开战的可能性。

二、常规军事演习规模不断升级

乌克兰危机发生后，为威慑对手，俄与欧美等国相互举行了规模空前的军事演习，对抗性、危险性明显加强，演习规模也不断升级。

（一）军事演习规模空前

俄与欧美等国的常规军事演习规模空前，演习频繁，数量惊人，参加军人动辄上万人，战机上百架，舰船数十艘，大型装备数以百计，演习密度之频繁，地域之辽阔，均属罕见，时间也明显拉长。

俄借军事演习提高战备水平，加强战争准备。随着乌克兰局势不断升级，俄加大陆、海、空三军军事演习力度和规模，威慑意味相当强烈。2014年2月26日，普京下令对靠近乌的西部和中部军区俄武装力量开展为期6天的突击战备检查，其中包括部分特种部队，这是苏联解体后俄最大规模战备检查。军事演习的目的是检查军队的战斗准备状态，共有约15万军人参加，还有90架飞机、120多架直升机、870辆坦克、1200套军事装备和约80

艘军舰。参加军事演习的坦克进行了实弹射击，空军进行战斗飞行，大量空降兵也进行了突击联合作战，80位俄国防部高级指挥官抵达现场指挥观摩。此次战备检查以3月4日俄战略火箭兵在俄西南部试射了一枚"白杨"洲际弹道导弹结束。3月6日，俄罗斯西部军区举行规模最大的防空演习，演习不仅聚集了西部军区所有防空力量，还有俄北方舰队防空部队参加，正在地中海的俄海军"库兹涅佐夫海军上将"号航空母舰参加了此次防空演习，共有近3500人参加，投入1000多件武器，包括S-300、"布克"M-1、"黄蜂"、"箭"-10等防空导弹系统，以及"通古斯卡"高炮和"伊戈拉"单兵便携防空导弹，演习内容包括反击假想敌对俄军事设施和重要基础设施的空袭。3月16日，普京下令俄北方舰队及伞兵部队展开军事演习，共有38000名士兵及3360件重型武器装备参加演习。3月19日，俄西部军区还在俄西北部举行空中演习，主要检验轰炸机和歼击机协同作战能力，内容包括空中攻防、为地面机械化步兵和坦克提供火力支援，演习全程进行电子干扰和防空压制，参演飞机达40架，包括苏-34、苏-24、苏-27、米格-31，演习持续到3月底。8月4—8日，俄空军下辖第一、第二空防司令部及俄西部军区、中央军区防空部队举行大规模演习，参演飞机达100多架，战机对地面目标和空中目标进行实弹射击，防空导弹对空中目标进行实弹射击。演习首次涉及西部军区、中部军区和南部军区三个军区，参演飞机有苏-27和米格-31、苏-34、苏-24及米-8、米-24和伊尔-78等。8月中旬，俄军在千岛群岛地区举行第二次世界大战后最大规模军事演习。2015年2月26日，黑海舰队举行大规模演习，P-109导弹快艇演练对敌舰的攻击、扫雷艇清除水雷，大型登陆舰演练运输人员和装备。几乎同时，俄中央军区战机在巴伦支海峡上空针对大规模导弹空袭举行演习。2015年5月9日，俄举行声势浩大的胜利日阅兵，出动了众多新式装备和人员，全国共有近9万名军人参加，出动大型装备近200件，人数和装备数均创纪录，其中，新式装备70多件。出动143架飞机，包括苏-27、苏-34，米格-31、雅克-130、安-124和伊尔-76、A-50、图-22M3、图-95、图-160、米-8、米-26、米-28和卡-52。地面装备有MSTA-S自行榴弹炮、"伊斯坎德尔"战役战术导弹、"虎"式装甲车和"台风"装甲车、BTR-82A装甲运兵车、T-90坦克、"山毛榉"-M2和"道尔"-M2U防空导弹、"铠甲"-S1防空火炮导弹、S-400防空导弹系统、T-14新型坦克和洲际弹道导弹运载车等。

此外，俄军突然性演习增多，以检验和增强部队临战状态。2014年6月7日，俄军宣布举行当年最大规模"东方-2014"战略演习，包括大规模突然行动，即事先不告诉参演部队行动方案，在哪里、何时开始，不仅有远东的部队，还有空降兵部队和远程航空兵部队，从远东和西伯利亚向俄中部和西南部调兵，以加强俄乌边境防御。6月21—28日，俄中央军区突然开始举行大规模突击战备检查，超过6.5万名军人、180多架飞机和约60架直升机参加。

图5-1 俄军大规模演习

第五章 竞相对抗的心理威慑战

据统计，2014年上半年俄军进行了一系列大规模演习和突击战备检查。从2013年12月1日到2014年5月31日，共举行了近250场演习和约8000次射击训练。2014年12月1日，俄国防部声明，2015年将计划组织4000场军事演习，比2014年的3000场演习还多，规模最大的有数十万军人参加。

美国主导欧盟军事演习威慑俄罗斯。由于欧盟成员国内部分歧比较大，军事力量不够强大，美国趁机主导欧盟军事演习回应俄罗斯。从2014年3月7日开始，美国违反蒙特勒公约，派"布什"号核动力航空母舰，3艘核潜艇和16艘其他军舰组成的庞大海军舰艇编队驶入黑海。① 3月12日，美国开始与波兰、罗马尼亚、保加利亚和格鲁吉亚等国在黑海及周边举行多个联合军事演习。3月20日，美国和乌克兰与来自10个国家的约700名士兵，在保加利亚中部进行军事演习。3月23日，美军驻欧洲部队宣布向波兰和波罗的海三国派遣约600名士兵，参加一系列军事演习，包括美陆军第173空降旅的150名士兵。随后，美军第173空降旅约450名士兵抵达立陶宛、拉脱维亚和爱沙尼亚，参加了为期一个月的系列军事演习。同时，12架美F-16战斗机和300名美军抵达波兰北部罗兹省的瓦斯克空军基地，与波兰空军举行联合演习。3月21日，美国、乌克兰和来自亚美尼亚、阿塞拜疆、比利时、保加利亚、格鲁吉亚、摩尔多瓦、波兰、罗马尼亚、塞尔维亚和土耳其10国近700名士兵，在保加利亚中部举行代号为"Saber Guardian"的军事演习。4月28日，大约150名美军抵达爱沙尼亚阿马里空军基地，参加军事演习。5月6日，美军派出4架F-15E战机及1架KC-135空中加油机以及65名空军成员，前往挪威参加为期3日的军事演习。5月8日，五角大楼宣布美军陆续参加在波罗的海举行的"春天风暴""火焰之剑""亚美斯"三场军事

---

① 蒙特勒公约是关于黑海海峡通行权的国际公约，根据该公约，平时非黑海沿岸国同一时期通过黑海的军舰总吨位不得超过1.5万吨，不得超过9艘，不得使用舰载机，停留时间不得超过21天。

演习。此外，美军还与立陶宛、拉脱维亚、爱沙尼亚、波兰、芬兰、格鲁吉亚、挪威和瑞典等国军队进行联合演练。2015年3月21日，美国部队在爱沙尼亚开始举行"Dragon Ride"投送演习，包括美军第二骑兵团步兵连20辆"斯瑞克"装甲车在内的重装备等，投送距离达1700公里，耗时10天，途经拉脱维亚、立陶宛、波兰和捷克等国。该演习表明，北约具备经欧盟国家进行快速部署的能力。5月11日，美国欧洲司令部和格鲁吉亚联合开展"崇高伙伴"军事演习，演习将协助北约快速反应部队的兵力投送，地点位于格鲁吉亚境内，格鲁吉亚为北约快速反应部队投入一个轻步兵连而进行的训练为演习关键，共有600人参加，包括200名美军。与此同时，美军"波特"号驱逐舰和"安齐奥"号巡洋舰靠近苏格兰，在苏格兰参加欧洲最大的军事演习"联合勇士"——目的也是阻止俄罗斯侵略。美国"维克斯堡"号巡洋舰、"唐纳德·库克"号驱逐舰、"梅德加·埃弗斯"号干货弹药船以及第11巡逻侦察联队和第35直升机海上打击中队的一些成员也参加了演习。

图5-2 2014年4月23日，美国第173空降旅战斗小组约150名士兵抵达波兰西波莫瑞省的空军基地

第五章 竞相对抗的心理威慑战

北约借军事演习安抚东欧成员国。苏联解体后，作为北约成员国的东欧和波罗的海国家一直对俄可能对本国安全构成威胁存在很大疑虑。俄吞并克里米亚并在乌边境陈兵数万，使得这些国家紧张万分。爱沙尼亚、拉脱维亚和立陶宛都与俄罗斯接壤，且国民中有大量俄罗斯族人，而与乌克兰接壤的波兰和罗马尼亚也存在类似情况。为安抚这些国并威慑俄罗斯，北约举行了规模空前的军事演习。2014年4月1—2日，北约在波罗的海三国举行了为期两天的年度空中演习，包括美F-15战斗机、瑞典"鹰狮"战斗机和北约空中预警与指挥系统。由于波罗的海三国均是北约成员国，且与俄罗斯本土接壤，此次军事演习被外界称是北约对俄发出的一个警告信号。5月5日，北约在爱沙尼亚开始1991年以来最大规模的"春季风暴"军事演习，有6000多名北约军人参加，为期3周，演习地区包括紧邻俄边界的南部和东南部地区。北约盟国还开始在波兰举行空降兵联合演习。6月9—20日，北约在波罗的海国家启动该组织规模最大的军事演习之一，代号为"军刀出击-2014"，地点位于拉脱维亚和立陶宛，参加演习的包括来自英国、加拿大和美国等10个国家的约4700名军人，以及800辆军用车辆。俄罗斯对此次演习表示反对，给这次军事演习贴上"侵略行为"的标签，俄罗斯副外交部长弗拉基米尔·季托夫宣称只能把北约在紧邻俄罗斯边境地区进行的这次军事集结视为彰显敌意。9月9日，北约在波兰举行"高贵之刀-2014"多国联合军事演习，时间为3周，参演人员1700名军人，来自北约15个成员国。10月13—26日，北约举行代号为"高尚理由"的5年以来最大的军事演习，重点应对高强度冲突，检验北约快速反应部队的海上部队作战能力。共有16个国家的23艘军舰、6艘潜艇、30架飞机和5000人参加演习，地点位于地中海和大西洋上西班牙海域附近，北约的4支海上部队中的第二常设快速反应舰队和北约海军第二常设扫雷舰队也参加了此次演习。计划2015年进行的"三叉戟结点"演习有4万人参加,将是北约20年来举行的最大一次演习。2015年3月29日,北约15个北约成员国及伙伴国的1.2万名官兵,包括大约60艘军舰和潜艇、100多架飞机和近3000人的地面部队,参加"大西洋决心行动"的多国演习,军事演习为期90天,美陆军第三步兵师的3000名士兵,携带着750辆坦克和大量车辆与重型武器,包括步兵战车、重炮群和直升机等,参加这次"大西洋决心"军事演习。美海军"贾森·邓纳姆"号驱逐舰、"惠特尼山"号两栖指挥舰、"泰勒"号护卫舰、"维拉湾"号巡洋舰、"特拉克斯顿"号巡洋舰、"唐纳德·库克"号驱逐舰、"罗斯"号驱逐舰和"科尔"号驱逐舰等开进黑海参加此次演习。俄政府对此次演习非常恼火,俄外交部的发言人称其为"前所未有的危险之举"。2015年5月11日,北约9个成员国近20艘军舰、潜艇和3架飞机,在立陶宛举行"波罗的海堡垒2015"军事演习,英国、德国、波兰、比利时、爱沙尼亚、拉脱维亚、立陶宛、荷兰和挪威参加,演习到5月14日,内容包括联合演习、射击、排雷、拦截、护送船只以及搜救等。同时多达3000名立陶宛军人正在参加"闪电打击"军事演习,爱沙尼亚正在举行该国史上最大军事演习"刺猬2015",达1.3万人。2015年6月6日,北约在波兰举行有20个成员国参加的测试北约通信系统的军事演习。6月9—20日,北约还在波兰举行"华丽跳跃"军事演习,测试新组建的快速反应部队先头部队的部署能力。

北约高密度、大规模的军事演习引起了俄的警觉。早在2014年4月28日,俄国防部长绍伊古就表示,美国和北约武装力量目前在靠近俄罗斯的东欧地区军事行动活跃程度"史无前例",俄方对此感到忧虑。12月1日,俄罗斯外交部控诉北约"无休止的军事演习"及"武装波罗的海国家加剧地区不安定"。作为反制,俄国防部当天宣布,俄陆军将在2015年参加6场国际反恐及维和军事演习,而俄陆军在2015年共将进行约150场军事演习,俄全军在 2015 年将举行约 4000 场演习。

图 5-3　北约 2014 年 6 月的波罗的海军事演习

乌克兰首次允许外军入境演习,试探俄底线。 根据乌克兰法律,乌禁止外国军队入境,也不允许部署外国军事基地,因此外国军队要想进入乌克兰境内都需要总统提交专门法律草案,并得到议会批准后才能进行。 在乌克兰独立后的 20 多年内,多届政府试图让北约军队入境参加军事演习,北约也曾经多次试图在乌克兰境内,特别是克里米亚半岛举行联合实兵演练,但遭到了民众的强烈反对。 此后,北约与乌克兰的军事演习只能以"沙盘点兵"或者计算机模拟的方式进行。 在乌克兰危机持续升级的时候,乌克兰首次允许北约等外国军队入境,并与之开展军事演习,为下一步可能加入北约来试探俄罗斯的反应。

2014 年 4 月 1 日,乌克兰议会通过临时总统图尔奇诺夫提交的法案,允许包括北约和欧盟国家在内的外国军队在 2014 年进入乌克兰境内参加多国联合军事演习,以培养乌克兰军队参与维护和平与安全的行动能力,在陆地和水中的搜救能力,以及保障本国安全的能力等,这是乌克兰 1991 年独立以来首次特批外国军队入境军事演习。2014年，来自北约成员国的7000多名外国军人在乌境内进行了实兵演习，主要包括乌军与波兰空军的"安全天空－2014"演习、与美军的"快速三叉戟－2014"演习、与北约的"喀尔巴阡－2014"多国演习等，演习地点在乌克兰南部、西部和黑海地区。2015年年初，乌克兰国防部表示，2015年乌克兰军队将参加11次国际联合军事演习，其中规模最大的是每年一度的乌美"海上微风"（Sea Breeze）军事演习。2015年4月20日，代号为"无畏守护者－2015"的乌克兰和美国联合军事演习在乌西部利沃夫州举行，美军第173空降旅的290名军人和乌克兰国民近卫军的900名官兵参加，军事演习长达半年时间，其间包括美国教官对乌内务部下属的国民近卫军部队进行培训。

图5-4 2014年9月15日，乌克兰雅佛罗夫，北约军事演习"快速三叉戟－2014"拉开帷幕

与此同时，乌克兰自己也举行了规模不等的演习。2014年3月28日，面对俄继续沿乌克兰边境地区部署集结重兵，乌克兰开始举行独立后规模最

大的空军和防空部队演习,所有乌克兰空军力量和防空部队,包括数百架战机、运输机、侦察机,以及 S-300 防空导弹系统等都加入了演习,首都基辅的地下防空设施也在加紧准备应对可能发生的军事入侵,乌克兰陆军也同时在与俄罗斯接壤的哈尔科夫州等地举行大型军事演习。5 月 1 日晚,乌克兰军队基辅市中心举行一场小规模演习,为 5 月 25 日选举当天可能出现的"挑衅行为"做好准备。

(二) 边界附近的军事演习增多

为更好地威慑对方,俄与欧美相互在对方国家的边界地区举行大规模军事演习。

美欧和北约在紧贴俄边界的波罗的海、黑海、乌克兰地区进行大规模军事演习。2014 年 3 月 13 日,美国、保加利亚与罗马尼亚海军已在黑海展开联合海上军事演习,搭载约 300 名官兵及具备发射导弹能力的美国海军"特拉克斯顿",连同保加利亚一艘"勇敢"级护卫舰及罗马尼亚三艘军舰参加联合演习,地点在乌克兰克里米亚半岛水域对岸。此外,波罗的海的俄边界地区也成为欧美军事演习的热点地区。2014 年 6 月 6—21 日,以美军为首的 13 余国部队在波罗的海举行代号"波罗的海行动-2014"的联合年度军事演习,这是该海域 2014 年举行的规模最大的一次海上军事演习。参演国家为美国、英国、法国、德国、波兰、荷兰、瑞典、丹麦、芬兰、爱沙尼亚、拉脱维亚、立陶宛及格鲁吉亚,几乎涵盖除俄罗斯以外的所有波罗的海国家。在为期半个月的军事演习中,美军参演军舰包括两栖指挥舰"惠特山"号和导弹驱逐舰"奥斯卡·奥斯汀"号,另有来自美国海军第六舰队和第二远征打击大队的 1300 名官兵。演习场景包括空中作战、水面作战、水下作战及水雷战,13 国参演部队将演练信息共享等内容,意在增强海上实力和协同作战能力,提高多国维和行动水平。2015 年 1 月 11 日,美国和乌克兰舰队在黑海举行海上军事演习,参加演习的有美国"唐纳德·库克"号驱逐舰(DDG-75)和乌克兰海军旗舰"格特曼—萨盖达奇内"号。演习侧重于完善包括人员登船、战术机动等海军技能,"格特曼—萨盖达奇内"号的舰载直升机参与模拟了不对称防御。2月24日,北约多国士兵出现在爱沙尼亚边境小镇参加阅兵,插着星条旗的美国军车隆隆驶过,距离俄罗斯领土不到300米。次日,俄罗斯2000空降兵距爱沙尼亚不足数百米的俄边界地区举行防御作战演习。2015年6月5日,美国海军在波罗的海举行"波罗的海行动-2015"演习,是美海军在欧洲举行的最大规模演习之一,共有17个北约成员国、5500多名官兵、49艘水面舰艇、61架飞机和1艘潜艇参加演习,重点是多国部队在防空、海上封锁和反潜战方面的协同作战能力,瑞典、芬兰和格鲁吉亚三个非北约成员国首次参加。6月4日,北约主导的代号为"军刀出击-2015"大规模军事演习在波罗的海三国和波兰开始,有13个北约成员国和北约伙伴国、约6000名军人以及"艾布拉姆斯"坦克、B-52轰炸机和A-10攻击机参加,演习持续半个月。

俄军事力量开始在美国本土、英国海岸线附近举行军事演习。2014年6月9日,4架俄罗斯图-95远程战略轰炸机和1架随行的伊尔-76加油机进入美国阿拉斯加沿岸的防空识别区,战略轰炸机还接受了伊尔-78加油机的空中加油服务。2架美军F-22A紧急升空拦截后,其中2架图-95掉头向俄罗斯远东方向飞走,另外2架继续向东南方向前进,晚上又闯入加州北部防空识别区。5小时后2架俄罗斯轰炸机出现在美加利福尼亚沿岸不到50公里的地方,2架美军F-15战机起飞拦截,在美军战机"护送"下,图-95掉头向西飞走。美军发言人称,近年来类似事件并不常见,俄罗斯战略轰炸机上次来"串门"还是在2012年美国独立日(7月4日)那天。11月28日,一队俄罗斯北海舰队战舰进入英吉利海峡进行演习,此次海军军事演习受到北

第五章 竞相对抗的心理威慑战

约的密切关注。2015年3月12日,俄罗斯战略轰炸机环关岛军事基地飞行,美国颇为不满,美军太平洋司令部陆军司令布鲁克斯上将称,俄罗斯战机正在进行"挑衅性"的飞行。围绕关岛飞行的俄轰炸机由金兰湾起飞的俄罗斯加油机加油,俄罗斯国防部曾在2015年1月4日宣布,俄军伊尔-78空中加油机在2014年使用金兰湾给俄罗斯图-95"熊"式战略轰炸机加油,这一消息也得到了越南证实,美国甚至要求越南停止让俄使用金兰湾基地为俄轰炸机加油。2015年4月13日,北美防空司令部和美国北方司令部司令比尔·戈特尼称,俄罗斯正在增加其远程轰炸机起飞频率,且频繁靠近美国边境地区。戈特尼称,自乌克兰危机爆发以后,俄战机靠近美国的频率开始上升,北美防空司令部正在密切监视这一情况。对此,美国国防部发言人马克·赖特4月12日称,鉴于当前乌克兰局势的复杂性,俄方飞机的这一举动有可能"会加剧相关国家之间关系的紧张",美将"通过外交渠道"向俄提出抗议。

图5-5 俄加油机为图-95加油

俄也在俄乌边界地区进行大规模军事演习。2014年3月13日，俄南部军区在俄乌边境地区开始军事演习，参加者包括8500名炮兵，演习使用武器包括大量火炮和"冰雹""龙卷风""飓风"多管火箭炮。军事演习一项内容是向最远15公里处的敌人开火，训练半数内容在夜间进行。3月14日以来，俄罗斯一直在俄乌东部边境进行军事演习，参演部队达45000人。随着乌克兰对东部地区"反恐行动"的升级，4月24日，俄罗斯西部和南部军区在与乌接壤的边境地区进行南部和西部军区联合部队营级战术演习，而航空部队也将在国境附近地区展开飞行演练，俄地面部队演习地点最近距离乌克兰边境仅12公里。当天乌克兰外交部发表声明，谴责俄罗斯在边境地区进行军事演习，认为这将加剧地区紧张局势，要求俄在48小时内对在边境举行的军事演习做出解释。8月21日，俄在俄乌边境附近阿斯特拉罕地区的阿舒卢克基地测试远程防空和反导系统，并试射了导弹，该基地离乌克兰东部的战区有数百公里。

（三）演习危险性大大加强

由于俄与欧美演习规模巨大，距离又比较近，时间与频率相当，所以演习的危险性也大大加强，双方存在擦枪走火的可能性。2014年4月19日，一架俄苏－24战机在黑海上空让美国装备"宙斯盾"反导系统的最新驱逐舰"唐纳德·库克"号整套电子设备失灵，美舰导弹不能获得目标指示，而苏－24却在驱逐舰甲板上空飞行，做出战斗绕飞动作，并模拟导弹攻击，如此反复数次，美舰紧急驶入罗马尼亚港口规避。2014年6月，欧美的"军刀打击－2014"和"波罗的海行动－2014"军事演习中，俄军为严密监视欧美军事演习，先后派出1架图－22"逆火"轰炸机、2架苏－27战斗机、1架A－50预警机和1架安－26运输机，北约飞机数十次紧急升空拦截。2014年11月，欧洲研究机构"欧洲领导力网"公布的报告说，乌克兰危机以后，俄罗

第五章 竞相对抗的心理威慑战

斯与北约之间发生了14起有可能演变为严重军事事态的事件,其中3起可能导致军事冲突。12月1日,北约新任秘书长斯托尔滕贝格在记者会上透露,为应对俄罗斯军队的行动,北约军用飞机2014年已经紧急起飞拦截俄罗斯军机400次,比2013年增长50%。斯托尔滕贝格还称,俄罗斯军方今年的活动达到了"冷战"以来前所未有的水平,并且"更加独断",是自"冷战"结束25年以来"前所未有"的。12月2日,挪威军方宣布一架挪威F-16战机差点与一架俄米格-31战机空中相撞,双方最近距离仅20米,根据挪威国防部统计,2014年F-16曾43次与俄军战机相遇,而在2005年只有16次。2015年4月7日,一架美国RC-135U侦察机在波罗的海国际空域执行飞行任务时被俄苏-27战机拦截,两机最近距离仅6米。美国政府当时批评这种行径"不安全也不专业"。5月30日,俄黑海舰队出动两架苏-24,在黑海拦截美海军"罗斯"号驱逐舰。当时"罗斯"号紧贴克里米亚海岸12海里行驶,两架苏-24从"罗斯"号航线上横切过去,告诫美舰离开。但"罗斯"号没有理睬,苏-24随即采取更加有力度的机动,向美舰展示了其机翼下挂载的导弹,一架苏-24还向"罗斯"号前方发射了信号弹,并向美舰发出警告称,已准备好强硬手段制止其侵犯俄边境。美舰迅速改变航向,向黑海中立海域驶去。事后五角大楼否认遭到拦截,称是一次正常的遭遇。当天,一架俄罗斯苏-27战机高速接近一架在黑海上空飞行的美国RC-135U侦察机,当时距离只有10英尺(约3米)。这是"冷战"以来两国飞机最接近的一次,揭示了在不同国家将军力大规模集结于黑海的背景下,当地局势趋于紧张。6月11日,一架俄侦察机在波罗的海附近逼近4艘北约战舰,并以约152米高度掠过其中一艘军舰。上次俄飞机以危险性的近距离飞过欧美战舰是2000年,那年的10月17日,俄两架苏-24和苏-27以60米的高度掠过美军"小鹰"号航空母舰。

图 5-6　苏-24 在黑海上空拦截美军舰

2014 年 12 月 24 日,俄罗斯国防部副部长阿纳托利·安东诺夫在记者会上指出,北约仅 2014 年就在俄罗斯边境附近完成了 3000 多次战术飞行,比 2013 年增加了 1 倍多。他还表示,北约在巴伦支海和波罗的海上空的侦察飞行次数也从 2013 年的 258 次增至 2014 年的 480 次。

(四)双方演习的对抗性明显

在俄与欧美各自组织的大规模军事演习中,双方针锋相对,毫不示弱,出动类似装备,进行类似性质的军事演习,甚至面对面地在同一地区进行军事演习,相互对抗的色彩相当浓厚。

双方相同军种的演习对抗,双方以相同的军种举行相类似的军事演习。2014 年 6 月 17 日,欧洲空中运输指挥部在保加利亚举行为期 10 天的空军军事演习,旨在增强各国部队应对国际危机的协作能力,扩大欧盟运输空军部队、武器等方面的能力。共有北约 11 个成员国派出战斗机参与,还有 800 多名军人参加,出动了 C-130 "大力神" 运输机、C-27 战术运输机、米格-29 和 F-16S 等战斗机与空中预警机等参与。此次军事演习尽可能模拟实战环境，并进行极低空作战训练。作为回应，俄也举行了类似的空中军事演习。6月18日，俄约800名士兵参加了波罗的海海岸线海空空降演习，由俄波罗的海舰队、空降兵部队、空军联合在加里宁格勒举行，由西部军区指挥，出动波罗的海舰队"明斯克"号大型登陆舰等水面舰艇30艘、苏－34和苏－24多功能轰炸机等战机20架。

2014年7月4日，为期10天的北约7个成员国"微风－2014"的联合军事演习在保加利亚东部黑海海域举行。美国、英国、土耳其、希腊、意大利、罗马尼亚和保加利亚7国海军参加，演练项目包括执行海上安全防御任务和海上救援行动等，共有19艘军舰、2架战机和2架直升机参加演习，意在提升参与国之间协同作战能力，以及加强在应对危机事件时的合作能力。同一天，俄罗约有20艘战舰和辅助船、20多架飞机和直升机、海军陆战队、海岸炮兵参与的黑海舰队海上军事演习拉开帷幕，演习区域覆盖整个黑海水域，从水上舰艇对海上和空中目标进行导弹—高炮射击开始，发射了5枚"白蛉""孔雀石"巡航导弹，都摧毁了目标。

相同地区的对抗，双方几乎同时在同一个地方举行军事演习。2015年2月24日，爱沙尼亚在爱俄边境小镇纳尔瓦举行独立日阅兵，美国、英国、荷兰、西班牙、拉脱维亚、立陶宛等北约多国部队参加，100多件北约及美国装甲车等装备出现在这个小镇，距俄领土不到300米。作为回应，25日，俄空降兵在俄爱边境的普斯科夫州开始军事演习，出动近2000人，其中空降兵1500人，主要演练夺取机场和边境地区实施防御作战。

同一天的演习对抗，双方在同一时间举行大规模军事演习。2014年3月19日，美国和俄罗斯分别开展军事演习，美海军"特拉克斯顿"号导弹驱逐舰在黑海与保加利亚和罗马尼亚海军一道参加军事演习。同一天，俄罗斯西部军区在俄西北部举行空中演习，参与演习的包括喷气式战斗机、轰炸机，演习持续到3月底。2014年6月9—20日，俄在加里宁格勒举行空天防御部队演练，与北约在波罗的海进行的"军刀出击-2014"和"波罗的海行动-2014"演习同时进行，参演人员和武器数量与北约方面进行的军事演习相当。演习主要任务是将S-300系统转入战斗状态，并跟踪不同高度目标，自接收到做好战斗准备信号那一刻，导弹营全体人员在很短时间内（不超过5分钟）推进阵地，启动并检查装备。同时，在导弹营指挥所展开搜索、拦截及跟踪假想敌目标，还出动波罗的海舰队"明斯克"大型登陆舰等水面舰艇30艘、苏-27、苏-34、苏-24、米-24、伊尔-76、A-50和图-22M3等20架战机和直升机。加里宁格勒地区演习的兵力和装备数量，可同北约出动参加边防演习的人员、武器和军事装备的数量相提并论。

2015年5月25日，6个北约成员国和3个伙伴国展开欧洲北部跨境联合空中演习，代号"北极挑战-2015"。演习的假定情节为：在联合国授权下，执行一次类似于2011年在利比亚设立禁飞区的行动。有4000多人和100多架飞机参与，有F-16、F-18、"台风""幻影"等战斗机，还有空中预警机。这是欧洲今年最大的战斗机联合演习之一，也是继2013年后第二次举行该演习，科目包括击落空中目标及空中加油等。作为回应，同一天，普京下令对中央军区航空兵和防空部队进行战备突击检查，包括中央联合战略司令部、第二空军和防空军司令部，以及西部和南部军区远程航空兵司令部全面进入战备状态，参与本次突击检查的有1.2万军人、约250架飞机以及689件其他军事装备，远程航空兵演练了巡航导弹打击科目。

三、战略演习针锋相对

在乌克兰危机期间，俄与欧美都举行了以核力量为中心、规模空前的战略演习,而且都出动了最新的战略核力量,相互叫板的意思非常明显。另外,为应对西方的围堵,俄还大力加强战略核力量建设,以维持对西方的军事均衡。

(一) 双方核军事演习相互针对

俄以核军事演习威慑北约与美国。2014年5月8日,俄在第二次世界大战胜利纪念日前夕举行有核部队参与的全国性军事演习,模拟遭到敌方核打击后,俄军三军部队实施核反击作战和报复性核打击,普京与白俄罗斯、亚美尼亚、塔吉克斯坦和吉尔吉斯斯坦四国的总统一起在国防部监督了本次演习。俄军动用了大量重型远程打击武器,包括S-300、"龙卷风"火箭炮、BM-21、BM-30、"伊斯坎德尔"-M导弹、舰载垂发巡航导弹、"白杨"-M战略导弹、潜射型战略导弹,还有非常少见的KH-55巡航导弹。位于该国西北部的普列谢茨克发射设施发射了1枚"白杨"洲际弹道导弹,分属太平洋舰队和北方舰队的两艘潜艇也各试射了1枚远程潜射弹道导弹。图-95MS战略轰炸机也参与了本次演习,还发射了6枚可携带核弹头的俄制KH-55巡航导弹,火力相当强大。

美军以核军事演习作为同等回应。俄核军事演习刚刚结束,美国立刻以核军事演习作为回应。5月12—16日,美军战略司令部联合其他作战司令部与政府机构举行"全球闪电2014"核战略演习,总计出动10架B-52H"同温层堡垒"和6架B-2A"幽灵"战略轰炸机,规模空前,意图明显。美军指出,演习的目的是"发现和阻止对美国以及其盟友的战略打击",遏制、吓阻乃至击败目前和未来对美国及其盟友构成威胁的势力,以展示美国本土美军轰炸机部队的响应能力和灵活性。美战略司令部还特意强调,"全球闪电2014"演习已经筹划了超过1年,而且演习假想敌并无特定针对性,无关当前世界局势。战略司令部指挥官、海军上将塞西尔·哈尼表示，这次演习为美军战略打击部队检验最新的技术和装备提供了独特的机会。

图 5-7 俄"北风之神"核潜艇

图 5-8 美"全球闪电 2014"演习中的 B-52H"同温层堡垒"和 B-2A"幽灵"战略轰炸机

（二）双方战略轰炸机靠近对方本土部署

在此次乌克兰危机中，俄美两国都派出战略轰炸机靠近对方本土部署，以示威慑。2014 年 5 月，奥巴马在访问波兰时表示，美国将在欧洲，特别是在"新的同盟国"（东欧国家）领空上加强 B-52 轰炸机的演习和训练。2014 年 6 月 3 日，美军战略司令部宣布，派遣 3 架 B-52 远程轰炸机前往欧洲，在盟国进行飞行训练和军力整合，派出的 B-52 轰炸机计划部署在英国费尔福德的皇家空军基地。美军战略司令部表示，暂时部署在欧洲的 B-52 轰炸机将进行飞行训练，让机组人员尽早熟悉该地区的空军基地，并提高操作技能。据悉，前期部署的 2 架 B-52 轰炸机将分别从路易斯安那州巴克斯代尔空军基地和北达科他州迈诺特空军基地飞往欧洲。在欧洲部署的 B-52 轰炸机可以在海拔 15000 米以上高空以高亚声速飞行，同时还可以运载常规武器和核武器。

与此同时，俄也加紧在美国本土周边进行战略轰炸机训练。在乌克兰危机期间,普京的"抗议一千次一万次,也不如战略轰炸机的翅膀扇动一次"成为名言,实际上俄军也大幅度提高了战略轰炸机在美国本土周边的存在。2014年5月,美国空军太平洋司令部司令赫伯特·卡莱尔公开指责,俄罗斯战略轰炸机活动频繁,范围延至日本、韩国,还绕着美军关岛基地飞,最远甚至逼近加州沿岸。北约方面指出,俄战略轰炸机在大西洋、黑海及波罗的海上空异常活跃。北约盟军最高指挥官布里德勒夫称,过去俄战略轰炸机"入侵"北约空域规模都很小,有时是1架最多2架。现在俄军编队变得更大更复杂,飞行线路更远,更具有挑衅性。6月12日,俄军4架图-95战略轰炸机飞近美国阿留申群岛西部,美军紧急起飞2架F-22A战斗机进行拦截俄轰炸机,其中,2架图-95转向飞往俄远东地区,另外2架飞往东南方向。下午9点30分,2架俄机又进入美国北方防空区,飞行到距美国加利福尼亚州海岸90公里的地方,美军又起飞2架F-15战斗机拦截,俄轰炸机最终离去。俄军图-95战略轰炸机可携带装备核弹头的巡航导弹,最大飞行距离超过15000千米。10月中旬,俄军方宣布将派出战略轰炸机进行全球例行巡逻,将巡逻范围拓展至加勒比海和墨西哥湾。舆论普遍认为俄军此举为应对乌克兰危机引发的紧张局势,之前美国和北约早已感受到俄军来自空中的较量。俄军战略轰炸机远程飞行既显示远程飞行与空中打击实力,又锻炼俄空军实战能力。俄国防部部长绍伊古曾明确表示,俄与北约在西部军事对峙的情况下,俄不得不保证在大西洋西部和太平洋东部、加勒比海水域和墨西哥湾的军事存在。也就是说,其战略轰炸机将加强在这一区域上空的巡航行动,一年来,俄军远程战略轰炸机已大大增强战斗值班和飞行时间。2015年4月14日,俄国防部宣布,俄2架图-95MC在米格-31歼击机的伴飞下,成功完成在巴伦支海、挪威海和大西洋海域上空的巡逻。

图 5-9　美军 F-22A 拦截图-95 轰炸机

（三）双方战略演习规模宏大

北约连续举行战略级的大规模演习，体现了北约最高军事水平。2014年5月18—28日，北约在挪威展开北约史上规模最大的情报信息搜集演习——"联合远景-2014"。该军事演习汇集情报、监视与侦察（JISR）系统，代表北约最高军事能力，共18个成员国参与军事演习，启用了卫星、无人机、海军舰艇、地面传感器等其他先进技术。演习目的是为了"测试北约在假定危机发生的各个阶段从不同来源（陆、海、空）搜集信息以及共享情报数据的能力"，主要应对地区冲突演变为国际冲突情况。最终目的是"使北约快速反应部队时刻处于待命状态，并有望于2016年年底实现各国军队间情报共享"，使北约快速反应部队能够应对高科技、高强度战争，具有全球干预的能力。美国空军 RQ-4"全球鹰"无人机也参加了此次演习，为后方指挥官提供纵观战场或细小目标监视的能力。2015年1月26日，北约宣布于今年 10 月份在意大利、葡萄牙和西班牙举行代号为"三叉戟行动"的大规模军事演习,参加兵种有海军、空军和陆军,预计有 20 余个成员国的约 3 万军人参加,这将是 1944 年"诺曼底登陆"以来在欧洲举行的最大规模的兵力部署,既是训练也是对北约快速反应能力和多国协调作战能力的检验。2015 年 4 月 11 日,来自北约 14 个国家的 55 艘军舰、70 架飞机和 1.3 万军人参加在英国举行"联合勇士"演习,为期两周,美国和加拿大军舰与英国的最新"机敏"级核潜艇开展联合演练。

俄也举行大规模战略级演习,出动最新战略核力量。2014 年 10 月 29 日,俄罗斯 955 型"北风之神"级战略核潜艇"尤里·多尔格鲁基"号在巴伦支海峡向堪察加半岛成功发射了一枚"布拉瓦"洲际导弹导弹,是该级别潜艇首次实弹全装发射,"北风之神"将成为俄海军战略核部队的中坚力量。2015 年 2 月 12 日,俄战略导弹部队启动近年来最大规模的军事演习,演习覆盖俄特维尔州到伊尔库茨克州的 12 个联邦主体,共有 30 多个导弹团参加。演习的目的是保持俄战略导弹部队的高度战备状态。演习内容主要包括:移动导弹发射装置在战术巡逻中完成一系列机动任务,防止敌人对俄战略导弹部队的破坏,反制敌人精确制导武器对俄的打击等。[1] 2015 年 4 月 14 日,俄北方舰队第二艘"北风之神"级战略核潜艇"亚历山大·涅夫斯基"号正式开始战斗值班。

(四)俄加强战略核力量建设对抗欧美和北约

苏联解体后,受制于俄经济的衰微,俄军费有限,在常规武器方面已经慢慢落后于欧美等国家,如第五代隐身战机项目上,俄已经落后美国好几

---

[1] 俄战略导弹部队被认为是俄最强大的兵种,由总统直接指挥,主要由机动和固定部署的导弹以及航天发射部队、地面控制部队等组成,拥有陆海空三位一体战略核打击能力,其主要任务是遏制敌方对俄罗斯进行核打击和在俄罗斯遭受核打击后对敌方进行反制。

年,而且为节省资金,俄采取与印度合作的方式研发。为有效维护国家利益,俄把有限的国防资源集中于战略核力量建设,以保持足够的核遏制能力作为国家安全的首要保障。普京在乌克兰危机期间那句"抗议一千次一万次,不如战略轰炸机的机翼扇动一次"的表态,清楚表明了俄对战略核力量的重视。同时核力量建设也成为俄的骄傲,2014年8月29日,普京在"谢立格尔2014"全俄青年论坛上警告西方,"不要招惹我们,俄罗斯是一流的核大国之一。"①

2014年12月19日,俄罗斯新版军事学说得到俄罗斯联邦安全委员会会议批准。新版军事学说保留了俄核武器的使用条件,强调俄坚持只有在使用非武力措施的可能性用尽后,才会使用核武器。根据这一军事指导方针,如果敌对方首先对俄罗斯或其盟友使用核武器或大规模杀伤性武器,或运用常规武器侵犯俄罗斯以至"威胁俄罗斯的生存",俄方可以运用核武器予以回击。当前俄军核力量作战方式有"迎击""回击—迎击""回击"三种方式。"迎击"就是先发制敌,即在确认敌方准备或已经向己方发射核导弹后立即发射核导弹进行报复,即几乎同时发射。"回击—迎击"指在敌方核导弹在途中还未击中己方目标时向敌发射核导弹。"回击"指敌方核导弹已经击中目标后,利用幸存的核导弹实施报复。美国《国家利益》杂志曾载文指出,俄罗斯有五大核武器对西方构成威胁,分别是"亚尔斯"洲际弹道导弹、"北风之神"级战略核潜艇及其携带的"布拉瓦"潜射弹道导弹、885级攻击型核潜艇及依然庞大的战术核武器。俄"三位一体"战略核力量,不仅

---

① 据俄国防部资料统计,截至2015年1月,俄战略核力量共有499枚运载工具(发射架),携带核弹约2000枚。其中,60%为陆基核力量,包括305个导弹发射装置,携带1166枚弹头;26%为海基战略核力量,包括11艘战略核潜艇上的128个导弹发射架,携带核弹头502枚;24%为空基战略核力量占,包括66架战略轰炸机,携带近400枚核弹头。俄目前正在服役的陆基洲际弹道导弹中,井基SS-18和SS-19两种导弹分别可携带10枚和6枚分导弹头。

第五章 竞相对抗的心理威慑战

确保与美国保持基本的战略均势,而且在一定程度上能够抵消北约在常规力量方面的优势。同时,为应对美国在欧洲及亚太地区部署的导弹防御系统,俄不断更新核武库,以打造更加尖利的战略之矛。

第一,着重加强陆基核力量建设。① 俄重点保障陆基洲际弹道导弹的发展。在俄《2011—2020 年国家武器纲要》中指出,俄共计划投入 20 万亿卢布用于装备更新,用于战略火箭兵的资金就达到 10%,主要用于研制"亚尔斯"-24 洲际弹道导弹。"亚尔斯"-24 洲际弹道导弹是"白杨"-M 的改进型,在 SS-18 和 SS-19 退出现役后,将成为陆基战略核力量的中坚。该型导弹最大射程为 11000 公里,可携带 3~6 个核弹头。

为了提升"亚尔斯"-24 洲际弹道导弹的机动性和生存能力,俄重启核导弹列车计划。2014 年 12 月 1 日,普京宣布重启核导弹列车计划,应对美国"全球快速打击系统"。② 12 月 13 日,俄战略导弹部队副司令费拉托夫发表声明说,将于近期重新恢复这种导弹列车的建造。俄战略导弹部队现有的陆基战略导弹中,唯独缺少威慑力最强的铁路机动导弹,机动型导弹系统全部为公路机动,包括"白杨""白杨"-M 以及"亚尔斯"。而铁路机动导弹作战系统具备独一无二的优势,它能在常驻地 1500 公里范围内执行战斗巡逻任务,既可以在行进期间发射导弹也能在停车期间发射,尤其是这种导弹的隐蔽性和杀伤能力非常惊人。与其他陆基战略导弹系统相比,铁路机动导弹最大的优势是机动速度快,生存能力强。导弹列车机动速度一般超过 100 公里/小时,可在漫长的铁路线上机动,隐蔽性很强。在俄罗斯绵延数千

---

① 作为俄军陆基战略核力量的俄战略火箭兵,是独立兵种,总兵力达 7.5 万,占俄武装力量总员额的 7.5%,编 3 个导弹集团军,辖 12 个导弹师,共 47 个团。在"三位一体"的战略核力量体系中,陆基战略核力量担负 50% 以上"回击"任务,95% 的"回击—迎击"和"迎击"任务,其 96% 的武器系统可在接到命令后 2 至 3 分钟内完成发射。

② 冷战结束后,由于俄核导弹列车的生成与研发单位都在乌克兰,俄无法维护在役的核导弹列车,俄只能于 2005 年退役了所有铁路机动洲际导弹。

公里的复杂铁路网上，要准确追踪导弹列车的行踪几乎是不可能的事情。"冷战"期间，苏联战略火箭部队在与美国侦察卫星"捉迷藏"的过程中，还总结出用外形相似的其他列车，在铁路沿途数百个涵洞中进行冒充的一整套方法。更重要的是，铁路机动战略导弹配备完整，一辆导弹列车就是一个完整的作战单元，不需要其他辅助车辆的协助。高度集成的指挥和发射系统使俄原来的SS－24导弹列车在值班时始终处于可发射状态，反应速度非常快。相比公路机动，铁路承载能力更大，可以携带更重型的洲际导弹。例如，SS－24洲际导弹列车最大射程达1万公里，可携带10枚分弹头，而每辆导弹列车配备多达3枚该型导弹，因此"冷战"时美国曾谈之色变。在《第二阶段削减战略武器条约》中，美国专门向俄罗斯提出要求销毁所有的导弹列车。据报道，俄罗斯将研制的新型铁路机动洲际导弹比苏联时期的老型号更轻便，对环境的要求更宽松。苏联时期由乌克兰南方设计局研制的SS－24洲际导弹系统重达110吨，由于发射时后坐力非常大，需要对轨道进行加固，因此导弹列车只能在固定的发射位发射。而新型铁路机动导弹的重量预计为47吨，从而实现在普通轨道上也能发射。新的铁路机动导弹系统由莫斯科热能技术研究院研制，预计在2019年前后实战部署。它将采用新的列车技术，集成程度和自动化程度将进一步提高，配套的重型导弹则会借鉴现役"亚尔斯"等导弹的部分先进技术。2015年6月6日，俄国防部副部长鲍里索夫宣布，俄战略导弹列车"巴尔古津"项目设计工作已经完成，并开始准备投产。每列导弹列车系统将装载6枚先进的"亚尔斯"洲际导弹。这一系统将于2019年服役，2020年前俄将组建5个装备列车导弹系统的导弹团，每个团配备6枚"亚尔斯"战略导弹，每枚导弹可携带3或4枚核弹头。

第五章 竞相对抗的心理威慑战

图 5-10 俄导弹列车

此外，俄还不断试验威力更大、机动性更强的新型洲际弹道导弹。自 2011 年以来，俄军一直在试验一种可突破美国现在所有反导系统的"边界"洲际弹道导弹。"边界"洲际弹道导弹是"亚尔斯"的升级版，可携带 10 枚分导弹头。分导弹头数量的增加不仅提升了其打击能力，还可提高突防能力。研究表明，弹头数为 5~15 枚时，导弹突防概率接近 100%。2015 年 1 月 30 日，俄宣布恢复研发 100 吨级重型洲际弹道导弹"萨尔马特"，2015 年将试射该重型洲际导弹导弹，可将 10 吨有效载荷投向世界任何地方，计划 2018—2020 年列入战略导弹部队。① 同时俄也在研究延长乌克兰制造的 SS-18 重型洲际导弹导弹的寿命。为应对美国可能在欧洲部署核导弹，2015 年 6 月 16 日，普京在"军队-2015"论坛开幕式上宣布，扩充现有核武库，在年

---

① 俄 20 世纪 90 年代放弃了重型洲际导弹导弹的研发，因为桥梁高度和跨距不适合运输这种重型导弹，也没能将导弹放入发射井的起重机，现在重新进行研发。

内增加40枚洲际弹道核导弹。据西方媒体估计，俄共有300枚洲际弹道核导弹，根据美俄两国2010年生效的《新削减战略武器条约》，[①]普京此举为更新核武库，用新的导弹更新旧的无用导弹，但在1年内完成13%的更新计划，其速度前所未有，旧的导弹将被可携带4~6枚核弹头的SS-27核导弹取代，弹头最多达250枚，超过整个英国的核武库，此举引发欧美强烈反应。西方估计俄正在淘汰苏联时期制造的所有洲际核导弹，并用新型武器系统取代，这一过程大约于2022年完成，目前更新了1/2。

第二，研制先进的战略核潜艇和潜射洲际导弹。"冷战"时期，美苏两国核潜艇技术相当。苏联解体后，俄战略核潜艇在数量与质量上均逊于美国。俄战略核潜艇担负不到15%的战斗值班任务，而美国战略核潜艇则担负50%以上的战斗值班任务。2012年之前俄战略核潜艇每年只能执行10余次战备巡逻任务，每次时间也不足3个月；而美军战略核潜艇执行远洋巡航任务周期可达6个月，巡逻范围遍及全球。

为缩小与美国的差距，俄研制出"北风之神"新型战略核潜艇，第一艘"多尔戈鲁基"号于2012年底服役，第二艘和第三艘号也于2014年列装，俄计划在2020年前列装8艘该型潜艇。"北风之神"战略核潜艇的核心装备是"布拉瓦"潜射洲际弹道导弹，"布拉瓦"实际是"白杨"-M的海基版，或称潜射版，能够在接到命令后数分钟之内进行发射，能在主动段和末段进行机动，是俄军"撕破"美国导弹防御系统的又一支"利剑"。随着海基核力量的加强，俄核潜艇2014年以来执行战略巡逻任务的强度也提升了近50%，范围也逐步拓展到全球各大洋。

第三，空中战略轰炸机日趋活跃。目前，俄战略轰炸机有图-95和

---

① 按照该条约，从2018年2月5日开始，美俄两国各自都只能拥有700枚洲际弹道导弹，俄因总数不到700枚，其更新计划符合该条约规定。

图-160两种型号，分别为55架和11架，部署在俄中部萨拉托夫州和远东地区的阿穆尔州的两个远程航空兵基地。

"冷战"结束后，俄战略轰炸机停止了全球战斗巡航。2007年，俄战略轰炸机恢复中断长达15年之久的全球战斗巡航，战略巡航强度逐年提升，每年均要前往大西洋、北冰洋和太平洋海域执行数十次战斗巡航任务，一次巡航时间最长达30小时，年度巡航总时间达498小时。为在危机时提高核突击效果，俄军重点演练战略轰炸机与空中加油机、预警机和电子战飞机的协同。2014年6月9日，4架俄罗斯图-95远程战略轰炸机和1架随行的伊尔-76加油机进入美国阿拉斯加沿岸的防空识别区。飞行途中，伊尔-76还对图-95轰炸机进行了加油服务。在2014年底，为应对美国和北约对俄的战略围堵，俄加大了战略轰炸机的全球巡航范围，包括大西洋西部和太平洋东部、加勒比海水域和墨西哥湾等区域上空，基本包括了美国东海岸地区。

四、军事部署互不相让

乌克兰危机给了北约与欧美加强欧洲对俄军事部署的契机，北约乘机加强临近俄的东欧成员国永久性军事部署，美国也增强欧洲军事力量，加快部署针对俄的导弹防御系统，欧洲自身也加强针对俄的军事部署。为应对西方军事威胁，俄军开始加强针对北约和欧美的军事部署，以最大限度地维护自身战略空间的安全。随着乌克兰危机的持续升级，双方部署互不相让，针对性明显。

（一）北约加强对俄的欧洲军事部署

北约计划在中东欧成员国永久驻军。[1] 乌克兰危机爆发后，由于担心克里米亚危机在自己国家重演，北约东欧成员国波兰、拉脱维亚、立陶宛、爱

---

[1] 根据1997年5月俄与北约签订的《俄罗斯联邦与北大西洋公约组织相互关系、合作和安全基本文件》，北约承诺不在波兰和其他东欧成员国部署大量永久驻军，俄方则承诺尊重北约东部成员国的领土完整与主权。该协议正式确定了后冷战时期东欧国家的边界，并明确指出，无论西方还是俄都不能在新成立的东欧国家部署军队和武器装备，任何一方都不得将其他一方视为"敌手"，以减少未来出现冲突的可能性。

沙尼亚和罗马尼亚等国要求北约在其国内永久驻军。2014年4月16日，北约理事会大使级会议结束后，北约宣布实施一揽子增强东欧军事力量的措施：立即在东欧部署更多的空中、海上和地面部队；增加军事演习的频率与强度；扩大北约空军在波罗的海国家的空中巡逻行动；向东欧成员国增派大量作战部队，长期或者轮换驻扎；在这些国家设立永久军事基地等。目前，北约东欧增派一支由E-3预警机和17架侦察机组成的编队，全天候巡逻监控乌克兰边境地区。美国和荷兰则派出空中加油机、土耳其提供一艘油轮，为这支侦察和预警机编队提供燃料补给服务。4月29日，加拿大派遣6架F-18型战斗机前往罗马尼亚，参与对中欧及东欧国家的空中警戒行动。同时，德国已经向北约在东欧地区成员国派遣6架战斗机及1艘舰艇。5月1日，北约副秘书长亚历山大·弗什博说，俄罗斯不再是北约的"伙伴"，再次成为"对手"。他警告，北约"有权"不再遵守双方1997年签订的协议，从而在位于欧洲东部的北约成员国常驻大量部队，在这些国家设立永久军事基地。按照弗什博的说法，俄罗斯已经违反了双方1997年签订的合作和安全协议，从而北约方面"现在有权"不再遵守协议。5月6日，北约最高军事长官菲利普·布里德洛夫在渥太华表示，鉴于乌克兰紧张局势日益加剧，北约须考虑在东欧部分地区永久驻军。北约已在东欧一些国家如波罗的海国家、波兰和罗马尼亚部署短期陆军、空军及海军换防，而这些部署将得以延长。7月25日，加拿大派出海军配有鱼雷、防空和反舰导弹以及一架"海王"直升机的"多伦多"号，加入地中海北约舰队。8月27日，北约秘书长宣布，北约将首次在东欧新建基地，以便在必要情况下部署永久性驻军，作为对乌克兰危机的回应。

针对北约增兵中东欧的计划和行动，2014年4月3日，俄外交部长拉夫罗夫警告北约不应向其东欧成员国增派兵力，因为这将违反北约与俄罗斯签署的协议。6月18日,俄国驻北约特使格鲁什科警告称,北约若增加对中欧和东欧的驻兵,即使只属于轮换性质,仍然违反俄国与北约的协议。他批评北约在俄边境增加驻兵是"过度且史无前例",警告北约若一意孤行,"俄方的响应肯定不止单纯部署军队"。对此,北约秘书长拉斯穆森表示,北约有必要在"必要的时期采取必要手段"以应对可能的威胁。

成立北约快速反应部队。这支北约快速反应部队由陆、海、空部队组成,通过演习的形式实现在波罗的海和其他东欧国家之间的轮驻,能在危机发生时迅速做出反应。2014年9月5日,北约在威尔士举行峰会,同意建立"矛锋"的5000人规模的陆、海、空快速反应部队,设想在东欧部署,由各成员国轮流出兵。一旦东欧地区成员国遭受攻击,这支拟组建的部队能在"2~5天内"部署到"任何地区",目前北约的部队需要5天才能采取行动,2016年该部队将全面运作。2015年2月5日,北约成员国国防部部长会议决定进一步扩大北约快速反应部队,将快速反应部队从现在的1.3万人增加至3万人,同时将其中5000人设为"先头"部队,有能力在短短数日内部署到任何指定地点。2015年6月24日,北约宣布将其快速反应部队增加到4万人。此外,北约还决定在爱沙尼亚、拉脱维亚、立陶宛、波兰、保加利亚和罗马尼亚6个东欧国家增设"指挥与控制"联络点,部署小股部队,主要负责计划和组织军事演习,并在需要时指挥增援部队。

增加波罗的海军事力量。2014年4月,英国在立陶宛部署4架"台风"战斗机,以配合波兰空军的4架米格-29"支点"战斗机,这是皇家空军首次向外国派遣作战分队。4月29日,英、法、美向波罗的海地区派出军队,美军派出约150名空降兵,北约还增强在波罗的海进行空中警戒任务的力量。由于波罗的海三国(立陶宛、爱沙尼亚和拉脱维亚,均北约成员国)没有能够用于空中巡逻的飞机,因此在这些国家从2004年加入北约后,北约就派出4架战机负责波罗的海三国的空中防务。目前,北约空军在波罗的海三国的空中巡逻行动,是由拉脱维亚的空军基地起飞实施的,而爱沙尼亚已表示愿意为北约提供第二个军事基地。2014年乌克兰局势紧张之际,英国、法国向立陶宛和波兰派出了8架战斗机,美国在波兰和立陶宛分别部署6架F-15C"鹰"式战斗机和12架F-16S"战隼"轻型战斗机,以加强北约对波罗的海地区的防空。4月16日,波兰和丹麦各派4架战机前往爱沙尼亚,5月2日,北约4艘军舰抵达立陶宛。5月1日后,北约把波罗的海、空中力量增强了3倍。隶属意大利空军的4架"台风"式战斗机从2015年1月1日起部署在立陶宛机场,执行波罗的海空中巡逻任务。此外,北约还计划在波罗的海地区设立永久性军事基地。

要求北约成员国增加军费开支。在2014年9月5日的北约峰会上,北约宣布未来10年各成员国将实现本国军费开支达到本国国内生产总值的2%。现阶段仅美国、英国、希腊和爱沙尼亚达到这一门槛,这是北约成员国首次就实现军费开支增加计划设定时间表。

(二) 美军增强对俄的欧洲军事力量

20世纪90年代,美在欧洲驻军高达30多万,目前驻军约6.5万,原本2014年再削减1万人。在乌克兰危机爆发后,美国悄然加强了在欧洲的军事力量,并增加了对波罗的海诸国例行空中巡逻中的飞机数量,提升了原计划与波兰空军训练演习中的装备。2014年3月17日,美国国防部部长哈格尔与来访的波兰国防部部长谢莫尼亚克共同出席新闻发布会时宣布,鉴于乌克兰局势和对地区盟友的支持,美军将延长其空中力量在波兰驻扎期至今年底。美波双方就这一部署达成共识,并将在特种作战演习、空军培训计划和导弹防御系统等军事领域展开深入合作,将加快在东欧的陆基导弹防御系统部署。4月,美国向罗马尼亚的黑海空军基地增派600名军人。6月3日奥

第五章 竞相对抗的心理威慑战

巴马欧洲之行中宣布，2015年将花费10亿美元在欧洲部署更多的装备，更多地参与北约在黑海和波罗的海的部署，还要加强与俄接壤的非北约国家的军事力量，包括乌克兰、格鲁吉亚和摩尔多瓦。此次增强欧洲驻军，意味着奥巴马对外政策发生重大转变。

增加欧洲的战略军事力量部署。6月3日，奥巴马欧洲之行访问波兰时表示，美国将在欧洲，特别是在东欧国家领空上加强B-52轰炸机演训。6月4日，美国空军宣布将具备核武器投放能力的B-52战略轰炸机部署到欧洲，美路易斯安那州巴克斯代尔空军基地的2架B-52"同温层堡垒"战略轰炸机和北达科他州迈诺特空军基地的1架B-52先后抵达英国费尔福德空军基地。美军最近一次将B-52部署至该基地是2003年伊拉克战争期间。在欧洲部署的B-52轰炸机可以在海拔50000英尺（15240米）的高空以高亚声速飞行，同时还可以运载常规武器和核武器。6月10日，美国五角大楼宣布，美空军已在英国空军费尔福德的空军基地部署2架B-2隐身轰炸机，用于与北约盟国的演习。B-2隐身轰炸机能突破强大的防空系统并可投放数十枚精确制导、常规或核炸弹。将B-2隐形轰炸机部署在国外是罕见的，这一造价高昂的飞机美国仅有20架。12月10日，美国国防部告知美国国会称，美国正考虑在欧洲重新部署核巡航导弹，以回应俄罗斯违反1987年核条约部署新的巡航导弹的举措。2015年6月7日，英国外交大臣哈蒙德对英国广播公司暗示，美国的核导弹可能部署到英国，"冷战"时期美国在英国部署核导弹曾引发了整个欧洲，包括俄罗斯在内的核军备竞赛狂潮，所以俄对美在英部署核导弹非常敏感。6月16日，美军空军部长詹姆斯宣称美空军正在审议向欧洲部署F-22A的可能性。

加快在东欧部署针对俄的陆基、海基导弹防御系统。2014年4月初，美国国防部导弹防御局局长、海军三星中将詹姆斯·叙林表示，美国军方将加快在欧洲的陆基导弹防御系统部署以应对俄罗斯。美国军方原本计划在2018年前完成波兰境内的"标准"-3型拦截导弹和升级版"宙斯盾"武器系统部署。现在，这一过程将加快，更快、更大的拦截导弹将部署到正在波兰境内建设的陆基"宙斯盾"系统，东欧第一个导弹拦截系统已经在罗马尼亚建成并将在2015年启用。俄罗斯一直强烈反对美国在中、东欧部署导弹防御系统，甚至威胁将对这些设施使用"毁灭性力量"。6月3日，美海军向西班牙共派遣了4艘反导驱逐舰，以在欧洲构建反导系统。美国的欧洲反导系统还包括在罗马尼亚和波兰部署导弹拦截基地、在土耳其部署雷达系统以及在美驻德拉姆施泰因空军基地设立指挥中心。

增加驻欧洲常规军事力量部署。2014年3月，俄罗斯占领乌克兰克里米亚地区之后，美国向波兰以及立陶宛、拉脱维亚和爱沙尼亚这三个波罗的海国家部署了数百名士兵。2014年11月23日，美国驻欧洲陆军司令部指挥官表示，由于与俄关系依然紧张，美国至少将在2015年继续于波兰和波罗的海国家驻军。11月25日，美军宣布计划于2015年在北约欧洲国家部属约150辆坦克和装甲车，其中50辆当时部署到位。12月2日，美陆军欧洲司令部宣布，在东欧部署另外100辆"艾布拉姆斯"坦克和"布雷德利"装甲车，以应对俄。2015年2月，美国向波罗的海三国移交了约百辆坦克、装甲车和其他装备，包括"艾布拉姆斯"主战坦克、"布雷德利"战车、"悍马"军用吉普车等装备。2月11日，美国国防部宣布在德国施庞达勒姆基地部署300名空军士兵和12架A-10攻击机。3月9日，美军3000名官兵参加为期3个月的"大西洋决心"行动演习，演习结束后，美军约750辆军用坦克、直升机和其他车辆设备将留在东欧北约成员国。6月16日，美五角大楼以方便美军训练为名，准备在东欧和波罗的海国家存放多达5000人士兵使用的坦克、步战车以及其他重型武器。如果该计划得以实现，将是"冷战"后美国首次在东欧北约成员国部署军事装备,此举也引发俄强烈反对。6月23日,美国国防部部长卡特表示,为应对俄在乌克兰的行动,美国将在波罗的海和东欧盟国部署250辆坦克、"布雷德利"装甲战车和自行榴弹炮等武器,这些武器足可以装备一个战斗营。卡特还表示,将加强与北约盟友的网络防御力量。

训练欧洲国家军人。2014年6月18日,美军派出"海豹"突击队与三角洲部队,协助东欧国家培训特种部队,训练内容扩大到巷战、模拟攻击登陆艇,以及空降及空袭协同作战等。同时,美军将在东欧,包括在与俄接壤的北约成员国常驻一支数百人的特种部队。2015年2月11日,美国国防部向乌克兰派遣600名军人,训练乌克兰政府军。这些军人来自美国第173空降旅,美方有计划针对乌克兰政府军防御火炮、火箭弹袭击以及守卫公路和战略要地的能力进行训练。

(三)欧洲加强对俄军事部署

欧洲国家自身也在加强军事力量部署,以应对持续升级的乌克兰危机。

成立新的军事情报共享组织。2015年4月,挪威、瑞典、丹麦、芬兰和冰岛5个北欧国家签署北欧防御协定,开展更紧密的军事和情报合作,加强联合军事演习、情报共享、网络安全合作和国防领域合作等。这一新的北欧组织将北约成员的挪威、丹麦和冰岛与传统的中立国瑞典、芬兰联合在一起,成立一个应对俄罗斯的松散情报联盟。

成立联合部队。2014年8月29日,英国和丹麦、拉脱维亚、爱沙尼亚、立陶宛、挪威和荷兰6个欧洲国家成立一支万人以上的联合远征军,以增强北约应对俄罗斯入侵乌克兰的力量,这支部队既包括地面部队也包括空中和海上力量,由英国指挥官领导。2015年2月4日,乌克兰议会批准与立陶宛、波兰成立联合旅,该旅将在联合国和欧盟协调下进行军事行动。乌克兰将有545名军人参加该旅,波兰有3500人、立陶宛有350人,指挥部位于波兰。

增加军费开支。 2014年6月,应北约的要求和应对俄罗斯的需要,波兰宣布把国防预算占GDP比率由1.95%提高至2%,相当于增加2.57亿美元,并拟采购70架直升机和数百架无人机,以推动空军现代化。 捷克、立陶宛及拉脱维亚也在乌危机爆发后,相继宣布增加军费。

(四)俄调整加强对欧美的军事部署

加强其西部和南部地区军事防御。 早在乌克兰危机爆发的几个月前,俄就已着手在与北约交界的白俄罗斯巴拉诺维奇空军基地部署战机,以加强西部地区空防。 2013年12月,俄军将一个中队的苏-27战机调往巴拉诺维奇基地,并新部署了可以监测大半个欧洲及部分中东地区的远程防空雷达。 为应对美国及北约空军在东欧地区的频繁活动,2014年3月,俄空军又向巴拉诺维奇空军基地部署了6架苏-27、3架伊尔-76运输机和1架A-50"中坚"预警机。 此外,作为对美部署欧洲反导系统的回应,俄决定在西部和南部地区部署"伊斯坎德尔"-M战役战术导弹系统,其射程为500~2000公里,这一导弹系统很难被美军反导系统拦截。 今后图-22M3远程轰炸机和"伊斯坎德尔"-M战役战术导弹系统相结合,可以使美将于2018—2020年在波兰和罗马尼亚部署的欧洲导弹防御系统变得意义不大。 针对美军企图在东欧和波罗的海国家存放大量坦克等重型装备的计划,俄宣布美军此举违反了1997年《俄罗斯联邦与北大西洋公约组织相互关系、合作和安全基本文件》关键条款义务,同时表示将向加里宁格勒部署"伊斯坎德尔"-M导弹系统,并加强在白俄罗斯的兵力部署。 2014年11月13日,俄国防部重建第1坦克集团军,其总部设在莫斯科西南方向的巴科夫卡。 1992年该部从德国撤离,并于1999年被裁减。 此外,这支坦克部队包括第2塔曼摩步师、第4

卡捷米尔坦克师、第27摩步旅、第6坦克旅。2015年6月16日，俄宣布组建空天军。建立空天军是2015年俄国防部明确提出的优先任务之一，空天军将由空军和空天防御部队合并而成，主要负责建立导弹预警系统，包括天基段和地基段预制雷达。

强化克里米亚半岛防御。占领克里米亚半岛后，为防止乌政府军反扑，加强控制黑海制海权，俄军大力加强克里米亚半岛驻军实力。俄克里米亚集团军将建成名副其实的集团军，拥有现代化的军舰、潜艇、飞机、岸防部队、防空部队和海军基地，一年来已经装备了S-300防空系统和"铠甲"S1野战防空导弹系统、"巴尔"和"棱堡"反舰系统、数十架苏-27和苏-30战机及其大量的T-72B坦克、BTR-82装甲运兵车等武器，又重建俄军第30舰艇师。俄军还计划2016年前部署一个图-22M3远程超声速轰炸机团，同时配备苏-27歼击机、图-142、伊尔-38，以及卡-27和卡-29。2020年前将图-22M3升级为图-22M3M，配备X-32巡航导弹，足够完全覆盖包括英国在内的西欧，将对美国在欧洲建设的反导系统形成巨大威胁，甚至使整个欧洲军事力量的平衡发生变化。2014年6月22日，俄海军司令维克多·奇尔科夫上将表示到2015年俄黑海舰队将增添30余艘各类军舰，包括636型潜艇6艘、新型护卫舰6艘、大型登陆舰3艘已经服役。8月14日，普京批准了关于建立克里米亚军队集群的专项计划，并纳入俄武装力量整体发展，以保障克里米亚半岛的安全，预防可能的外来危险。此外，俄国防部还计划重建克里米亚塞瓦斯托波尔的导弹袭击预警雷达站，该预警雷达站将可监视2500～3500公里的敌国发射导弹情况，甚至能覆盖整个中东地区。与此同时，俄驻叙利亚塔尔图斯港海军基地2015年初开始改建，俄军将设立防空阵地和防卫力量，以保证黑海舰队的安全补给和联勤保障。2015年3月11日，俄外交部军控部门负责人乌里扬诺夫甚至表示，如果有必要俄有权在克里米亚部署核武器,这可能是反击美国向乌克兰提供致命性武器的信号。

重兵部署俄乌边界地区。2014年3月起,俄军沿着俄乌边部署了4万精锐部队,半数离俄乌边境不到10公里,部署了大量的机械化步兵、主战坦克、装甲车、电子战部队、战斗机、直升机、大口径火炮、特种部队、短程导弹和野战医院等。北约认为,这些军队并非如俄罗斯所称仅仅是在进行传统的机动演习。2015年3月中旬,俄罗斯第20军的第9摩步旅已被调往靠近乌克兰边境的博古恰尔,以增强克里姆林宫应对乌克兰边境突发事件的能力。俄将重新组建一个坦克旅,并将一个新的摩步旅纳入第20军。

加强北极地区防御。北极地区丰富的自然资源和重要的战略交通位置,对俄来说都非常重要。乌克兰危机爆发后,俄也开始加强北极地区的军事防御力量。2014年11月24日,普京宣布组建俄北方联合战略司令部。12月1日,在俄北海舰队基础上组建的俄罗斯北极战略司令部正式开始运作,该司令部相当于俄罗斯的第五大军区,不但各兵种军事力量齐备,而且承担维护俄罗斯在整个北极地区利益的重任。

五、警示

军事演习和军事部署等是敌对双方最有效、最直接的军事威慑,善于使用这些军事威慑,将能达到很多正面战场无法达到的效果。

(一)军事演习往往是战争的序幕与前奏

兵不厌诈,战争史告诉我们,为夺取战争主动权,军事演习往往是战争的序幕和前奏。在此次乌克兰危机中,俄军在靠近俄乌边境的中西部军区从2014年2月26日就开始了为期6天的大规模动员战备军事演习,为出兵做好

第五章 竞相对抗的心理威慑战

了各项准备动员工作。3月1日,就直接出兵占领乌克兰的克里米亚半岛。也就是说,俄军在军事演习期间就对乌以出兵的方式宣战了,军事演习有效掩护了俄军占领克里米亚半岛的军事行动,达到了战争的突然性和有效性,占据了战争的主导权。4月25日,俄常驻联合国代表丘尔金表示,一旦乌东南部事态恶化,俄将考虑使用联邦委员会的动武授权,俄很可能还会以军事演习的名义介入乌东部地区。

历史上不乏以军事演习为名发动战争的例子。1937年7月7日凌晨,日军在宛平城外进行军事演习。演习中,日军谎称有军人失踪,要求进入宛平城搜查。遭我守城官兵拒绝后,日军乘军事演习之势对我北平发动进攻,全面抗战由此拉开帷幕。2008年8月8日,在俄格战争爆发前夕,俄军也是在演习过程中直接对格鲁吉亚发动战争的。俄军情报人员很早就获知了格鲁吉亚军队将在北京奥运会开幕式上发动对俄攻击。于是,俄军在格鲁吉亚军队发动进攻前展开军事演习,预演对格鲁吉亚的进攻方案。当格鲁吉亚发动进攻后,俄军事演习飞机还在天上,坦克还没有熄火,军人还没有返回营区,俄军在演习过程中就直接反攻格鲁吉亚军队,攻击完全按照演习方案开展,为俄军的胜利奠定了基础。

(二) 军事演习成为心理威慑战的主要手段

此次乌克兰危机中,各方军事演习此起彼伏,规模空前,从战役演习到战略演习,从常规演习到核战略演习,演习成为各方心理威慑的主要形式。

面对中国的持续和平发展,为谋求亚太地区永久霸权地位,2011年年底美国宣布立即结束在伊拉克阿富汗的十年反恐战争,重返亚太,推出"亚洲再平衡战略",战略重心东移亚太地区,尤其以美、日及其同盟体系对中国崛起的战略围堵和挤压,严重影响我周边局势与安全。① 为威慑压制我国,并配合其"再平衡"战略,近年来美军频繁在我周边海域与盟友实施高强度海空联合军事演习,年均170多次,动用了F-22A隐身战斗机、B-2A隐身轰炸机、"华盛顿"号核动力航空母舰、"俄亥俄"级核潜艇等先进装备。除与东南亚国家的例行年度演习外,还在韩国经常举行数万人参与的大规模军事演习,与日本频繁开展夺岛演习,同时加快落实针对我国的"空海一体战"构想,在新加坡部署濒海战斗舰直接介入南海,在澳大利亚派驻数千名军人,在阿富汗撤军后继续保留上万人的部队。2015年4月20日,美菲在南海的年度"肩并肩"军事演习中,澳大利亚开始参加,出动1.2万多人、100多架飞机和4艘大型舰艇,严重刺激了南海的紧张局势。近期,美军还频频派出机舰侵犯我国南海岛礁12海里领海领空。

对此,我国应当以其人之道还制其人,增加我国东南沿海军事演习密度,进行心理威慑:一方面组织部队在东南沿海进行海空演习,这样既可以提高部队突破岛链的能力和水平,也能有效威慑美、菲、越等国,同时可以联合俄等友好国家在太平洋、南海等陌生区域举行大规模联合军事演习外,锻炼部队在各种复杂条件下的应战能力。此外,适当提高战略演习的质量和水平,以增加军事心理威慑的有效性。

(三)现代战争的复杂性导致心理威慑手段的多样性

随着全球化的加快发展,以及国际法对战争行为的限制(除联合国安理会授权和行使自卫权外,所有战争都是非法的,都需要承担国际责任),战争作为解决国际争端的手段正面临日益复杂的国际国内压力。在当前的乌克兰危机中,涉及双方领土、历史、政治、民族、军事、外交、经济和能源等

---

① 张洁:《中国周边安全形势评估(2015):"一带一路与周边战略"》,北京:社会科学文献出版社,2015年版,第5-30页。

多种纷争，还涉及欧美俄国际义务和彼此战略空间与利益之争等复杂因素。现代战争的复杂性直接导致了其心理威慑手段的多样性，除正面战场和军事演习部署的威慑外，经济上的制裁、政治上的孤立、技术上的封锁和经济能源上的打压等，都成为双方心理威慑的有力武器。

当前东南亚国家对我经济贸易依存度都比较高，2009年著名全球风险顾问公司Maplecroft发布新兴国家整合指数报告显示，新加坡、马来西亚、泰国和越南等国都被列为"极度依存"中国的国家。[①] 2010年中国—东盟自贸区正式建立，双边贸易额由2001年的400亿美元增长到3000亿美元，年增长20%。同年，中国超过日本和欧盟，成为东盟最大贸易伙伴，东盟也在2011超过日本成为中国第三大贸易伙伴。2012年双边贸易额突破4000亿美元，2020年将达1万亿美元。[②] 2014年IMF《亚太地区经济展望》报告指出，仅20年，亚太地区10个主要出口导向型经济体对中国的依赖已大大超过日本。中国已经成为东盟第一大贸易伙伴，越南对我国外贸依存度达15%以上，菲佣对菲律宾国家收入的影响非常重要。前几年菲律宾发生香港人质惨案后，迫于香港可能制裁菲佣，菲律宾才正式向香港道歉。这种做法值得我们思考。

（四）突然性实战演练是提高部队战斗力的有效手段

信息化战争的瞬间性，要求军队必须时刻具备较强的战斗力，而且必须在最短时间内完成从平时向战时的快速转变，这样才能真正打赢信息化战争。

在此次俄与欧美彼此的心理威慑战中，俄军几次大规模突然性的战备检查和演习成为俄军事威慑的一大亮点和特色。在俄军突然性军事演习中，

[①] "东南亚国家极度依赖中国经济"，《新加坡联合早报》2009年10月26日，第5版。
[②] 李克强总理在第十届中国—东盟博览会上的讲话。

完全打破了军事演习的惯常步骤与程序，不预先告知参演部队任何演习方案、集结时间、到达地点、持续时间和参演内容等，用这种突发性的任务来模拟实战的突然性与不可知性，参演部队完全凭借平时养成的战斗素养与能力开适应演习任务。这种演习，尤其是数十万人大规模突然性演习，才能真正反映出部队实际战斗力和平时训练水平，也是信息化战争中最需要的，同时也反映出俄军对自身战斗力和水平的自信，又能给对手以最大的心理威慑。

大规模突然性军事演习是我军当前建设信息化军队所急需的。必须改变我军军事演习中一些习惯性思维做法，以突然性的大规模军事演习来检验部队真正的战斗力，切实增强部队信息化条件下的作战能力，这样才能确保我军"招之即来、来之能战、战之能胜"。

（五）常规演习与战略演习组合的心理威慑效果更佳

苏联解体后，俄军事实力下降很大，在常规武器装备方面，无法与美国抗衡，但在核战略武器领域，俄雄风犹在。因此，战略核武器成为俄军威慑王牌，也最为西方忌讳。也正是由于俄拥有大规模先进的核武库，欧美不敢援助乌克兰致命性武器装备，而一直援助一些低水平的后勤装备，给乌克兰的情报不敢提供俄方军事部署情况，北约也一直公开拒绝乌克兰的加入申请。2014年6月3日，普京在赴法国出席盟军诺曼底登陆70周年纪念仪式之前，接受法国媒体采访时候自豪地表示：俄防务水平无疑处于全球领先地位，因为俄是核大国，而且从俄核武器质量来说，可能确实是位居全球第一。2015年1月1日，俄副总理在给西方的贺年片上，就赫然印有俄战略核武器"撒旦"，并让其问候西方朋友，震惊西方。在最近的一系列军事演习中，俄也将常规军事演习与核战略演习配套，取得了较好的威慑效果。

图 5-11　俄副总理问候西方的导弹贺年卡

当前,在我军的战略威慑力量中,仅有陆基战略导弹能有效威慑美国,所以美国正在我东南沿海加紧构建针对我国的导弹防御系统。在韩国加紧部署"萨德"高空反导系统,结合我东海地区部署的"宙斯盾",台湾地区部署的"铺路爪"远程雷达、日本的 X 波段远程雷达,在东海海底布设针对我潜艇的海底观测网,在空间部署"空间监视与跟踪系统"和"精确跟踪与监视系统"等新型导弹预警、探测及跟踪手段,预警能力从战略导弹扩展到战术导弹,在关岛等地区部署末端反导系统,开发新型改进型"爱国者"-3 和"标准"-3ⅡA 拦截导弹,可拦截中远程弹道导弹。

为打破美军构建针对我的导弹防御系统,我军在进行军事演习时,应将常规力量与战略力量相结合,在演习中适当增加陆基、空基和海基战略力量的成分,这样不仅能探索突破美军导弹防御系统的方式和方法,锻炼战略力量运用的水平和能力,也能有效威慑对手。

第六章

争取正统的法律战

第六章　争取正统的法律战

在乌克兰危机中，为争取自身行为的合法性，获得最广泛的国际支持，各方围绕克里米亚公投独立合法性等问题展开激烈法律较量，战场从俄乌欧美间一直打到联合国安理会，精彩异常。

一、一纸空文的《布达佩斯安保备忘录》等协议

在苏联解体后、乌克兰独立之初，为迫使乌克兰销毁数量众多的战略核武器，俄美欧等国与乌克兰签订《布达佩斯安保备忘录》等相关协议，规定乌销毁其全部核武器，作为回报，俄美欧承诺尊重乌克兰领土主权与安全，不干涉乌克兰内政。乌克兰按照上述协议完全销毁了核武器。但此次乌克兰危机爆发前和过程中，俄美欧都违反了上述协议规定的义务，深度干涉了

乌克兰内政,使《布达佩斯安保备忘录》等协议成为一纸空文。

(一) 不干涉乌克兰内政的《布达佩斯安保备忘录》等协议

苏联解体前,苏美两国就推动战略核武器裁军达成协议。1990年6月,苏联领导人戈尔巴乔夫与美国总统布什发表了《关于削减战略武器的联合声明》,对削减战略核武器条约的主要条款达成了一致意见。双方于1991年7月31日正式签署了《美苏第一阶段削减战略武器条约》,美苏削减射程为4800公里以上的陆基和潜射弹道导弹、重型轰炸机和核弹头。

苏联解体后,其核武器分散于俄罗斯、白俄罗斯、乌克兰、哈萨克斯坦境内,乌克兰继承境内核武器,成为独联体内第二核大国,境内部署的战略核武器占苏联总数的20%,数量超过英国和法国的总和,也是世界上仅次于美、俄的第三核大国。除不能生产核弹头外,乌克兰当时还具有生产核导弹的能力,是世界第六大战略核导弹生产国,生产SS-24导弹和SS-18导弹,还有核武器的试验和销毁设施,拥有近2000件战术核武器。在战略核武器方面:拥有176枚陆基核导弹,共携带1240枚核弹头,其中包括46枚能携带10个分弹头的SS-24型固体燃料导弹和130枚能携带6个分弹头的SS-19型液体燃料导弹,还有21架图-95MS战略轰炸机携带224枚核弹头,16架图-160战略轰炸机携带192枚弹头,共1800枚核导弹。① 此外,乌克兰还继承了境内前苏联先进的常规军事力量。

乌克兰庞大的核武器引起了美俄的极度恐慌,美俄都不愿意世界上又多出一个拥有庞大核武器库和先进常规兵力的大国。所以:一方面,美俄利用乌克兰独立之初面临的严重的经济危机为契机,施压要求乌克兰批准继承《美苏第一阶段削减战略武器条约》;另一方面以大规模经济援助为诱饵迫

---

① 马贵友:《列国志—乌克兰》,北京:社会科学文献出版社,2003年版,第257页。

第六章　争取正统的法律战

使乌克兰彻底放弃核武器。而乌克兰独立之初遭遇了严重的经济危机，根本没有资金和技术维护数量众多的核武器。[①] 于是经过几番讨价还价，在俄罗斯与美国的压力和经济援助条件下，乌克兰答应成为无核国家。1991年8月24日，乌克兰在独立前夕的《乌克兰宣言》中宣布，未来独立的乌克兰将奉行不接受、不生产、不购买核武器的无核方针。10月24日，即乌克兰刚刚独立不久，乌克兰最高苏维埃发表声明宣布，乌克兰将实行旨在完全销毁核武器和其境内核基地各种设施的政策。1992年5月，美国与独联体有核四国（俄罗斯、白俄罗斯、乌克兰和哈萨克斯坦）达成里斯本协议，规定除俄罗斯以外的另外三国在7年内将其境内的核武器转交给莫斯科处理，并同意乌作为非核国家签署核不扩散条约。乌克兰在里斯本协议上签字，明确了乌克兰作为《美苏第一阶段削减战略核武器条约》继承国之一的地位，乌克兰除保证将销毁乌境内的战略核武器外，还表示将参加和批准1968年的国际防止核扩散条约。

1994年1月，美国总统克林顿访问俄罗斯时，与叶利钦一起会见乌总统克拉夫丘克，晓之以利害，诱之以经援，终于在1月14日，美、俄、乌三国在莫斯科达成关于乌解除核武器及经济和安全问题的三方协定：规定7年内把全部核武器运往俄罗斯进行销毁，并销毁境内的全部176座洲际导弹发射井；美俄不得对乌进行核威胁和以武力相威胁，尊重乌独立、主权和现有边界的领土完整，不能以经济问题为由向其施加政治压力，美俄对乌克兰进行经济补偿等内容。该协议满足了乌的一些经济援助要求，美国除答应继续为其改革和民主进程提供援助外，还再提供7亿多美元经济援助，其中3.5亿

[①] 据当时估计，乌克兰要建立起核武器的科研、生产、保养等有关基础设施，约需700-1000亿美元，还不包括更新换代的费用，而且这些核武器大多到了10-20年的安全期，需要全部更换，不然后果不堪设想，作为独立之初的乌克兰，根本没有这种经济实力来负担。参见马贵友：《列国志—乌克兰》，社会科学文献出版社2003年，第257-258页。

用于技术援助，另外用于核裁军。俄罗斯则答应7年间无偿提供乌克兰核电站所需要的核燃料，并补偿乌销毁战术核武器的损失。作为补充，1994年12月5日，乌克兰总统库奇马、美国总统克林顿、俄罗斯总统叶利钦和英国首相马卓安在匈牙利首都布达佩斯签署的一份备忘录形式的外交文件——《布达佩斯安保备忘录》，协议规定乌克兰的无核地位，各国保证不干涉乌内政，承诺保卫乌克兰的领土完整与独立，以换取乌克兰同意放弃核武器。但是，该备忘录没有规定一旦乌克兰核裁军后，遭遇袭击，上述国家有义务采取任何行动。

图6-1　乌战略导弹变废铁

为贯彻无核国家原则和履行上述国际协议，乌克兰与俄达成协议，在1992年7月1日前，将其境内的近2000件战术核武器全部运往俄罗斯销毁，并决定与俄罗斯共同销毁其境内的176枚战略核导弹。1994年1月，乌克兰进一步将全部战略核武器运往俄罗斯销毁。截止到1996年5月31日，乌克兰已将其境内的全部战略核导弹运往俄罗斯等待销毁。6月1日，乌总统库奇马正式向外界宣布，乌克兰已成为无核国家，率先成为世界上第一个销毁核武器的国家。但此次乌克兰危机中，欧美和俄罗斯都深度干涉了乌克兰的内政。2014年3月，乌克兰议会就请求美英各国履行《布达佩斯安保备忘录》等协议所规定的义务。

（二）美欧深度介入乌克兰危机

在亚努科维奇暂停签署欧盟联系国协定后，欧美开始深入介入乌克兰危机。

坚决反对亚努科维奇镇压反对派叛乱。在2013年11月21日，亚努科维奇政府宣布暂停签署欧盟联系国协定后，乌克兰反对派随即在基辅独立广场举行抗议示威暴乱活动，乌克兰危机由此发端。欧美为发泄对亚努科维奇亲俄立场的不满，纷纷支持乌反对派的示威暴乱：一是运用网络技术引导并操控社会舆论，使乌克兰主流媒体充满对政府的批评和攻击，使国民不满情绪迅速蔓延。2013年12月5日，设在美国的国际选举制度基金会在其官方网站公布了一项调查报告。该报告公布了对乌克兰政治、经济等相关领域的调查问卷结果，宣称乌克兰有87%的民众对国内经济形势不满，有79%的民众对国内政治现状不满，此报告的幕后操控者其实是美国政府。报告公布后引发乌国内民众极大不满，加剧了乌街头推翻亚努科维奇的暴乱行动。二是实施网络监控和信息攻击，欧美国家强化监控乌克兰政府和军队网站，进行了多次大规模病毒攻击。据称，自2013年9月份以来，乌克兰政府官网和国家安全局网站近百次受到境外"黑客"攻击，最终导致官方网站的彻底瘫痪。三是欧美国家对乌克兰反对派提供了大量资金支持和相关网络信息，使反对派对亚努科维奇当局的动向和软肋了如指掌，为颠覆政权奠定了基础。

公开反对亚努科维奇镇压反对派。随着反对派示威暴乱活动的加剧，亚努科维奇政府出动警察维持基辅秩序，双方爆发大规模流血冲突，此时美国公开对亚努科维奇政府施压，强烈反对亚努科维奇政府出动警察镇压反对派。2014年2月初，一段美国国务院高官讨论乌克兰政局的音频在网络曝光，可以听到美国国务院助理国务卿纽兰甚至鼓励进行乌克兰政权更迭，并承诺由乌克兰反对派阿尔谢尼·亚采纽克出任新政府总理（后来情况正是如此）。事后美国默认音频属实，但反指俄罗斯动用谍报手段窃听了美国官员的通话并将它公布于众。美国国务院发言人普萨基更称俄罗斯的谍报手段又一次"刷新了下限"。2月18日，独立广场惨案发生的当天，美国副总统拜登致电乌克兰总统亚努科维奇，对乌克兰局势表示严重关切，强调乌克兰政府对缓和局势负有特殊责任，要求亚努科维奇撤回政府军，最大程度保持克制。2月19日，美国国务院宣布对20余名参与镇压反对派街头暴乱的乌官员和人士实施制裁，禁止给他们发放入境签证。2月20日，美国白宫发表声明，敦促乌总统亚努科维奇立即从首都基辅市中心示威现场撤出安全人员，呼吁乌克兰军方不要卷入冲突，通过政治途径解决当前危机。声明还表示，美国将与欧盟一道，追究镇压反对派暴乱的责任人。在反对派街头示威过程中，美国老牌参议员约翰·麦凯恩、美国务院负责欧洲与欧亚事务的助理国务卿维多利亚·纽兰就曾抵达基辅独立广场抗议现场声援反对派，并亲自给反对派分发食品。

图6-2 基辅乌克兰反政府示威现场

第六章 争取正统的法律战

支持反对派自编自导的独立广场屠杀行动。2014年2月22日，乌反对派控制的议会以亚努科维奇雇凶制造广场大屠杀为由，宣布其自动丧失职权，但亚努科维奇拒绝辞职。后来一段外泄在YouTube上的电话录音显示，大屠杀是反对派所为，狙击手受雇于反对派。电话交谈的是时任欧盟外交事务代表的阿什顿和爱沙尼亚外交部部长佩特，时间为2月25日佩特访问基辅时。电话中佩特表示，所有证据显示同一伙狙击手枪杀了警察和示威人群，其背后不是亚努科维奇，而是乌反对派新政府的某人。佩特对此表示担忧，认为这从一开始就败坏了新政府名声，阿什顿则表示震惊。后来爱沙尼亚外交部证实此电话内容，但当事人与欧美都拒绝评论，俄则呼吁欧盟成立委员会调查基辅独立广场谋杀事件，确认乌反对派是否参与其中。4月6日，乌安全局前局长表示独立广场杀人案是反对派自己手笔。

支持反对派政变推翻亚努科维奇政府。2月21日，亚努科维奇与反对派领导人签署了结束危机的协议，只不过是反对派精心策划的骗局。2月20日夜，在签署结束危机的前夕，40多名亚努科维奇的地区党议员宣布退党，反对派主导乌议会通过一项即时生效决议，要求忠于亚努科维奇的安全局、内务部"立即停止对乌克兰公民使用武力"，并从基辅市中心撤回军队，释放所有被逮捕的人员。21日乌军警撤离基辅，基辅归于平静。当天，乌克兰最高拉达（议会）先后表决通过了解除看守政府内务部长扎哈尔琴科职务的决议和释放前总理季莫申科的法律，反对派人士阿瓦科夫任内政部长，警察宣布"站在人民一边"。随即乌国防部部长帕夫洛·列别捷夫在与美国防部部长哈格尔通话时表态，军方不会对基辅的示威者使用武力。22日，反对派已完全控制基辅。与此同时，反对派迅速掌控了议会权力。当天亚努科维奇政治盟友——乌克兰最高达拉（议会）议长弗拉基米尔·雷巴克和第一副议长伊戈尔·卡列特尼克同时宣布辞职，乌克兰最高拉达（议会）以压倒性多数投票选举反对党祖国党领导人亚历山大·图尔奇诺夫为新议长。乌议会随即投票释放前总理季莫申科，季莫申科随即从狱中赶赴广场，号召示威者逮捕亚努科维奇。当天晚些时候，乌克兰议会经投票决定，宣布总统亚努科维奇"自动丧失职权"，并将于5月25日提前举行总统选举。亚努科维奇当即指责乌反对派政变，并拒绝签署议会决定。24日乌警方对亚努科维奇发出逮捕令，指控他"大规模杀害平民"，亚努科维奇受到追杀，被迫出逃俄罗斯。26日，乌代理总检察长马赫尼茨基召开记者会宣布，已经向亚努科维奇发出国际通缉令，并启动针对他的刑事诉讼程序。根据乌克兰刑法，犯故意杀人罪可被判处10~15年或终身监禁。

针对乌克兰反对派拒绝履行2月21日签署的协议，2月22日俄外交部长拉夫罗夫分别与德国、波兰和法国外交部长通电话，要求施压让反对派立刻履行21日的协议。德、法、波三国外交部长认同俄方意见，但当天美国白宫发表声明称，美国欢迎乌克兰议会的"建设性工作"，声明指出，美国支持乌克兰平息暴乱，修改宪法，组建联合政府，提前举行大选，目前局势发展推动乌克兰更加接近实现这些目标，这暗示美国乐见反对派推翻亚努科维奇政权。24日美国白宫表示，不再认为亚努科维奇是乌克兰总统。白宫发言人卡尼则称，尽管亚努科维奇是民选领袖，他的行为已经损害了他的合法性，而他目前也并没有在领导乌克兰，所以他不再是乌克兰总统。当天，美国国务院发言人普萨基称，亚努科维奇离开了基辅，下落不明，而且目前有其他官员介入，并填补这一领导空缺，所以亚氏不再是乌克兰总统。3月12日，奥巴马表示乌临时政府有责任填补亚努科维奇出逃的权力真空。

支持反对派使用武力镇压东部叛乱。在乌克兰新政府发动对东部地区的军事镇压活动后，美国政府明确表态支持乌克兰新政府的军事行动，这与对之前坚决反对亚努科维奇政府镇压反对派的态度形成鲜明对比。2014年5月

28日，美国国务院发言人普萨基表示，美国虽不愿意看到乌克兰用武力解决冲突，但美国支持乌克兰镇压其东南部的军事行动，认为乌克兰有权力也有义务维护其国家秩序。美国政府还多次提供大批军事装备援助和财政援助，并派出美军训练乌克兰政府军。2015年2月，美国总统奥巴马接受CNN采访时承认，美国曾积极参加了发生在2014年2月的乌克兰政变。

（三）俄出兵占领乌克兰的克里米亚半岛

俄认为乌克兰议会罢免亚努科维奇总统职务的行为是非法的。乌现行宪法对罢免总统的法律程序有详细规定，议会无权越过其他程序罢免总统。罢免总统程序：起诉总统违法（例如，总统以权为自己及第三者谋取不当利益并给当事者（方）造成损失及损害）→设置调查委员会→由特别检查机构就事实进行调查→将调查结果送交议会→议会就罢免总统进行表决，如果赞成票达到75%，罢免总统成立→得到乌克兰宪法法院的承认。乌议会决议以"非常时期"为理由，完全越过正式的法律程序罢免总统，其合法性受到质疑。

俄坚持认为乌议会以非常时期为由，不经法定程序直接罢免亚努科维奇违反乌宪法，是篡权，因而拒绝承认乌临时政府合法性，坚持认为亚努科维奇是乌合法总统。俄常驻联合国代表指责乌发生非宪法性暴力政权更迭，梅德韦杰夫多次宣称乌临时政权是武装暴动产物，莫斯科坚决不同乌篡权者合作。2014年5月，乌克兰敖德萨惨案发生后，普京表示无法按照国际惯例向乌官方表示慰问，因为基辅不存在合法政权。但乌临时政府得到了欧美承认，2014年2月24日，美国白宫表示亚努科维奇尽管是民选领袖，但其行为已经损害了他的合法性，而且有其他官员介入并填补这一领导空缺，所以亚努科维奇不再是合法总统。

在坚持亚努科维奇为合法总统的情况下，俄以"应合法总统的邀请"为名,出兵占领克里米亚半岛。2014年2月24日,总理梅德韦杰夫首次宣称,乌克兰临时政权是"武装暴动"的产物,其合法性令人质疑。2月27日,俄外交部发表声明说,乌克兰发生"暴力夺权",亚努科维奇仍然暂时是乌克兰唯一合法领导人。2月28日,亚努科维奇首次在俄举行新闻会,声称自己依然是乌合法总统,请求俄干预乌国。3月1日,亚努科维奇向俄递交请求出兵平叛书信,信中称:这个国家已经陷入混乱和无政府状态,西方推动的恐怖和暴力活动横行,人民因为政治和语言原因受迫害。因此,我请求俄罗斯总统普京先生动用武力,恢复(乌克兰)法治、和平、秩序和稳定,保护乌克兰人民。普京当天向俄联邦委员会(议会上院)递交在乌克兰境内动用俄罗斯武装力量的申请,立即得到了俄罗斯议会上院授权批准,当天俄即出兵占领克里米亚半岛。3月3日,俄驻联合国代表在联合国安理会出示了亚努科维奇请求出兵的亲笔信副本,邀请信的事后来也得到亚努科维奇证实。乌临时政府3月4日致信安理会,称只有乌议会才有权批准外国军队入境,亚努科维奇不是合法总统,其请求无效。苏联解体后,乌法律规定禁止任何外国军队进入,每次需要总统提交专门法律草案,经议会批准后才能允许外国军队进入。信中重申乌克兰临时政府立场,即亚努科维奇不再是乌克兰合法总统,并指出议会表决罢黜亚努科维奇,是依据乌克兰宪法第112条。信中称:"因此,亚努科维奇向俄总统提出的出兵乌克兰的请求不能被视作乌克兰的官方请求。"

鉴于亚努科维奇政权已被推翻,其实是暴力推翻了原有政权和法统,这不单纯是违法问题。俄对乌临时政府合法性质疑,只构成国际法上国家承认,亚努科维奇合法性已很难得到国际承认,反对派只需修改宪法并确认其合法性即可,所以俄假借亚努科维奇为合法总统之名出兵不具有合法性。乌克兰新政府通过5月份的总统大选和10月份的议会选举,不仅得到欧美和联合国的承认,俄也不得不承认乌克兰新政府的合法性。2014年6月7日,俄驻乌大使还出席了波罗申科总统就职宣誓仪式。

图6-3 2014年3月3日,俄驻联合国代表维塔利·丘尔金在联合国总部参加安理会就乌克兰局势举行的紧急会议

俄大概也知道应亚努科维奇邀请出兵的理由不充分,所以后来俄再也不提这个出兵理由。2014年4月17日,普京与俄民众直播连线时明确承认了出兵克里米亚半岛,并辩解称,此举目的是保护那些有可能遭到乌克兰军事基地使用武器对付的人们,保障克里米亚居民公投期间自由投票。11月16日,普京在德国电视一台30分钟访谈节目时,也为俄吞并克里米亚做了辩解,称原因是担心(乌克兰)可能出现种族清洗的苗头。同时,普京还表示,北约扩张并逼近俄罗斯边界大大改变了地缘政治版图,这也促使俄不得不做出反应。10月24日,在索契举行的瓦尔代俱乐部年会上普京首次承认,俄方2月份帮助遭解职的乌克兰前总统亚努科维奇出逃。

西方在这里也奉行了明显的双重标准。2015年初的也门冲突中,也门总统哈迪被胡赛民兵武装推翻并逃亡国外。但出于己方私利,欧美仍坚持哈迪为也门合法总统，而且应合法总统邀请，从 2015 年 3 月 26 日起，由沙特和埃及、约旦、苏丹等其他海湾国家组成的国际联军，在也门发起针对胡赛组织武装分子的军事行动，迫使胡赛组织将权力归还给已经被推翻的哈迪。沙特组织联军武力攻击也门也是违反联合国宪章的，联合国宪章明确规定只有一国遭受他国武力攻击或者联合国安理会授权，才能对他国发动武力攻击。美国对也门冲突的立场证明了美国的双重标准，美国人和欧洲人不承认乌克兰发生政变，并立即宣布离开乌克兰的亚努科维奇已经失去总统合法性，但美国及其盟国将也门事件称为国家政变，并采取军事行动确保将政权归还被推翻的哈迪，这其中存在明显的双重标准。

二、颇具争议的公投独立

此次乌克兰危机中，最具争议的事情是克里米亚公投独立并加入俄联邦，俄坚决认为克里米亚公投独立并加入俄联邦符合国际法和联合国宪章，但西方由于之前制造了科索沃公投独立的先例，所以也无法从法律和道义上批判俄的行为。

（一）克里米亚半岛的主权之争

最早开发克里米亚的是希腊人。到了 13 世纪，蒙古鞑靼人占领了克里米亚，使之成为蒙古金帐汗国的一部分，1427 年建立了克里米亚汗国。1475 年，土耳其人占领了克里米亚，统治克里米亚达 300 年之久。18 世纪，经过两次俄土战争，沙俄终于在 1783 年吞并了克里米亚。十月革命后，1918 年—1953 年克里米亚半岛归俄罗斯联邦。1921 年 10 月 18 日，建立了克里米亚自治共和国。1944 年，斯大林借口克里米亚半岛的鞑靼人与纳粹德国勾结，将半岛鞑靼人全部迁往西伯利亚，大批俄罗斯人迁入半岛，半岛被"俄罗斯化"。1946 年 6 月 25 日，俄联邦最高苏维埃主席团又通过了《关于废

第六章 争取正统的法律战

除车臣——印古什苏维埃社会主义自治共和国和改克里米亚苏维埃社会主义自治共和国为克里米亚州》的法令，克里米亚自治共和国被降格为克里米亚州，仍归俄罗斯管辖。1954年2月，为纪念乌克兰与俄罗斯合并300周年，在苏联领导人赫鲁晓夫主导下，苏联最高苏维埃主席团突然决定，将克里米亚半岛作为"礼物"赠送给乌克兰加盟共和国，以示俄乌之间的亲密关系。而在此之前，克里米亚一直属于俄罗斯联邦。依照苏联宪法，克里米亚问题首先应该在俄联邦苏维埃最高会议上进行公开辩论，然后向俄联邦及乌克兰加盟共和国两国民众解释议案。此外，还需单独征询克里米亚地方的意见，最后在全苏联进行公投。然而，这些法律程序当年都没有履行，苏联最高苏维埃主席团27位成员中只有13人参加了会议，并没有达到法定人数。决议在一片颂扬中全票通过，没有人提出任何异议。在赫鲁晓夫将克里米亚转归乌克兰时，俄将原属于乌克兰的斯摩棱斯克、库尔斯克、别尔哥罗德的部分地区并进了俄罗斯，将塔甘罗格并进了罗斯托夫州。

在苏联时期，其各加盟共和国之间有80%以上的边界未正式划定，随着苏联解体，原一国之内的疆界争议便上升为国家间的领土争端。苏联解体时，1990年1月，经克里米亚半岛全民公决，恢复了"克里米亚苏维埃社会主义自治共和国"的名称，首都为辛菲罗波尔，仍归乌克兰管辖。1990年11月19日，俄、乌签定《俄罗斯苏维埃联邦社会主义共和国和乌克兰苏维埃社会主义共和国条约》，其内容之一就是承认两国现有边界不可侵犯，相互确认"领土完整"。1991年12月，独联体各国签署的《明斯克协议》要求各国"尊重彼此领土完整和现存边界不可侵犯"。

苏联解体后，俄乌围绕克里米亚半岛归属矛盾不断。克里米亚归属乌克兰，从而使克里米亚的俄罗斯人由主体民族变成了外来民族，他们在感情上很难接受这个现实。因此，在乌克兰宣布独立后，克里米亚的一部分人便掀起了"回归俄罗斯运动"。同时由于克里米亚半岛对俄非常重要,所以苏联解体后,俄又以当年赫鲁晓夫出让克里米亚半岛不符合法律程序为由,要求乌归还该岛。随后,克里米亚的归属之争也伴随着俄乌之间一系列矛盾、冲突的发生很快浮出水面。1992年1月11日,俄乌就黑海舰队归属问题的谈判破裂后,俄重新提出克里米亚问题,并希望借此压乌克兰放弃对黑海舰队的要求。1992年1月23日,俄议会通过决议,要求重新审议38年前苏联最高苏维埃做出的将克里米亚划归乌克兰的决定是否符合宪法,并建议乌克兰议会也讨论此问题。乌克兰政府立即对此做出强烈反应。2月6日,乌克兰最高苏维埃通过了一项决议,断然"拒绝任何领土要求",重申克里米亚是乌克兰不可分割的一部分,认为俄议会的上述决议违背近年来两国缔结的条约、1991年12月8日关于建立独联体的协议以及欧安会最后文件,俄乌之间在克里米亚问题上的争端再度紧张起来。后俄罗斯议会又一次通过法令,宣布塞瓦斯托波尔市为俄罗斯城市。乌克兰对此反应强烈,双方官司还打到了联合国安理会。1992年2月26日,克里米亚苏维埃社会主义自治共和国改为克里米亚共和国,并决定就克里米亚独立举行全民公决。1992年5月,俄议会通过决议,废除1954年苏联最高苏维埃关于把克里米亚转交给乌克兰的决议,要求举行有俄、乌、克三方代表参加的谈判,并鼓励克里米亚俄族人自由表达意愿。因为有俄在背后撑腰,克里米亚的独立步伐不断加快。1994年1月30日,克里米亚举行了总统选举。5月,克里米亚议会通过了恢复1992年宪法的决议,要求乌克兰议会准许克里米亚人自己决定归属问题。乌克兰当局对此反应强烈,一方面下令将克里米亚的强力部门划归中央直接指挥,另一方面让内务部队做好战斗准备,驻克里米亚半岛的乌军人数量由1.8万人增至5.1万人。由于车臣危机,俄无力他顾,只能承认克里米亚是乌克兰的领土。1995年开始,克里米亚问题风波再起。3月17日,克

第六章　争取正统的法律战

里米亚议会通过了克里米亚共和国宪法，宣布克里米亚独立，但遭到乌克兰政府的强烈反对。克里米亚企图再次寻求俄的保护和支持，而这时的俄乌关系已逐步获得改善，俄不愿意因克里米亚问题而恶化与乌克兰及西方的关系，破坏独联体的稳定。因此，俄多次宣布克里米亚问题是乌克兰的内政不予支持。乌当局很快控制了克里米亚的局势。4月1日，乌克兰取消克里米亚政府，从而结束了克里米亚的双重政权，并将其划归中央政府直接管辖。最终，1995年11月1日，克里米亚议会通过共和国宪法，规定克里米亚共和国是乌克兰的自治组成部分。1996年乌克兰颁布首部宪法，也承认以俄罗斯人为主体的克里米亚自治，克里米亚半岛危机得以暂时解决。

随着乌克兰在俄罗斯抵御北约东扩和加强独联体集体安全合作当中战略地位的日益突显，出于保持地缘政治优势的考虑，俄罗斯不断调整对乌克兰的关系。1997年3月28日，独联体首脑会议期间，叶利钦改变了过去的立场，决定不等黑海舰队问题解决就出访乌克兰。5月28日，俄政府总理切尔诺梅尔金前往基辅，与乌克兰总理扎连科签订了解决黑海舰队问题的三个协定，从而为克里米亚问题的解决提供了有力保障。[①] 1997年5月31日，俄乌签署《乌克兰和俄罗斯友好、合作和伙伴关系条约》，并分别得到两国议会的批准，确立了克里米亚的归属乌克兰，从而解决了两国的领土争端。[②]

[①] 按照俄乌1995年6月9日签署的索契协议，规定双方将舰队对半分割，其中乌克兰作出让步，只保留18.3%的舰只，其余部分转让给俄罗斯；俄罗斯承认塞瓦斯托波尔和克里米亚为乌领土，乌则同意俄租借塞瓦斯托波尔作为俄黑海舰队基地，租期20年。

[②] 1997年5月31日，由俄罗斯总统叶利钦和乌克兰总统库奇马在乌克兰签署《俄乌友好、合作和伙伴关系条约》，条约的主要内容是：缔约双方将互相尊重对方的主权和领土完整，双方现有边界不可侵犯；任何一方不参加也不支持反对另一方的任何行动，保证不同第三方缔结反对另一方的任何条约；任何一方不允许利用自己的领土损害另一方的安全；双方将根据相互尊重、主权平等和领土完整的原则发展双边关系；缔约双方将进行定期磋商，就进一步加深双边关系和就彼此关心的多边问题交换意见，必要时将协调立场以采取一致行动；双方将为促进欧洲及世界的稳定和安全开展合作。

（二）克里米亚半岛公投独立并加入俄联邦

2014年3月1日，俄出兵占领克里米亚半岛。3月6日，克里米亚议会通过脱离乌克兰、加入俄联邦的公投提案。3月15日，克里米亚半岛公投独立，内容只有两个选项，是加入俄联邦还是停留在乌克兰。3月16日，克里米亚公投结果显示96%的投票者支持加入俄联邦。3月17日，克里米亚议会通过独立决议，成立克里米亚共和国，发表独立宣言，正式申请加入俄国。3月18日，普京签署法令承认克里米亚为独立主权国家，同日普京和克里米亚议长、总理及塞瓦斯托波尔市市长签署克里米亚入俄条约。条约规定，克里米亚和塞瓦斯托波尔自18日起，各以联邦主体身份加入俄罗斯。19日，普京向议会提交了有关克里米亚与塞瓦斯托波尔加入俄联邦的法案。俄国家杜马（下议院）于20日、联邦委员会（上议院）于21日先后批准了克里米亚及塞瓦斯托波尔市作为新主体加入俄联邦的国家间条约，以及有关克里米亚及塞瓦斯托波尔入俄和俄联邦新主体一体化过渡期程序的联邦宪法法律。3月21日，普京签署经议会批准的克里米亚入俄条约，相关法律文件在22日俄官方报纸《俄罗斯报》上公布，并正式产生法律效力。普京签字后，完成了克里米亚加入俄罗斯联邦的法律程序，条约正式生效，标志着克里米亚和塞瓦斯托波尔正式加入俄罗斯。4月2日，普京签署命令，将克里米亚列入俄南方军区管辖。4月11日，俄新版宪法增加了克里米亚半岛。

（三）公投独立的国际法规定

公投在国际法中没有明确规定，但是公投作为民族自决权的实践手段已为国际社会所接收，而民族自决权是国际法明确规定的。受到启蒙运动中"天赋人权"思想的影响，19世纪民族自决权理论开始出现，是指在道德上来看，所有民族都有掌握自己的前途命运、决定自己事物的权利，主张各民族有权决定自己的政治定位、追求自己的经济、社会文化发展。简单地说，

第六章 争取正统的法律战

图 6-4 克里米亚公投

民族自决权反映的是人们不受外族统治、殖民或吞并的基本信念。具体而言，每个民族都有同等权利来享有自己的国家。第一次世界大战时期民族自决权还仅仅是理论，并非国际法一部分。

  第二次世界大战中帝国主义、殖民主义受到沉重打击，殖民地掀起独立高潮，促进了民族自决权理论和实践的发展。第二次世界大战结束后成立联合国，其宪章第一条第二款明确规定了联合国的目的之一就是发展人民的自决权，以及基于尊重自决原则的各国家间的友好关系，民族自决权正式成为国际法的基本原则。1952 年联合国大会通过《关于人民与民族自治权的决议》，要求各会员国支持民族自决权。1955 年联合国大会会议通过将民族自决权列为国际人权公约第一条的决议，1957 年又通过了各成员国必须尊重民族自决权的决议。1960 年联合国大会会议通过了《给予殖民地国界和民族独立宣言》，定义了民族自决原则仅适用于殖民地与外来统治的人民，奠定了民族自决权的法律效力和内涵,并明确指出民族自决权不可以损害到国家主权与领土的完整。国际法院1975年"西撒哈拉案"咨询意见中明确指出:凡在社会上和政治上有组织的部落和民族居住的土地,不能认为无主地,这为终结殖民地的民族自决权提供了理论基础。民族自决权的理论和实践发展直接导致了20世纪50—80年代殖民地独立的高潮。

最近一次殖民地公投独立,是1999年联合国主导下的葡萄牙前殖民地东帝汶的独立。从16世纪以来,东帝汶一直是葡萄牙殖民地。1975年,葡萄牙政府允许东帝汶举行公民投票,实行民族自决。1975年11月,东帝汶宣布独立,成立东帝汶民主共和国。12月,印尼出兵占领了东帝汶。同年,联合国大会通过决议,要求印尼撤军,呼吁各国尊重东帝汶的领土完整和人民自决权利。1982年,联合国大会通过支持东帝汶人民自决的决议。1983—1998年,在联合国斡旋下,葡萄牙与印尼政府就东帝汶问题进行了十几轮谈判。1999年3月,印尼同意东帝汶通过全民公投选择自治或脱离印尼。8月,东帝汶在联合国驻东帝汶特派团主持下全民公投并独立。9月,安理会组成多国部队进驻东帝汶,与印尼驻军进行权力移交。10月,印尼正式批准东帝汶退出印尼。同月,安理会通过决议,成立联合国东帝汶过渡行政当局,全面接管东帝汶内外事务。2002年,东帝汶正式建国并立即加入联合国。东帝汶公投符合国际法和国际惯例,得到了联合国和国际社会的认可。

(四)克里米亚半岛公投的实质

殖民地公投独立浪潮早成为历史,近年来绝大部分公投,显然没有之前的国际法共识,与其说公投,倒不如说分裂,成为列强争夺势力范围的最佳工具。大国为争夺一些战略要地或丰富的资源,以公投名义,打着民族自决和人道主义考虑原则的旗号,将其纳入版图或势力范围,如美国在科索沃的公投和俄在克里米亚半岛的公投,这类公投至今没有获得联合国和国际社会的承认。2014年3月18日,乌克兰政府表示,乌克兰"永远不会承认"克里米亚独立,也绝不会承认"所谓的克里米亚加入俄罗斯联邦的协议"。3月27日,第68届联合国大会通过"乌克兰的领土完整"的决议,申明克里米亚全民公投无效,不能成为改变其地位的基础,同时申明对乌克兰在国际公认边界内的主权、独立和领土完整的承认。美国、英国、法国、德国等100个国家投赞成票,俄罗斯、古巴、朝鲜、委内瑞拉等11个国家投票反对,巴西、印度、南非、乌兹别克斯坦等58个国家弃权。根据《联合国宪章》,联合国大会决议与联合国安理会决议有所不同:前者具有政治影响力,但没有法律约束力;后者具有强制性,相关国家必须接受并履行。此次联合国大会投票也代表了国际社会主流意见。同样是乌克兰东部地区的顿涅茨克与卢甘斯克两州在2014年5月11日举行了公投独立,并宣布加入俄联邦,却遭到俄拒绝。可见,公投独立并不如俄所说的完全符合国际法。

图6-5 联合国大国投票决议认定克里米亚公投非法

(五)地区分离运动的公投

目前,这种公投为数不少,遍布发达国家和发展中国家。如加拿大魁北克、西班牙加泰罗尼亚、法国科西嘉岛、英国苏格兰、美国得克萨斯等。

2014年9月18日，苏格兰公投独立，因支持独立的人数没有超过半数而失败。

这种公投，很显然也不符合国际法意义上的公投和民族自决权的行使，其实质是一种地区分离运动，目前也没有国际法共识，加拿大和美国的做法可以作为借鉴。加拿大的魁北克省曾在1980年、1995年两度就独立公投，不过结果都是不独立。为此1998年加拿大最高法院做出了有关魁北克分离问题的咨询意见，认为民族自决权是仅适合结束外国殖民统治，魁北克居民无权单方面分离。在加拿大宪政框架下，除多数决定原则外，还有联邦制度、宪法法治和保护少数人权利的核心价值。当然，如果寻求分离的群体和加拿大全部的其他群体进行充分协商并获得一致同意，这也是加拿大政府的政治义务，可修改宪法让其分离。加拿大上下议会于2000年还通过了一个关于公投的《清晰法案》，认为依据国际法和加拿大法律，魁北克不符合殖民地人民或者压迫人民的门槛，魁北克无权单方面独立。

美国也面临类似的公投问题。美国南北战争期间，南部独立的理由是美国宪法第十修正案规定：本宪法未授予合众国，也未禁止各州行使的权力，保留给各州行使，或保留给人民行使。宪法未直接禁止各州自行脱离联邦，也未赋予联邦政府禁止的权力，因此各州有权随时独立，南部独立合法。奥巴马获得连任后仅仅一周，美国的50个州66万民众签署请愿书，请求公投从联邦中分离出去，签名人数最多的是得克萨斯州请愿书，有11万余人。其实，美国宪法和最高法院判决明确禁止各州以公投等方式单方面分离，除非寻求独立的州和人民能和平地说服各级立法机构和各个州，或者直接成功革命再造美国宪法。美国宪法第四条"州与州之关系"第三项规定，"国会有权处分并制定关于美国所有之领土或其他财产之必要规则与条例。本宪法规定不得损害合众国权利之解释。"如果各州行政机构（政府）或立法机构

（议会）单方面以立法或行政指令宣布公投脱离联邦，就是与宪法第四条第三项直接抵触。如果以宪法第十条修正案宣布公投，就是对宪法做出"损害合众国权利之解释"，也与宪法第四条第三项规定相抵触。

美最高法院判决也明确禁止各州以公投等方式单方面脱离联邦独立。1816年在"马丁对韩特"一案中，史托利大法官详细阐述："美国宪法之制定及规范，并非由各州以其主权能力而完成，乃依宪法序文所强调者，由美国全体人民所完成……，宪法不必然是现有州主权之分割，亦非权利之让与，而是已存在于国家制度之中。"林肯1861年首次就职演说曾说："即使合众国不是一个正式的政府，而仅是各州之间一种契约性的组合，那么，作为一份契约，难道就可以由少数人而不是全体订约人，不经争执，心安理得地予以取消吗？缔约的一方可以违反它——或者说是撕毁它，但难道不需要通过全体订约人就能合法地解除它吗？"1869年美最高法院对"得州对怀特案"的判例中明确：得克萨斯州与其他州是完整的、永久的、不可拆分的……，除非发生革命或得到其他各州一致同意。此处的革命，是指类似推翻美国政府，重新制定宪法的意思。只有这种情况下，公投才具有合法性。

三、各方在联合国等国际组织中的法律较量

乌克兰危机爆发后，为获得国际支持，欧美俄乌等国利用相关国际法，在联合国等国际组织展开了激烈的法律较量，争取己方行为的合法性，以最大限度争取国际支持。

（一）公投独立的法律较量

联合国安理会的决议是具有强制性的国际法准则，所以围绕克里米亚半岛公投独立，各方在联合国安理会展开激烈的争夺，俄与欧美利用各自手中的否决权，争取对自己行为最大的合法性。克里米亚半岛公投独立加入俄联

邦前后,各方利用联合国安理会舞台展开一番斗争。 2014年3月15日,联合国安理会召开紧急会议,就西方国家支持的一项谴责克里米亚公投的决议草案进行投票表决,会议是应美国的要求召开的,会议的内容是要求认定3月16日克里米亚公投为非法。 此前,联合国安理会已经就乌克兰局势举行了5次会议。 由于遭到俄罗斯的否决,安理会未能通过美国提议的乌克兰问题决议草案。

图6-6 2014年3月15日,联合国安理会未能通过关于乌克兰的决议

2014年4月2日,乌克兰外交部代理部长安德烈·杰希察表示,乌克兰正在准备向联合国国际法院对俄罗斯提起诉讼,以要回克里米亚。 他表示,乌克兰打算向联合国海牙国际法院起诉,"我们正在收集文件,这可能需要一定的时间。 根据国际海洋法有提起诉讼的可能,目前正在做准备工作。"
2014年6月6日,乌克兰议会审议了向联合国大会和联合国安理会请求"开除"俄罗斯的草案,基辅认为俄联邦会议联邦委员会(上院)今年3月做出了有关在乌境内动用俄武装力量的决定，违反了联合国宪章的原则，侵犯了乌克兰领土主权和政治独立，乌议会请求联合国大会及联合国安理会调查"可能导致国际冲突并威胁国际和平与安全的事实"。乌克兰还准备了其他的诉讼，包括俄联邦国家机构和管理机关"非法侵占"乌克兰领土及"掠夺"乌财产。由于俄为联合国安理会常任理事国之一，拥有否决权，所以安理会不可能做出开除俄的决议。而联合国大会虽然只要简单多数就可以通过决议，但不具有法律强制性，所以乌克兰在联合国的诉讼前景暗淡

（二）冲击俄驻乌克兰大使馆的法律责任

乌克兰发动东部地区反恐行动后，损失惨重，特别是在2014年6月14日，乌克兰军队一架伊尔-76大型运输机被民兵武装地空导弹伏击，造成49名政府军士兵全部丧生。消息传到基辅，群情悲愤，乌克兰政府宣布6月15日为全国哀悼日，发出可能与俄罗斯断交的威胁，总统波罗申科发誓让凶手受到应有制裁。

2014年6月14日晚，大批愤怒的基辅民众在俄驻乌大使馆前示威，乌代理外交部长杰希察也来到俄使馆大楼门前，在示威人群的叫好声中，发表侮辱俄总统普京的讲话，辱骂普京为"卑鄙的小人"，要俄罗斯滚出乌克兰。随后示威演变成对俄使馆的袭击，示威者将俄挂有外交牌照的汽车推翻，用汽车轮胎和自己的汽车封锁了进入俄大使馆的道路。他们高喊反俄口号，向大使馆投掷装有颜料的瓶子、鸡蛋和烟雾弹等，几乎使馆所有窗户的玻璃都被震碎，俄罗斯国旗也被撕毁。俄外交部随即发表声明，要求乌克兰方面采取一切必要措施确保俄罗斯外交人员安全。声明称，在乌克兰政府的纵容下，"基辅的法西斯走卒"对俄罗斯驻乌使馆建筑物进行攻击，并对俄罗斯国旗进行侮辱，俄方对此表示极大愤慨。俄外交部长公开申明不与乌克兰外交部长打交道。

乌克兰危机警示录
和平发展道路中的战争准备

图6-7 2014年6月14日晚,乌代理外交部长杰希察在俄使馆外咒骂"普京是白痴"

乌克兰政府纵容民众冲击俄国大使馆,其外交部长带头攻击俄大使馆,这是明显违反《维亚纳外交关系公约》的违法行为。该公约第二十二条规定:使馆馆舍不得侵犯。接受国官吏非经使馆馆长许可,不得进入使馆馆舍。此条还规定:接受国负有特殊责任,采取一切适当步骤保护使馆馆舍免受侵入或损害,并防止一切扰乱使馆安宁或有损使馆尊严之情事。第二十九条规定外交代表人身不受侵犯,接受国应采取一切适当步骤以防止其人身、自由或尊严受到任何侵犯。冲击俄驻乌大使馆事件中,乌克兰政府负有不可推卸的法律责任。因此,6月15日,俄外交部长拉夫罗夫就本国驻乌克兰使馆遭遇袭击事件向乌克兰外交部发出正式照会,要求惩罚肇事者并赔偿损失。拉夫罗夫表示乌克兰代外交部长在公开场合侮辱普京的行为超越了国际法基本准则和礼仪界限。法国外交部长法比尤斯与俄罗斯外交部长拉夫罗夫进行电话交谈时,也谴责了袭击俄罗斯驻基辅大使馆事件,美国国务卿克里也谴责了对俄使馆的袭击行为。但难以理解的是,当天俄罗斯在联合国安理会提交声明草案,要求"最严厉地"对冲击俄罗斯使馆的行为加以谴责,但这一草案因英、美和法等国的反对没有通过。英、美、法等国一方面谴责乌克兰此次冲击俄大使馆的违法行为,却在联合国安理会利用否决权阻挠安理会通过谴责乌克兰的声明,在此明显将此法律事件政治化,纵容乌克兰的这种违反国际法的行为。

当前,不乏冲击驻外大使馆而受法律处罚的实例,除惩罚责任人外,还要经济赔偿等多种措施,甚至国家首脑都亲自出面道歉。如1999年以美国为首的北约轰炸我驻南斯拉夫联盟使馆这一重大事件中,造成我3名工作人员当场牺牲,20多名工作人员受伤,使馆受损严重。中国政府随即发表了严正声明,最强烈抗议北约野蛮侵犯中国主权、粗暴践踏中国尊严的罪恶行径,要求以美国为首的北约对此承担全部责任。事后,迫于中国人民的巨大压力和国际社会的强烈反应,美国先后5次正式道歉,国务卿奥尔布赖特等专程来华道歉并报告调查情况,总统克林顿在大使馆吊唁簿上写下向中国和中国人民道歉的话语,并在此后不久的亚太经合组织领导人非正式会晤上,克林顿当面向时任国家主席江泽民道歉。后来,美方解聘了1名责任人,处分了其他6名责任人,美方支付中方伤亡人员赔偿金450万美元、中国驻南使馆财产损失赔偿金2800万美元。另外,2012年8月27日,日本驻华大使丹羽宇一郎乘车在北京市四环路上行驶返回日本大使馆时,被两辆车拦截逼停,其中一辆轿车上的一名男子将插在丹羽宇一郎座车上的日本国旗夺走,随即离开,未对日使馆人员造成伤害。中国公安机关在事后对其中两名男子处以5天行政拘留。

此次乌克兰冲击驻俄大使馆事件中,乌克兰虽然受到欧美的庇护逃避了联合国的谴责和经济赔偿责任,但为避免其外交部长恶劣形象影响国家声誉,2014年6月20日,也就是冲击事件丑闻后的一周内,乌克兰议会投票撤换了外交部代理部长杰希察,400多人的议会议员中,有319名议员赞成撤换杰希察,任命乌克兰驻德国大使为新的外交部长,这远超通过该决议所需的最低票数226票。

(三)人道主义救援与禁飞区的设置

俄计划在俄乌边界开辟"人道主义通道"。2014年6月2日,俄外交部部长拉夫罗夫向联合国安理会递交一份决议草案,要求在乌东部战区建立人道主义救援走廊,允许乌克兰人逃离战区,并向东部地区运送人道主义救援物资,对国际红十字会和其他国际人道组织在乌克兰东部地区的活动予以协助,但遭美欧否决。俄外交部长甚至宣称考虑在东部地区设置禁飞区,以保护平民。俄所称的人道主义干涉和禁飞区的设置有一定的国际法依据,而且联合国安理会也曾多次在局部冲突中进行过人道主义干涉,并设置过相关禁飞区。

禁飞区又称禁航区,是指某一领地的上空禁止任何未经特别申请许可的飞行器飞入或飞越的空域。设立禁飞区是安理会授权使用武力的方式之一,也是集体安全制度中强制措施的一种。禁飞区不同于旨在保证对特定国家进行经济制裁所采取的非武力行动:一旦未经授权的飞行器进入"危险地区",设置主体可以借助现代化的军事手段和空中打击力量,对禁飞区内的敏感目标进行跟踪、打击,以较小的牺牲保证整个地区没有大规模的军事轰炸平民的现象。因此,这也是对国家主权的限制和侵犯,必须由联合国安理会的决议才具有合法性。

第一,联合国人道主义干涉带来禁飞区合法性基础。围绕禁飞区问题的争议和斗争,实际上就是维护国家主权原则与"人权高于主权"主张的斗争。

国家主权的观念和实践发源于西方。古希腊哲学家亚里士多德最早使用"主权"一词。公元1576年,法国哲学家让·博丹将主权定义为"国家支配其公众和臣民的不受法律约束的最高权力",是首次明确主权概念的近代意义。"三十年战争"前后,《威斯特伐利亚和约》吸收了博丹和格劳秀斯的主权思想，确立了领土主权（对内最高统治权）、主权平等（独立）和主权不可分割原则，主权开始由政治理想转化为国际实践。两次世界大战给世界带来了巨大的灾难，在此后形成的国际新秩序中，国家主权原则都被确认为国际法体系的支柱。《联合国宪章》第二条规定了七项原则，其中三项是关于国家主权及其平等和不容侵犯的内容。

在国家主权原则得到确立的同时，超越主权的"世界公民"思想也应运而生。早在中世纪末期，现代民族国家还未诞生，但丁就提出要建立由统一君主统治的"世界帝国"，实现和平与正义的统治以及人的充分发展。18世纪末，康德提出了"世界公民"设想，主张每个人都拥有"世界公民的权利"，他们组成世界性的联合体，并形成某些普遍地调整他们彼此交往的法律。"世界公民"思想在当代得到进一步阐释，成为"人权高于主权"主张的理论依据。德国哲学家尤尔根·哈贝马斯认为："世界公民权的关键在于，这种权利必须越过作为国际法主体的各国政府，而落实到作为个人的法律主体的头上。""世界公民"思想主张人首先是一个人，其次才是某个国家的公民。一个国家如何对待自己的公民，不应该被视为绝对的内政。

在"世界公民"思想形成和发展的过程中，以保护人权为目的的武装干涉时有发生，这些人道主义干涉挑战了国际法中的主权和不干涉内政原则，使一个国家不再能够在自己的领土上对个人为所欲为。早期的人道主义干涉主要是保护遭受迫害的宗教少数派，19世纪60年代，以法国为首的欧洲多国部队曾干预奥斯曼帝国境内穆斯林和基督徒冲突，开创了对一个主权国家进行集体人道主义干涉的先例。"冷战"时期，打着人道主义旗号的武装干涉越来越多，但所有人道主义武装干涉都没有得到联合国授权。

"冷战"结束后，安理会出现了大国合作局面，人道主义干涉得以披上合法和集体意志的外衣，与"冷战"时期相比，"冷战"后人道主义干涉数量迅速增加，且大都得到了安理会的授权，而且因参加国的增多而变成了集体行为(海湾战争有60个国家派兵参战，成为第二次世界大战后参战国家最多的一场战争)。此外，干涉的目的不再局限于保护本国侨民，更主要为了保护他国国民的人权和安全，并由此出现了由联合国授权在内乱国领土上设立禁飞区的新现象。

禁飞区作为一种打着人权旗号的合法恃强凌弱的方式，其合法性存在于《联合国宪章》关于主权的例外规定中，宪章虽然将主权确立为国际法的支柱，但也对人权问题给予了充分关注。与此同时，宪章虽然禁止在国际关系中侵犯他国主权和使用武力，但也规定了两种例外情况：一是第51条规定的单独或集体自卫权；二是第39条规定的安理会有权采取措施"维持或恢复国际和平及安全"。如果一个国家的内部事务被认为威胁或破坏了世界或地区的和平与安全，安理会就有权采取一切必要措施，包括第42条的"必要之空、海、陆军行动，以维持或恢复国际和平及安全"。在此情况下，有关国家或国际组织对当事国采取军事行动，从道义上讲是为了消除"人道主义灾难"，从法理上讲是行使国际社会的"集体自卫权"，这为禁飞区带来了合法性的理论基础。同时，禁飞区在《联合国宪章》也有直接的法理依据，联合国安理会是唯一有权采取武力行动在他国设置禁飞区的国际组织，宪章第5章第24条规定会员国将维持国际和平与安全的主要责任授予安理会，第7章第41条和42条为禁飞区的设立提供了直接法律依据。①

第二，禁飞区的特点和形式。禁飞区是空中攻势作战的一种新模式，具有的特点：一是以绝对优势的空中进攻力量为基础；二是集空中战略战役威慑和空中战术打击于一身，不但能随时向对方传递威慑信息，而且能根据情

---

① 第41条规定为防止和平遭到威胁和恶化,联合国安理会可以采取包括经济关系、铁路、海运、航空、邮电、无线电和其他交通工具之局部和全部停止。第42条规定安理会可以采取必要的空陆海军事行动,以维持和恢复国际和平及安全,包括封锁及其他军事举动。

况对敏感目标进行打击；三是规模可大可小，进程可快可缓，程度可紧可松，部署、展开、空中巡逻和截击、对敏感目标进行打击、回撤等均可快速有效地进行。因此，设置禁飞区已成为强权国家实施军事干预的一种新手段。波黑和利比亚两个禁飞区的建立和运转，初步反映了现代战争空中斗争形式的新特点。

当前禁飞区一般有两种：一种是主权国家在特殊情况下，在特殊时段对其领空范围内的特定空域采取的限制飞行的管制措施，这种禁飞区的建立是国家主权所赋予的权力；另一种是在发生冲突的情况下，某个或某些国家或组织在冲突地域划定的特殊限制空域，限制冲突相关方的飞行器在管制空域内的飞行活动，只有在国际组织，一般是联合国的授权下建立这种禁飞区才具有合法性。

第三，主要的禁飞区实践及其影响。目前主要禁飞区有伊拉克禁飞区、波黑禁飞区和利比亚禁飞区。伊拉克禁飞区16万平方公里，波黑8.2万平方公里，而利比亚170多万平方公里。

未经联合国安理会明确授权的伊拉克禁飞区。海湾战争结束后，1992年8月，美国等以保护伊拉克南部穆斯林什叶派免遭伊空军轰炸为由，在伊拉克南部北纬32度以南地区建立了禁飞区。同时规定从当年8月27日起，无论是伊拉克的军用飞机还是民用飞机，都不准飞入这一地区；否则飞机将被击落，机场及地面雷达将遭到空袭。南部禁飞区约占伊拉克总面积的1/3，几乎包括所有穆斯林聚居区，伊主要空军基地和部分大油田都集中在该地区。1996年9月4日，美国又将禁飞区扩大到北纬33度以南地区。禁飞区持续12年，直到2003年才解除。伊拉克禁飞区是没有得到联合国明确授权的，禁飞区的设立保护了什叶派穆斯林和库尔德人，造就了伊三大族群分享中央政权的局面。

图 6-8　上下两阴影区域为禁飞区

西方国家声称伊拉克上述禁飞区是根据联合国安理会第 678 号决议授权设立的,①但第 678 号决议的目的是确保伊拉克维护并执行相关决议并恢复该地区的和平与安全。一旦伊拉克撤军并执行决议,对科威特的威胁就宣告结束。联合国第 688 号决议虽然反映了联合国对其日益恶化的人权状况的关注,但未明确授权其他国家或组织采取武力行动(包括设置禁飞区),所以伊拉克禁飞区的设置违反国际法。伊拉克也对此反应强烈,多次声称禁飞区属非法行动,并不断向该地区部署地空导弹。1993 年 1 月,美国出动作战飞机 110 余架次,对伊拉克南部禁飞区目标进行了近 3 小时空袭,造成伊拉克多处军事设施被毁。

影响消极的波黑禁飞区。波黑禁飞区虽然是由联合国授权设立的,但安理会在这一问题上采取了非常谨慎的步骤,先后通过了 25 项决议,历时 13 个月才做出决定。1992 年 5 月 30 日,安理会 757 号决议决定在波黑建立安全区,同时对南联盟和波黑塞族实行全面经济制裁。8 月 31 日,770 号决议

---

① 联合国第 678 号决议主要内容是,"授权同科威特政府合作的会员国,可采取一切必要手段,维护执行第 660 号决议以及随后有关决议,恢复该地区的和平与安全"。

首次做出使用武力授权，但规定必须"与联合国协调"，而且仅限于"提供人道主义援助"。10月9日，781号决议宣布在波黑全境建立禁飞区，但1993年3月31日的816号决议才授权会员国或国际组织"在波黑领空采取一切必要措施执行禁飞令"。4月12日，北约组织发起了"禁飞"行动，开始使用空中力量对波黑上空进行监控。6月4日，836号决议授权联合国保护部队使用武力保护安全区，并允许北约使用空中力量向保护部队提供支持。

波黑禁飞区虽经过联合国安理会合法授权，但产生了消极的影响。北约依据决议的授权接管了战争的指挥权，对波黑实施全面封锁并对安全区提供空中保护。但在实践中，北约对地面部队的增援违背了决议中"仅在波斯——黑塞哥维那领空采取必要的军事行动"的规定，以北约为主的联合国部队多次对塞族地面部队进行空中打击，并发生了袭击中国驻南斯拉夫大使馆的恶性事件。1994年8月更是进行了半个月的地毯式轰炸，彻底摧毁了塞族军队的战斗力，并扶持穆斯林和克族武装乘机占领了他们想得到的地区，使塞族不得不接受美国提出的苛刻停火方案，制造了穆斯林主导波黑政权的现实，而且北约对该地区进行的大规模军事干预不仅没有消除该地区的人道灾难，反而激化了当地的民族矛盾。1995年发生的斯雷布雷尼察大屠杀，造成了8000名穆斯林族男子死亡。

令人担忧的利比亚禁飞区。2011年3月17日，联合国安理会通过第1973号决议，决定在利比亚设立禁飞区，禁止"除执行人道人义救援和撤侨任务外的所有飞机"在利比亚领空飞行，并授权成员国采取"不包括向利比亚派遣地面部队的一切必要措施，保护利比亚平民及其居住区免受武装袭击的威胁"。其主要目的是在空中禁止卡扎菲的力量，以免威胁平民目标。但是，西方国家将其作为对利比亚发动进攻性军事打击的法理依据。利比亚禁飞区设立后，西方联军集中力量空袭利比亚政府军的地面机械化部队、炮兵、机动化导弹发射装置及通信设施，消灭了政府军全部空中力量和大部分地面力量，有效地阻止了利比亚政府军对班加西反对派的军事攻势。联军空袭扭转了利比亚反政府武装在战场上的劣势，并最终支持了反对派军事推翻了卡扎菲政权，掌握了全国政权，这完全背离了安理会决议中使利比亚平民免遭人道主义灾难的初衷，引起国际社会的强烈质疑。

图 6-9　联合国决定在利比亚设禁飞区

第四，联合国安理会主导禁飞区制度的缺陷。首先，安理会的决议常采取建议的形式。出于外交考虑，安理会在禁飞区的关键内容中多使用模糊语言，使得决议内容缺乏法律上的确定性，为其他国家具体执行中留下了广阔的弹性空间。其次，决议权责归属不明，缺乏对被授权国家或组织权限的明确限制，导致在实施中会员国或组织的权限被任意扩大。同时决议缺乏对时效、撤销禁飞区条件的设置，都是具体执行国家或组织决定，联合国无法实施有效管理。最后，监督机制的缺失造成了禁飞区的混乱局面。联合国没有自己独立的军队，所以在禁飞区使用武力的问题上安理会只能授权给有关国家或组织进行，而在少数大国左右下联合国军事参谋团也没有在禁飞区军事行动中发挥应有的领导监督作用。因而被授权会员国拥有广泛权力而几乎不受限制，其越权行为所造成的后果也没有任何责任追究制度。西方对禁飞区的缺陷了如指掌，故不可能同意俄的提议在乌克兰东部地区设置禁飞区，以免乌克兰政府军遭到俄军的歼灭。

第五，禁飞区启示。禁飞区本质上属于军事攻势战略，是一种军事进攻手段，包含对目标国主权的否定和遏制。从禁飞区的实践来看，禁飞区的目的是保护弱势冲突方免于被剿灭，政府或强势冲突方必然会激烈抗拒禁飞区的设立。为了遏制和挫败强势冲突方武装力量进入禁飞区，必须由第三方部署拥有绝对优势的空中打击力量。既然设立禁飞区包含动用武力，鉴于联合国宪章和联合国安理会在国际法中的核心地位，就必须得到联合国安理会的明确授权，由安理会履行严格的授权使用武力程序。另外，联合国安理会要明确禁飞区内可以使用的武力手段形式、攻击目标、时限和地域限制、督查监督和各方违反规定的惩罚措施等具体内容，要确保联合国安理会在禁飞区内的主导权和监督权，防止在执行过程中的随意和扩大，确保禁飞区初衷的实现。

（四）欧洲人权法院的诉讼

2014年12月，乌克兰在欧洲人权法院向俄提起诉讼，要求俄赔偿乌克兰因失去克里米亚半岛而遭受的损失。2015年5月，乌克兰司法部副部长谢瓦斯季亚诺娃称，乌要求俄赔偿因失去克里米亚半岛大约4000家企业而损失的476.19亿美元，并提出如果欧洲人权法院对乌的诉求给予正面判决，那么乌克兰有可能扣押俄海外资产进行赔偿。对此，俄宣称将采取一切必要手段在国际法框架内捍卫本国海外资产。

为维护1948年联合国人权宣言中提及的部分权利，1950年欧洲国家签署《欧洲人权公约》。1959年根据《欧洲人权公约》第19条设立欧洲人权法院。欧洲人权法院只受理欧委会成员国提出的案件，涉案国家必须是欧洲人权公约签署国,且已申明完全接受该公约的约束,或就某一案件表明接受法院的审理。 1999年,欧洲人权委员会被取消后,欧洲人权法院成为实施《欧洲人权公约》的唯一机构,成员国公民、民间团体和非政府组织可以直接向法院起诉,由一个包括涉案成员国法官在内的三人委员会确定是否受理;一旦同意受理,将由包括院长或副院长、涉案国法官(如果该国无法官或其法官申请回避,可指定一名第三国法官代理)在内的7名法官组成的法庭进行审理。 如有必要,该法庭可以要求由17名法官组成的大审判庭,或法院全体法官组成的合议庭进行审理。 至1990年1月,欧洲理事会全体成员均已声明承认欧洲人权法院的强制管辖权。 欧洲人权法院各法庭审理结果为终审判决,成员国必须执行,欧洲委员会部长理事会负责监督。 欧洲委员会成员国必须签署《欧洲人权公约》,俄罗斯于1996年加入欧洲委员会,后签署了该人权公约,并承认欧洲人权法院的强制管辖权。

当前,欧洲人权法院受理的案件中,涉及俄罗斯的案件最多,并且案件数量呈不断增加的态势。 在涉俄案件主要涉及《欧洲人权公约》的公平审判权、财产权以及自由权等,其中40%是关于监狱环境问题和司法判决的履行问题。 另外,截止到2009年11月1日的31850件涉俄案件中,大部分是关于车臣地区酷刑的案件。① 俄对欧洲人权法院的审判也心怀不满,2007年普京在克里姆林宫就欧洲人权法院对伊拉斯库案做出的判决曾发表过看法:"这纯粹是一个政治判决,损害了其在国际司法制度中的信誉"。②

对于此次乌克兰向欧洲人权法院的起诉,俄的应对之道可能是退出欧洲委员会和该公约,这样就使得该法院无法管辖,也就不可能做出对俄的相关

---

① 刘丽:"解析俄罗斯对《欧洲人权公约第14议定书》的批准",《云南大学学报(法学版)》,2010年第6期。
② 刘丽:"解析俄罗斯对《欧洲人权公约第14议定书》的批准",《云南大学学报(法学版)》,2010年第6期。

判决。实际上俄也是这么做的，2014年4月28日，欧洲委员会议会通过决议，剥夺俄罗斯代表团的投票权和在部分领导机关的代表权，俄随即缺席了当年该委员会所有会议。2015年1月22日，俄罗斯国家杜马（议会下院）主席纳雷什金表示，如果欧洲委员会议会不恢复俄罗斯的所有合法权利，俄罗斯不排除退出欧洲委员会的可能性。1月28日，俄宣布退出欧洲委员会议会，直至2015年年底。下一步俄可能就退出欧洲委员会以应对乌克兰可能的诉讼。

四、经济制裁与WTO规则之争

"冷战"结束后，由于战争的国际风险和成本越来越大，经济手段（尤其是经济制裁）日益成为国家或国际组织实现其对外政策目标的首要选择。经济制裁不需要动用军队，不会造成巨大的人员伤亡，不需要付出沉重的经济代价，"经济制裁政策是一种不需要投资而达到外交目标的特殊形式"[①]"经济手段已上升到战争在过去所拥有的地位，经济制裁政策的目的在于使对方不要采用或改变有损于本国利益的政策行为，起威胁和强制作用"，[②]但当前绝大部分国家和地区都加入了WTO组织，经济制裁与WTO自由贸易精神是相违背的。

（一）经济制裁的法理依据

对于欧美发动的数轮对俄经济制裁，早在2014年4月，俄就曾声称考虑使用WTO赋予的法律手段反对制裁。6月2日，俄就美在乌克兰危机上对俄的几轮经贸制裁向世界贸易组织提起诉讼，俄称封杀别国的服务提供商违反

---

① Donald L. Losman, Economic Sanctions: An Emerging Business Menace, A Speech in "The 39th Annual Meeting of NABE," New Orleans, September 14th ~ 17th, 1997.
② 王学玉："冷战后国际政治中的经济制裁政策"，《世界经济与政治》1994年第7期。

了世贸组织成员国相互给予的"最惠国"待遇。美国贸易代表对此回应说：在对俄罗斯制裁前，美国仔细研究了制裁与世贸组织规定的一致性，美国制裁没有违反WTO的相关法律制度。从乌克兰危机爆发到现在，欧美对俄实施了数轮经济贸易制裁。与此同时，俄罗斯实施了食品进口禁令等反制措施。在国际法视野下，双方的制裁与反制措施是否合法，这是值得研究的问题。

首先，在国际公法领域，经济制裁并没有被列入国家禁止性规范的内容，这为欧美经济强国的经济制裁提供了一定的合法性理论基础。《联合国宪章》第2条对国家争端解决的禁止性规定中，第4款规定，国家在解决争端时，被禁止使用"Threat or Force"，由于force在英文中的含义比较多，既可以指强制，也可以指武力。1945年联合国制宪会议上，为了明确该条规定的内容，巴西代表建议将"经济强制"（Economic Coercion）明确写入第2条第4款禁止的范围，但该提议被宪章起草委员会以26票对2票拒绝了，所以现在都明确是国家不得使用威胁或者武力。这说明，在争端解决过程中，经济制裁并没有被列入国家禁止的行为规范。1970年联合国大会一致通过的《关于各国依联合宪章建立友好关系及合作之国际法原则宣言》中，第一条原则为各国不得使用威胁和武力原则。特别委员会在起草这条原则时同样遇到了"经济强制"的禁止问题，捷克斯洛伐克代表、南斯拉夫代表和8个非洲国家代表分别向特别委员会建议，将"经济强制"写入第一条原则的禁止范围，该建议遭到西方国家的反对。特别委员会最后没有采纳发展中国家的意见，"经济强制"仍然没有被列入一般禁止的范围。由此可见，包括经济强制在内的非武力强制不在联合国宪章和国际法明确禁止的范围内。

其次，现行WTO规则的例外条款为经济制裁提供了一定的合法性。WTO规则所确立的法律关系主体和对象的特殊性决定了WTO规则主要适用于主权国家之间，这就需要一定规范来平衡特定情形下WTO自由贸易与国家经济主权方面的冲突，这些条款在 WTO 规则直接以"例外"冠名的条款。根据 WTO 规则，成员应该在履行市场准入的前提下顾及非贸易价值，如人权保护、国家安全、清洁环境及资源的最佳利用等，允许成员国在这些方面设置一定的非关税壁垒。例如，"安全例外条款"允许 WTO 各成员为维护国家安全，在某些情况下可以采取必要行动，对其他相关成员不履行 WTO 所规定的义务。

WTO 规则的例外规定包括一般例外、安全例外、国际收支保障例外、非歧视性原则例外、外汇安排例外、紧急措施例外，以及边境贸易、关税同盟和自由贸易区的例外。其中，一般例外和安全例外尤为重要，并分别在《服务贸易总协定》（GATS）、《与贸易有关的知识产权协定》（TRIPs）等协议中有体现。

《关税与贸易总协定》GATT1994 第 20 条和《服务贸易总协定》第 14 条均为"一般例外"条款，规定只要所采取的措施不在情况相同的成员间造成武断或不公平的歧视，且不对国际贸易（包括服务贸易）构成变相限制，则任何成员可为下述目的或缘由采取必要的贸易保障措施。例如：保护公共道德或维护公共秩序；保护人类和动、植物的生命和健康；保护不可再生的自然资源（但须与限制国内生产和消费的措施相配套）；保护国家文物；贯彻实施与 GATT 或 GATS 规定不相抵触的法律法规；防止商业欺诈、保护个人隐私等；及稳定国内原材料供应等 10 项目的、缘由。

GATT1994 第 21 条和 GATS 第 14 条之二均为"安全例外"条款。根据这两项条款，WTO 成员可以保护国家基本安全利益及根据联合国宪章维持国际和平与安全为目的采取相关保障措施，如不提供或公开会危及基本安全利益的任何资料；对军火、核材料及可用于军事目的的物资及相关服务实施贸易控制等。另外，还包括在战时或其他紧急状态下可采取的必要措施。《与贸易有关的知识产权协定》第 3 条"例外条款"也规定"GATT1994 的所有例外均应酌情适用于本协定"。①

此外，许多协议的条款中都对"透明度义务的例外"做规定，如不要求任何成员披露会妨碍执法或违背公共利益或损害特定公私企业合法商业利益的信息，对维护各成员的信息安全具有重要的价值。

目前，WTO 规则缺乏对例外规则内容的系统立法和具体界定，如（GATT）第 21 条为"安全例外"，规定任何一个成员国都有权"采取其认为对保护自己基本国家安全利益所必需的任何行动"，或者"在战时或国际关系中的其他紧急情况下采取的行动"。对这一表述，每个国家都会用自己的方式解释其安全利益，而且许多情况都可被为"国际关系中的紧急情况"，由此导致 WTO 成员出于自己的国家利益在援引时往往单边对其定义，带有极大的随意性，从而滥用该条款。如 1949 年，捷克政府申诉美国使用出口许可证限制某些产品的出口，这是国际上最早的国际安全例外条款争端。美国认为，这些许可证是依安全例外条款的规定，出于国家安全的目的而使用的。因为对安全例外条款的适用范围缺乏明确的界定，导致出口国与进口国出于自己国家利益的需要对某些产品进行单边定义。

由于这些安全例外是"合法"的，可以在 WTO 规则允许的范围内实施保

---

① 世界贸易组织的《关税与贸易总协定》（GATT）第 21 条、《服务贸易总协定》（GATS）第 14 条、《与贸易有关的知识产权协定》（TRIPs 协定）第 73 条和《政府采购协定》第 23 条都是安全例外条款。前 3 个协定的法律文本对安全例外条款的表述是一致的，即"本协定的任何规定不得解释为：a) 要求任何成员提供其认为如披露则会违背其基本安全利益的任何信息。或 b) 阻止任何成员采取其认为对保护其基本国家安全利益所必需的任何行动；i 与裂变和聚变物质或衍生这些物质的物质有关的行动；ii 与武器、弹药和作战物资的贸易有关的行动，及与此类贸易所运输的直接或间接供应军事机关的其他货物或物资有关的行动；iii 在战时或国际关系中的其他紧急情况下采取的行动。或动阻止任何成员为履行其在《联合国宪章》项下的维护国际和平与安全的义务而采取的任何行动。"《政府采购协议》中的安全例外条款在表述上与前三者略有不同，但其法律内容是一致的，即"本协定的任何规定不得解释为妨碍任何参加方在与武器、弹药或军事物资的采购有关或与国家安全或国防目的所必需的采购有关的基本安全利益方面，采取其认为必需的任何行动或不披露任何信息"。

护，越来越多的国家喜欢援引安全例外条款，使安全例外条款成为贸易保护主义的有效工具。安全例外条款为某些成员，特别是发达国家成员实行保护主义大开方便之门。这些成员以安全为由对进口产品予以限制，实行保护主义，这种趋势愈演愈烈。同时，在安全例外中没有具体规定任何相关的争端解决程序，使有关安全例外的争端难以得到有效解决。发达国家成员凭借其在民主政治与经济发展水平上的优势，不断寻求非关税壁垒措施的帮助，在WTO规则允许的范围内故意利用某些间接非关税壁垒措施作为竞争手段，致使其他贸易伙伴尤其是发展中国家处于不利的地位。美国利用WTO规则的漏洞，在其国内立法中预设了临时采取非关税壁垒的制度空间，如给予人权保护的对外经济制裁措施。于是，欧美等国的经济制裁措施，依凭WTO规则一般例外条款取得正当性与合法性。

在此次乌克兰危机中，经济制裁战的欧美俄等各方都声称自己遵守WTO规则行事，但对WTO协议所倡导的自由贸易原则和精神的违背也是显而易见的。WTO多边贸易体制的要求，取消一切关税与非关税壁垒，促进贸易的自由流动，有助于形成并维护透明的公平贸易环境。此次各方单边采取的经济制裁措施在效果上等同于非关税壁垒，阻碍了贸易的正常流动，构成贸易壁垒，破坏了自由贸易理念的现实基础。

（二）当前经济制裁的种类与合法性分析

此次乌克兰危机中，美国对俄实行的数轮经济制裁，得到了欧洲、加拿大、澳大利亚和日本等国的响应。相反，美国曾于1960年开始针对古巴实施长达40余年之久的单边经济制裁，却遭到了国际社会的普遍反对。1996年3月和8月，美国以强化经济制裁为由，先后公布了赫尔姆斯—伯顿法和达马托法，对与古巴、伊朗和利比亚投资和贸易往来的外国公司进行制裁，这种做法遭到国际社会的强烈反对和抵制，特别是欧盟反应强烈，欧盟甚至到WTO起诉美国违法国际贸易法。可见，不同的经济制裁，其引发的国际反应是不一样的。

第一种，联合国安理会的经济制裁。根据《联合国宪章》第7章规定，安理会可以采取强制执行措施，以维护或恢复国际和平与安全。这些措施可以是不涉及使用武力的经济和其他制裁，也可以是军事行动。实现经济制裁是在不付诸于武力情况下，对某一国家或实体施加压力，迫使其遵守安理会规定的目标，因此经济制裁是安理会强制执行其决定的一种重要手段。可以说，联合国安理会的决定为实施经济制裁提供了国际法依据。联合国一般成立专门的制裁委员会实施对某一国家和实体的经济制裁，经济制裁一旦结束，委员会就终止。

目前，联合国安理会实施的经济制裁包括贸易制裁、金融制裁和交通制裁（禁飞区）等。但联合国安理会在实施经济制裁的同时，往往将人道主义物资援助和交易排除在经济制裁禁止的范围之外，这一点在联合国实施的14起经济制裁的决议中均有明确规定。例如，1990年联合国通过第661号决议，对伊拉克实施全面经济制裁。但是，1991年联合国通过第687号决议，对第661号决议进行调整，其中增加了一种新的例外情况，即平民生活必需品例外，而且相应地扩展了相关交易的支付例外。此外，还有一种直接满足人道主义需要的服务例外。1995年，安理会通过决议允许伊拉克出口一定价值量的石油或石油产品，而与之相应的是安理会也允许从伊拉克进口石油的国家向伊拉克支付油价款，只是这种油价款只能存入由秘书长代为管理的特别账户，并且只允许伊拉克按照有关决议的要求，主要用于购买满足人道主义需要的物资。1992年5月30日，联合国安理会通过第757号决议，对南斯拉夫（塞尔维亚和黑山）实施全面的经济制裁，禁止一切商品或产品输入该国家。同时，又在该决议中规定，已通知制裁委员会的专为医疗目的的用品和食物不在禁止之列。1994年,联合国通过第917号决议,对海地实施经济制裁。在该制裁决议中,严格意义上的医疗用品和食品同样被排除在经济制裁禁止的范围之外。1966年,安理会通过第253号决议,对罗德西亚实施全面的经济制裁,其中包括全面的金融制裁,要求联合国所有会员国不应将任何投资资金或任何其他财政或经济资源供给罗得西亚非法政权或罗得西亚境内之任何工商业或公用事业,包括旅游业,防止其国民及其领土内其他任何人将任何事项资金或资源供给该政权或任何事项企业,及将任何其他资金汇给罗得西亚境内的个人或机构。但该决议同时又规定了一种例外,即用于购买医药、人道、教育或新闻用途等人道主义例外物资必须支付的款项不在金融制裁禁止之列,在特殊人道情形下,用于购买食品所需的款项也不在此限。交通制裁旨在切断被制裁国与外界的交通关系。但出于人道主义目的考虑,联合国在实施交通制裁的同时,经过特定的审批程序,例外依然是允许的。如1992年联合国通过第748号决议,对利比亚实施有限的贸易和财政金融制裁,同时实施空运制裁。该决议规定了一种空运例外,即为了满足人道主义需要的空运不在禁止之列。

第二种,自助报复性经济制裁。受害国针对加害国的经济制裁,这时经济制裁成为受害国的一种非武力、正当性防卫的手段。例如,1807年美国总统杰弗逊下令对所有美国和欧洲之间的贸易实行禁运,以抗议英国进攻美国商船。此次乌克兰危机中,由于俄占领乌克兰的克里米亚半岛,乌对俄实施的经济制裁,就属于受害国针对加害国的经济制裁。

这种报复性经济制裁是具有正当性和合法性基础的。20世纪初,国际社会先后缔结《和平解决国际争端公约》《国际联盟盟约》,对国家的战争权加以限制。1946年的《联合国宪章》彻底废除了国家的战争权,但所有这些限制和废除国家战争权的条约并没有同时废除国家采取非武力报复的权利，由于武力报复已被禁止，因而非武力报复反而备受各国青睐。美国在其非武力报复的实践中提出了"对抗措施"的说法，并迅速为国际法院采用。到了当代，"对抗措施"成为国际实践的普遍用词。1979年国际法委员会在起草《关于国家责任条文草案》时，将非武力报复措施改称为对抗措施，[①]标志着对抗措施的规则由习惯法规则向条约法规则演变。1996年和2001年，国际法委员会两次修订了《国家责任条文草案》，继续援用对抗措施的措辞，从此以后，非武力的报复措施又称为对抗措施或反措施。此外，关贸总协定（GATT）及其后来的世界贸易组织都规定有安全免责条款，即允许成员国在紧急情况下出于国家安全需要采取其认为必要的任何经济行动。

综上所述，对抗措施在国际法上是一种合法的强制措施，在很早就被国际习惯法公认。以此类推，作为经济对抗措施的自助报复性经济制裁的合法性也毋容质疑。

第三种，第三国对加害国的经济制裁。当一个国家实施了国际不法行为，而由不法行为直接受害国以外的第三国针对加害国采取的经济制裁。此次乌克兰危机中，直接受害国是乌克兰，欧美并不是直接受害国，但欧美发动了数轮对俄经济制裁，这就是第三国对加害国的经济制裁。又如1979年苏联侵略阿富汗，联合国安理会因为面临常任理事国苏联的否决票而无法做出制裁苏联的决议。美国立即对苏联实施单边经济制裁，禁止美国小麦出口苏联境内。

受害国之外的国家对国际不法行为采取的经济强制，即作为经济干涉的单边经济制裁，是国际法所允许的合法行为。因为这样的经济强制行动对国际不法行为具有抑制的效果，维护的是法律正义，显然与国际社会整体利益

---

① 1979年《关于国家责任条文草案》第30条规定：一国不符合该国所负义务的行为，如果构成因该国某项国际不当行为而引起的对抗该他国国际法上的合法措施，则该行为的不当性应予以排除。

协调一致。只要其不违背现有的国际法原则与规定，应该是合法的行为，国际社会几乎不会有谁会对此做出否定的评价。例如，1990年伊拉克侵略科威特，在联合国尚未采取制裁行动之前，美国和英国就已经对伊拉克采取单边经济制裁。1995—1996年印度和巴基斯坦违反《核不扩散条约》进行核武器试验，美国立即对该两国采取单边经济制裁。这些单边经济制裁显然不是由受害国采取的，因而不是经济对抗措施，而是一种经济干涉行为，但其合法性也没有受到国际社会的反对与质疑。这也是此次美国制裁俄罗斯中，与制裁古巴形成鲜明对比，欧洲国家、澳大利亚、加拿大和日本不仅支持并跟紧制裁俄罗斯，国家社会也少有国家公开批评美国的做法。

第四种，外交性经济制裁。为控制、影响他国内政外交而经济制裁他国。任何国家通过控制、拒绝方式来影响另一国获得该国的资源、资金、商品、服务、技术、市场的努力和行为，都可称得上是一种国际经济制裁的行为。受制裁国没有任何不法行为，制裁国为达到控制、影响受制裁国的政治外交目的而实施的经济制裁。例如，1949年资本主义阵营里的许多国家先后对新中国实施经济制裁，这些宣称实施经济制裁的国家甚至公开承认其经济制裁是建立在政治外交基础上的。又如，从1960年开始美国对古巴采取经济封锁措施，美国所谓的经济制裁并不是以古巴的国际不法行为为前提条件的，而是因为卡斯特罗在古巴推翻了亲美政权，美国对古巴的单边经济制裁很显然只是一种推行美国外交政策的经济强制行为而已。

虽然目前既没有明确的国际法规定也没有习惯法规定禁止经济强制，但从综合的角度判断不难看出，某些经济强制行为是非法的。如果经济制裁与现有国际法基本准则和制度不一致，如采取经济制裁手段去干涉一个国家的内政，则这样的经济强制显然是非法的（因为国际法一般禁止干涉内政），这也是美国制裁古巴的法案引发国际社会强烈反对的原因。

(三）美国的对外经济制裁

域外经济制裁是第二次世界大战结束以来美国对外经济制裁的一种重要方式，它把限制国内行为者与制裁对象之间交往的国内法律扩展到美国之外的行为者及其经济活动，结果常常引起复杂的法律、政策和经济冲突。此外，美国对外经济制裁地域非常广泛，美国前副总统切尼于 2001 年公开承认，世界上约 70 个国家受到美国的经济制裁，约占全世界 2/3 的人口。对外经济制裁已经成为美国实现其对外政策的重要工具。

第一，美国经济制裁经历了从国内到国外的转变。从美国的司法实践来看，美国对于域外管辖权的观点经历了一个从不承认域外效力到承认域外效力并不断扩大其适用范围的过程。直到 20 世纪前期，美国信守的国际法管辖原则一直是属地原则，即一国对其领土范围内的行为、行为者和资源具有绝对和排他的最高权威，但其管辖权不得超出其领土之外。第二次世界大战后经济全球化的加速发展和相互依赖的加深，使得传统只限于国内的经济制裁越来越难以有效限制制裁对象的对外经济交往，美国要想实现经济制裁的效果，不仅需要约束本国海外公司的行为，还需要获得外国政府的合作，使它们都能配合美国的政策限制与制裁对象的经济交往。当难以获得它们对美国政策目标和方式的认同时，域外管辖就成为美国增强其经济制裁效果的一种次优选择，借此可以将本国海外公司和第三国公司纳入美国经济制裁法律的管辖范围中。因此，域外经济制裁是在难以获得国际多边合作时所采取的一种强化单边经济制裁效果的重要手段，其主要目的是避免制裁对象通过第三方渠道规避制裁。

第二，美国经济制裁的主要措施。美国域外经济制裁包括美国产品和技术的出口与再出口、外国银行的美元资产和美国银行海外分行的现金资产、海外金融交易等，惩罚措施包括刑事或民事起诉、罚款、限制在美国的旅行或融资、禁止获得美国的政府合同或者美国公民权、市场、产品和技术等。第二次世界大战后，美国在世界经济和科技中的主导地位为其域外经济制裁的实施提供了必要前提，主要原因在于美国是国内外许多公司重要的商品市场和资金、技术来源。

第三，美国经济制裁依据的法理原则。国籍原则是美国域外经济制裁最主要的国际法依据。美国认为，所有美国公司或公民不论在国内还是国外都必须遵守美国法律。1917年，《与敌国贸易法案》授权美国总统，在战争或国家紧急状态下，可以调查、规制或禁止与外国或其国民所有的商业和金融交易，该法案适用于所有受美国管辖的人。1950年，《对外交易控制规则》对管辖对象做出了具体规定，即任何受美国管辖的人或美国公民，任何依据美国法律注册的公司，由美国公民、居民或公司拥有或受其控制的合伙企业、联合企业、有限公司或其他任何形式的组织，不论其在何处建立或经营，只要没有美国财政部特别许可，不得与所认定的敌国进行交易，否则其母公司或海外公司的美国董事将受到起诉。[①] 因此，任何国外公司，只要有美国资本参与并受美国公民控制，就被认为仍然保留美国国籍，美国可以对其进行管辖。

国籍原则还用来对源自于美国的产品和技术的再出口控制提供合法性依据。《1949年出口控制法》及其后来的5次修正案（包括《1969年出口管理法》和《1979年出口管理法》等）都明确规定，美国法令适用于所有受美国管辖的人员、商品和技术。无论是美国的技术和产品，还是含有美国的技术或零部件的外国产品，都应该受到美国的管辖。为限制最终用户和最终用途，美国对所有商品和技术的出口实行许可证制度，包括对这些商品和技术

---

① David Leyton-Brown,ed.,The Utility of International Economic Sanctions,London: Croom Helm,1987, pp. 256-257.

的再出口。美国赋予其产品和技术国籍，西欧和加拿大等国坚决反对。其原因是这不仅为美国出口管制的域外效力提供依据，还可据以溯及既往，限制与制裁对象之间已签署的合同。西欧和加拿大等国家和地区指出，没有任何一个已知的国际法规则承认，使用国外商品和技术可以构成对其使用者进行管辖的依据。

除国籍原则外，美国还援引效果原则、保护性原则和普遍性原则等来为其域外经济制裁进行辩护。效果原则：如果外国行为者有影响美国公民的意图就应该受美国管辖，不管这些意图是否已实施，也不管其行动是否对美国公民有任何实际影响。保护性原则；《美国修订对外关系法重述》第402条C款规定，允许一国对在其领土之外威胁其安全的行为实施管辖，只要这些行为是被国际社会各国普遍认可的犯罪行为。此外，美国还可对尚未危及自己但为国际社会公认的违法行为实行普遍管辖。在实际案例中，除国际法公认的犯罪行为或根据联合国决议要限制的行为外，还包括与美国认定的侵犯人权或财产权国家的交往等。

根据以上原则，美国有权对广泛的海外经济活动进行限制。20世纪50—60年代，美国域外经济制裁主要针对苏东、中国、朝鲜和古巴等国家和地区。20世纪70—80年代，主要针对伊朗、苏联、南非和利比亚等国。"冷战"结束后，美国域外经济制裁空前激增，影响范围和程度上大大超过以前，而且一些非政府组织、州市地方政府等非国家行为主体参与域外经济制裁。在这些制裁中，美国不仅要限制本国公民、公司和其他经济组织与制裁对象之间的贸易或金融往来，还要限制美国海外子公司、经营美国产品或经营包含有美国产品或技术的外国公司与制裁对象之间的经济往来。

第四，美国对外经济制裁的效果。多年来，美国对外经济制裁的结果并不都如愿。正如前面所叙，如果美国的对外经济制裁符合国际法基本准则和国际社会利益，就会得到国际社会的支持；反之，则遭到国际社会的强烈抵制。

美国对外干涉他国内政的外交制裁遭到国际社会坚决反对。著名的莫过于 1996 年美国对古巴、伊朗和利比亚经济制裁而制定的赫尔姆斯—伯顿法和达马托法，法案将那些与美国没有任何所有权、技术或金融联系的外国公司和个人纳入制裁范围，仅欧洲和美洲就有 1000 多家公司受到影响。这一做法引发了国际社会声势浩大的抵制运动，欧盟、加拿大和墨西哥等国家和地区一方面威胁启用本国国内法对相关的美国公司和个人进行反制裁，另一方面通过 WTO 等世界或地区经济组织起诉美国。1996 年冬天，欧盟理事会颁布了专门针对上述美国法案的《反对第三国立法域外适用的条例》，明确禁止外国具有域外管权的美国法律法规在欧盟境内发生效力。1997 年，法国道达尔石油公司与伊朗国家石油公司签订了一项价值 20 亿美元的天然气合同，美国威胁依照达马托法对其进行调查。欧盟和法国政府一致抵制，美国政府只好免除达马托法对道尔公司的执行。另外，对荷兰皇家壳牌石油公司等欧洲公司在伊朗的石油和天然气开发计划，美国一直没有采取行动。此外，欧盟还于 1996 年 10 月向世界贸易组织提起美国上述法案争端解决请求。迫于国际社会压力，1997 年 4 月，欧盟和美国达成了欧盟与美国关于《美国赫尔姆斯—伯顿法和伊朗利比亚制裁法》的谅解备忘录，规定美国授予欧盟国家免除权，同时欧盟及其他盟友将继续努力促进古巴的民主化。基于上述内容，欧盟同意搁置世界贸易组织法庭的诉讼程序。在 1998 年的欧盟与美国首脑会议上，欧盟做出进一步阻止伊朗生产大规模杀伤性武器、设法批准有关打击恐怖活动的 11 项公约等承诺，美国立即于同年 5 月 18 日宣布不再制裁与伊朗、利比亚和古巴做生意的外国公司。实际上，这意味着不得人心的赫尔姆斯—伯顿法和达马托法的失败。

对于一些明显违反国际法规定，不符合国际社会整体利益的行为，美国对其经济制裁往往能获得国际社会的支持。如由于伊朗坚持不放弃核武器，违背了《核不扩散条约》和国际社会的共识，2006年到2010年6月，联合国安理会通过了四轮对伊朗的经济制裁。在联合国安理会通过第四轮严厉的经济制裁后，2010年7月1日，奥巴马政府签署了《全面制裁伊朗、究责和撤资法》，欧盟不仅没有像十几年前那样奋起反抗，反而与美国采取了同步政策。就在奥巴马签署全面伊朗制裁法后不到一个月，欧盟委员会就通过了一项几乎与该法同样的对伊朗制裁条例。此次乌克兰危机中，为处罚俄占领乌克兰克里米亚半岛的行为，美国对俄的经济制裁获得欧盟、加拿大、日本、澳大利亚等国的支持，各方甚至联手对俄罗斯进行经济制裁。

美国对外经济制裁也产生了一些经济和政治影响。在经济制裁中，受到影响的往往是跨国大公司（包括美国自己的公司），如果服从美国禁令，将失去有利可图的交易，也损害自己的商业信誉，还将面临经营所在国经济惩罚，甚至可能被看做是美国在经营所在国的政治工具而受到敌视。同时，也为竞争对手提供可乘之机，刺激他国寻求替代供应或者自主研发，最终会削弱跨国公司的市场和技术垄断地位。如果不服从美国禁令，鉴于美国在世界商品、技术和资本市场中的重要地位，对于那些与美国有着重要经济联系的大公司而言，违反其制裁法律将面临严重的经济后果，甚至这些公司中的美籍管理人员还可能面临罚款或刑事处罚。因此，有些公司只能尽力规避美国的禁令管辖，例如，1962年英国为了规避美国的出口管制法，完成向中国出口6架飞机的合同，重新开发一套航空电子设备替代原来的美国部件。

五、警示

现代战争往往缘起于法律，结束于法律，所以法律在现代战争中的地位非常重要，必须加强对相关法律的研究，为军事斗争的合法性奠定基础。

（一）强大的国力和军力是法律战的基础

弱国无外交，法律战不是空中楼阁，都以强大的国力和军队作为后盾。中国是第一次世界大战胜国，当中国代表在巴黎和会上用流利的英语阐述应该取消战败国德国在中国的特权时，与会代表无人倾听。当日本代表以蹩脚的英语说明以日本出兵中国击败德国为由，要求继承德国在中国原有特权时，台下一片掌声。事后美国代表告诫中国代表：你们很有理，英语非常好，但是你是弱国，日本是强国，所以没有人支持中国。法律战没有强大军队作为后盾，是不可能取得胜利的。乌自动放弃核武器、放弃军队建设，迷信国际条约保证，最终遭此横祸，除发出各国遵守条约义务呼吁外，根本无力保护自身权益。只有强大的军队，法律战武器才能发挥如虎添翼的作用；否则，只能东施效颦，像乌克兰只能被列强玩弄于股掌之间，为世人笑料。

我们必须精通法律战。师出有名，此次俄乌战争，从遵守协议调动半岛驻军、否认乌临时政府合法性、确认亚努科维奇为乌唯一合法总统，到应乌合法总统请求出兵及利用民族自决权进行公投，并将自己行动的合法性展示到安理会，俄方充分利用了法律战武器，为自己行动赢得了最大限度的合法性与主动性。甲午战争中日军就有随军专职法律顾问，击沉运送清军的英商船"高升"号后，其随军律师运用国际法，颠倒黑白，欺负清政府对国际法的无知，最后使英国判令清政府赔偿船只损失。美军每一次发动战役前，其作战方案须随军律师最后签字确认。我军须从健全军队专职律师机构和编制入手，切实抓好法律战工作。

（二）西方在法律战中惯常采用双重标准

西方主导了当今国际法体系。他们精通国际法，时常把自己打扮成救世主，同时却以己之私利公然奉行双重标准，此次乌克兰危机就是例证。第一，对反对派使用武器的问题。在亚努科维奇在位时，面对反对派武装暴乱，美国强烈要求乌不得使用军队和警察进行镇压，美副总统拜登亲自给亚努科维奇打电话，要求其不得动用军队警察，美国防部部长给乌国防部部长打电话要求军队中立。当亚努科维奇动用警察清场后，美欧马上挥舞其制裁的大棒对执法官员实行制裁。在亚努科维奇下台后，临时政府对东部地区进行大规模军事镇压时，欧美却表示支持，奥巴马明确表示理解政府维持秩序的行为。第二，对反对派雇凶杀人的问题。反对派以亚努科维奇雇凶屠杀示威者为由，罢免其职务，欧美表示亚努科维奇的行为损害了其总统合法性。但后来证据显示是反对派自己雇凶杀人，欧美却一致以沉默对待，对乌临时政府在军事行动中杀害示威者的行为一言不发。第三，对反对派政变和民选总统的问题。美国每每都强调选举的重要性，并将其作为普世价值，但对民选总统的亚努科维奇以及埃及被军方政变推翻的民选总统穆尔西双手赞同。第四，公投问题。欧美在科索沃制造了公投，却反对俄在乌制造的公投，但由于自己违法在先，所以其反对乌东部的公投显得底气不足。

对于西方惯常在法律战中使用双重标准的战术，我们必须精通国际法基本准则与具体内容，充分运用现有国际法，坚决反驳西方的双重标准，尽最大努力赢得国际支持，为自身争取合法性。

（三）军队必须精通法律战

法律战是现代战争的产物，先于兵始后于兵止，争端的解决最终依靠法律。在俄乌军事冲突中，涉及双方领土、历史、政治、民族、军事和经济等多种纷争，还涉及欧美俄国际义务和彼此战略空间与利益之争等复杂因素。西方在干涉和分裂乌克兰时，都堂而皇之地打着各种国际法旗号，如不懂法，就很容易陷入被动或圈套，如欧美俄对乌的国际法义务以及公投的国际法意义等。

目前，我南海地区军事斗争形势极端复杂，涉及历史、经济、军事、外交、政治及其国际海洋法纷争，西方总是时不时炒热南海海洋与岛屿争端。美国每次干预时，总是以捍卫国际海洋法为依据，以航行自由为借口，殊不知其都没有加入最基本的国际海洋法——《联合国海洋法公约》，其所宣称的航行自由原则实质是违反海洋法公约的军机舰自由侵犯他国海洋领土主权与权益的自由。如果不精通这些国际法，就很容易陷入被动，甚至相信美国的一套，觉得自己理亏，斗争起来底气不足，无法驾驭复杂的局势，更谈不上维护自身合法权益。

（四）加强WTO规则一般例外条款的研究

长期以来，欧美对我国实施高技术产品封锁，例如，1999年美国考克斯报告出台，污蔑我国国防工业"危害了美国的国家安全"，由此美国政府拒绝中国发射其商业卫星。在我国加入WTO后，对西方的高技术产品禁运依旧无计可施。前几年我国对稀土等战略资源进行配额出口管理，却被欧美告上WTO，最终我国败诉，不得不取消配额出口制度。

加入WTO后，充分利用WTO规则"一般例外"条款是我们的正当权利，是维护国家经济安全的重要合法途径之一。对于发展中国家而言，"一般例外"条款还是一种相对陌生的制度。从上述事例中可以看出，我们要积极加强对WTO规则"一般例外"条款的研究，要善于利用这些条款维护我国家经济安全和战略资源。要修改、完善有关"安全例外"条款的国内立法，建议将《对外贸易法》中现有涉及"安全例外"的规定单列出来成为独立的条款。其具体内容可参照"安全例外"条款及其他相关规定，并结合WTO争端解决机制发展出的各种标准进行规定，充分、灵活地利用WTO争端解决机制，抵制和反击发达国家针对我国采取的"新贸易保护主义措施"。

尾声

尾　声

乌克兰危机给予了我们的和平发展道路很多警示,引发了很多有益的思考和探索。

一、和平发展仍是世界主流与趋势

冷战结束后,和平发展成为世界主流,虽然局部地区战乱不断,但随着信息时代和经济全球化时代的到来,共同发展繁荣进步的命运共同体建设成为共识,和平发展依旧是世界主流,也是各国发展道路的主要选择。

(一) 全球化时代结束了大国的战争崛起

首先,全球化促进了科技进步、贸易发展以及管理制度的改善,使得人类生存的空间相对扩大,大大降低了因争夺资源和生存空间而发生战争的概率。按照传统理论,二战后的民族解放运动使得欧美发达国家失去了它们赖以生存的殖民地，这些宗主国似乎应当就此衰落下去。然而现实是，发达国家互为主要市场，不但没有因为失去殖民地而衰落，反倒是发达程度有了新的提高。20世纪70年代石油危机时，很多人担忧那些工业国的发展前景，然而，石油危机却催生了新一轮科技革命，各种新能源、新材料应运而生。全球化的这种作用，大大降低了新兴大国依靠战争崛起的可能性。

其次，当前争端解决的国际机制日益完善。以和平方式解决国际争端已是国际间的共识，各种制约战争的机制日益完善，使得战争难以成为国家崛起的主要形式。二战前，由于主导国际关系中的国际争端解决机制和国际法尚不成熟，对外战争仍然是赋予国家合法性的外部条件，一些国家通过战争成功崛起。然而，二战后的联合国在解决国际争端中发挥越来越重要的作用，对外侵略战争为国际法明确规定的非法行为，国际法赋予联合国安理会绝对权威解决国际争端，能够动用包括政治、经济、军事、外交等多种手段解决国际争端，为最大限度避免国家间的侵略战争奠定了良好的基础。同时辅之以国际战争与和平法的不断完善、国际法院的成立、WTO经济争端解决规则等，大国之间竞争与合作的游戏规则得以确定，国际社会的和平与稳定基本上就可以得到维护。在当今世界，依靠战争崛起没有再发生的客观条件了。

再次，全球化促使环境污染、气候变暖、恐怖主义、核扩散、网络犯罪等全球性非传统安全威胁日益严重，国家利益处在由于多层次和多领域的相互交织而相互依存的网之中，利益的相互交织使主要国家不得不采取多边合作的方式寻求合理妥善地解决争端与冲突，来共同维护国际社会的和平与稳定，这使得战争不可能成为大国崛起的主要方式。同时，在核时代，通过战争方式追求国家利益也不符合成本—效益的分析。

最后，随着经济全球化的发展，各国经济日益融为一体，一荣俱荣、一损俱损，使得战争难以成为大国发展的主要选项。

（二）农耕文明的内敛性养成了崇尚和平的传统

社会存在决定社会意识。华夏文明起源于黄河流域，这里气候适中，地域广阔，土地肥沃，雨量充沛，为发展农业生产提供了良好的自然条件，充足的农耕用地足以承受人口的自然增长，丰富的物产，能够充分满足人们的生活所需。另外，在古代生产力相对落后的时期，中国还处于一个相对封闭的自然环境中，东部和南部是"望洋兴叹"的大海和崇山峻岭，西部是"世界屋脊"的高原，北部有难以跨越的大漠，东北部是异常寒冷的西伯利亚。所以，几千年来，中华民族就集中在黄河和长江流域，创造了无比灿烂的"男耕女织"农业文明，中国的茶叶、丝绸、药材和瓷器曾享誉世界。可以说，中华民族五千年的文明史基本是一部自给自足的农业史，农业一直是中华民族主导性的经济形态。时至今日，中国仍然被称之为农业大国。

农业文明是一种内敛性文明，而不是扩张性文明。农业文明主要依靠对土地的精耕细种和四季的风调雨顺，国家的主要任务是开发大规模的灌溉系统来保障农业的丰收，而不是对外侵略掠夺。农业文明要求相对稳定，反对冒险、并尊崇旧有的农业经验来保持农业生产的可持续发展，同时还需要大量的人力进行农业生产。在长期的农业经济社会形态中，人们对土地和家园产生了特殊的依赖性，不愿远离和破坏自己的土地与家园，珍惜生命和生活，敬畏和尊重自然规律，日出而作、日落而息的田园生活是大部分中国人的向往，中国几千年灿烂的农业文明带来了国人安稳、求和、与世无争和守旧，自敛、含蓄、谦虚刻在了多数人的心灵深处，形成了"和而不同""仁爱"的传统儒家思想。

战争对农业社会的破坏是毁灭性的，长期的农业文明使人对战争充满了厌恶与审慎，强烈主张和平，"礼之用，和为贵，先王之道，斯为美"。①农业文明的内敛性导致了传统军事文化上尚和的价值倾向，厌恶战争、爱好和平、亲邻善邻，"兵，恃之则亡"，②对外交往中主张"协和万邦"③"远人不服，修文德以怀之"，④在中国历史鼎盛时期也都奉行睦邻、安邻、富邻和开放的外交政策，如贞观之治时期，各民族和睦相处、交往频繁、外商云集、中外经济文化交流活跃。日本学者桑原骘藏在《东洋史说苑》一书中评论说"中国人爱好和平、反对武力，这是一种美好的品德"。⑤这种爱好和平的文化传统使得我们在军事上不主张对外发动侵略扩张战争，遵守"上兵伐谋，其次伐交，其次伐兵，其下攻城"，⑥认为战争最好形式是"和，破军次之""百战百胜，非善之善者也""不战而屈人之兵"，战争手段一直是排在较后位置的。

崇尚和平的传统文化是国人在长期的农耕文明和广阔的生存环境中培养造就出来的，是基于自身所处五千年农业社会和相对广阔封闭的自然生存条件做出的一种自然选择。首先，崇尚和平的价值取向使得我历史上基本奉行了和平友好的对外方针，基本没有对外的大规模侵略性战争，由此并赢得了礼仪之邦的美誉。⑦其次，没有对外侵略战争的传统历史文化。历史上找不到像《明治遗训》《德皇雄图秘著》《彼得一世遗嘱》那种具有侵略传统的文化典籍。明代郑和率领当时世界上最强大的舰队七下西洋，带去的是瓷

---

① 《论语·学而篇》。
② 曹础基：《庄子浅注》，北京：中华书局，2007年版，第378页。
③ 《尚书·尧典》。
④ 《论语·季氏第十六》。
⑤ （美）阿瑟·史密斯、桑原骘藏等：《中国人三书》，哈尔滨：北方文艺出版社，2006年版，第203页。
⑥ 《孙子兵法·谋篇》。
⑦ 据不完全统计，中国古代从公元前2600年到清代结束，四千多年间共发生近4000次战争，占世界同期战争总数的四分之一以上，但这些战争基本都是国家统一战争，除了近代几场抗击外国侵略的战争外，基本上是中华民族内部各民族或政治集团为谋求统一中国而进行的战争。

器、丝绸等手工业产品和中华民族的友谊,而西方哥伦布远航带去的却是殖民地和杀戮。直到现在,我国仍然奉行和平共处的对外政策,主张国家不分大小强弱都是国际社会的平等一员。这种对外政策的选择与中华民族军事文化上的尚和传统不无关系。再次,尚和在历代解决民族争端和维护民族团结融合中也发挥了重要的作用,历史上基本没有出现过大规模的民族屠戮和宗教残杀,这是中华民族千百年来的得以团结统一的重要原因。最后,对外自卫战争也体现了尚和的价值追求。如康熙年间清政府在雅克萨战役中大败俄国侵略军,最后签定《中俄尼布楚条约》时,清政府还是作出了巨大的让步。

(三)建设"一带一路"等战略,实现和平发展

近年来,我国先后确立了全面深化改革、建设法治国家、"一带一路"经济发展战略和地区安全发展机制,这些必将大大促进我国和平发展的步伐。

二、世界形势发展复杂多变

和平发展虽然是主流,但世界并不太平,有些地区面临各种各样的战争威胁,严重影响世界安全稳定与经济发展。

(一)安全环境复杂

冷战结束后,世界出现了五条"地缘冲突带":东欧与巴尔干半岛、中东、中亚、印巴地区以及亚太第一岛链。其中,后四条中的日本、韩国与我台湾地区,东南亚的越南、印尼、菲律宾、新加坡、缅甸,南亚的印度、巴基斯坦、阿富汗,中亚的吉尔吉斯斯坦等是关键点。这些国家(地区)要么有领土、领海纠纷,要么因其特殊的地缘位置而成为大国争夺的焦点。过去这些矛盾基本属于双边性质,而在当前却日益国际化,呈联动效应,日益复杂。

日本军国主义倾向不时出现。日本领导人一方面不断否认侵略历史，参拜靖国神社，同时陆续突破和平宪法限制，解除集体自卫权，通过了海外派兵和武器出口法案，国防开支在数十年后首次开始增长。日本也强化西南半岛的防御，在冲绳、那霸等地区部署海防导弹和远程雷达系统，并强化对钓鱼岛的监控。

东南亚局势动荡。从2011年开始，缅甸政府军与少数民族武装一直在交火，缅甸政府军先后与克钦族武装、果敢同盟军大打出手，并波及我云南边界地区。印巴两国独立后曾发生过三次大规模战争。近几年来，双方核军备竞赛加剧，都进行了数次核试验，并开始竞相发展战略核武器和核打击能力，两国关系持续紧张。印度近年来持续强化其占领的我藏南地区防卫力量，加强该地区的国服基础设施和军力建设，扩大山地作战部队，增加边防哨所，并不时制造一些摩擦，如2013年5月的"帐篷对峙"事件。

朝鲜半岛局势持续紧张。当前半岛还只是处于停战状态，从严格意义上讲还处于交战状态。由于朝鲜不顾国际社会的强烈反对，坚持发展核武器，从2006年—2016年，朝鲜实施了四次核试验，招致国际社会强烈谴责与经济制裁。2009年5月27日，朝鲜宣布不再遵守1953年朝鲜战争停战协定。2010年发生的"天安号"事件和延平岛炮击事件，都引发了半岛关系急剧紧张。2013年3月5日，朝鲜宣布《朝鲜停战协定》完全无效，朝鲜不接受停战协定的约束。韩国借机发展射程800公里以上弹道导弹，2015年成功试射800公里以上弹道导弹，并试图引进部署美国"萨德"高空反导系统。美军还与韩国成立联合部队，系美军在世界范围内的首支联合部队。

（二）非传统安全任务繁重

东南亚地区非传统安全威胁加剧，民族宗教矛盾、恐怖主义、跨国犯罪、环境安全、网络安全、能源资源安全、重大自然灾害等安全挑战一直存在。如南海地区处于火山带上，沿线国家经常遭受台风、海啸、地震等灾难，2004年印度洋海啸、2005年巴基斯坦大地震、2011年日本大地震和2014年菲律宾"海燕"台风等使沿线国家损失惨重。此外，该地区还是全球最大的毒品生产加工地之一，面临严重的毒品走私泛滥等问题。尤以恐怖主义势力抬头，如以民族分裂势力、宗教极端势力、暴力恐怖势力等"三股势力"为代表，频频制造暴力事件，反政府武装势力不断增大。如菲律宾"阿布萨耶夫"恐怖武装、马来西亚圣战组织、东南亚伊斯兰团等恐怖势力比较猖獗，巴厘岛大爆炸、三宝颜市大爆炸就是例子。2015年1月24日，菲反政府武装伏击菲律宾特警部队，造成49名特警死亡。

东南亚发展中国家，受制于技术、投入和人才等因素，很难有效应对上述非传统安全威胁，如南海诸国都不具备大范围海上救援反恐能力，其海军只有一些近岸的巡逻艇，都只能低空目视搜寻，不具备大规模雷达搜索能力，也没有组织大规模远海扇形搜索的经验和所需经费。在2014年3月8日马航MH370航班失联事件中，马来西亚航空公司3月8日上午8点40分向全世界发布飞机失联的正式声明，各方搜救行动开始。由于受能力、技术、经验、人才等诸多短板的"集束式制约"，近在咫尺的越南与马来西亚对失事航班的实质性海上搜救已是3月8日下午17时左右了，距离马航正式向全世界宣布失联消息已经过了七八个小时，而越南国防部的搜救船和飞机到9号上午才抵达相关海域。

（三）周边国家扩充军事实力

越南不断购买先进海空武器，先后购买36架苏－30战机、6艘"基洛"级潜艇、6艘"猎豹"级隐身护卫舰、6艘"毒蜘蛛"级快速攻击艇，作战半径覆盖整个南海地区，其苏－30战机曾高调巡逻南海，配备俄制"俱乐部"级巡航导弹的"基洛"级潜艇已在南海地区巡逻值班，近期开始与欧美等国谈判，准备购买"阵风"等先进战机、海上巡逻机、空中预警机和无人机，向印度购买快速攻击艇和先进的"布拉莫斯"超声速反舰导弹。2005年，越军还专门成立应对南海争端的第126快速反应营。据歌德斯尔摩和平研究所2015年最新研究报告显示，从2011年—2015年，越南在全球武器装备进口国中的排名从第34名上升到第8名，为全球第八大武器装备进口国。

菲律宾加快军事化步骤。2014年12月，菲海军公布一项长达15年、耗资20亿美元计划，准备采购至少两艘护卫舰、两架反潜直升机、三艘炮艇和三艘潜艇。2015年5月，菲律宾披露其南海防御计划，在中业岛部署两艘巡逻船和两架海上侦察机，一艘巡逻船常驻马欢岛，另一艘常驻司令礁，组建陆战旅规模的"卡拉延群岛特遣队"，修复中业岛上的机场，在马欢岛上修建海洋监视与侦察系统基站。2016年1月4日，菲国防部宣布投资1000多万美元升级中业岛机场跑道和海军设施，还将花费100万美元在该岛安装卫星追踪系统监视整个南海地区。菲国防部之前还计划投入650万美元，在面向南海的奥伊斯特湾建造重要海军设施。菲律宾甚至准备举债购买先进武器装备来争夺南海。1月11日，菲国会通过发行30亿美元债券的建议书，以实现军事现代化，确保南海战略资源。菲国会还通过一项军事现代化法案，拨付15亿美元提升军备，如购买"西北风"两栖登陆舰等先进武器，已经从韩国购买的12架FA-50超声速战机，从美国购买的数艘装备"鱼叉"反舰导弹的"汉密尔顿"级巡逻舰部署于南海。由于国力弱小，菲律宾准备借助美国，融入美国在亚太的军事体系，加速推进军队现代化。

马来西亚加快推进海空军现代化。近年来，马来西亚从俄进口18架米格-29战机、32架美制F-18战机以及"鹰"式飞机，先后购进两艘"鲉鱼"级潜艇以及法国退役的"阿戈斯塔"号潜艇等54艘舰艇。英国《简氏防务周刊》在其2014年度防务报告中也称，马来西亚正在推进海军现代化。

（四）域外国家开始涉足南海争端

2015年底，澳大利亚公开承认其飞机开始巡逻我南海地区，其国防部长宣称南海巡逻不会停止，并表态支持美军南海巡逻的行动。2016年2月3日，澳大利亚皇家空军司令戴维斯接受媒体采访时表示，2015年澳大利亚空军在南海进行了30次巡逻，比之前有所增加。日本公开鼓动菲在南海展开"维权行动"，自卫队伺机进驻菲律宾并巡逻南海。2015年6月的首次菲日军事演习中，日P-3C海上巡逻机数次飞临我南海礼乐滩附近。同月，菲总统阿基诺访问日本，与日签署《来访部队协议》，就访菲日本军事人员身份进行协商，加强联合训练和演习，为自卫队机舰巡逻南海提供基地，同时日赠送菲10艘巡逻艇，同意向菲提供军事装备和技术。菲已向日本提交了一份防卫设备清单，包括P-3C海上巡逻机。日本还向越南提供武器与军事援助。2011年10月，越南国防部长和日本防卫相签署了备忘录，加强防卫合作与交流。2013年5月，日越首次举行海洋安保会议。2014年7月，日本外相访问越南明确表示，日本将通过官方发展援助，向越方提供雷达和无线通信设备等。2015年11月，日本防卫大臣与越南国防部长达成协议：自卫队舰艇将停靠越南金兰湾基地，在南海举行联合军事演习。2016年2月15日，日越两军队在越南中部的岘港海军基地举行演习，日本派出两架P-3C巡逻机。日本还向印尼提供防卫技术和装备，与印度在南海地区频繁举行军事演习，印度军队乘机涉足南海。2013年6月8日，印军派出4艘军舰同越南海军在我南海地区举行联合演习。2014年8月，印度"什瓦利克"号导弹护卫舰抵达越南，并驶入南海争议海域。2015年6月2日，印军又派出4艘军舰，赴南海与东盟5国开展联合军演。2015年12月，印度向越南提供1亿美元用于升级其军事力量，还在越南建设卫星监测站。2016年2月，日本外交学者网站传出印度将与美国在南海举行联合军事演习的消息。

周边国家开始协调联合。2009年5月6日,越南联合马来西亚向联合国提交了200海里外大陆架"划界案",几乎分食整个南海。2012年,越南国家主席访问印尼,双方对渔业和水域维护等问题加强合作,开展海上联合巡逻。2014年4月初,越南总理和马来西亚首相发表联合声明,加强南海问题合作。近期,菲越推动"菲越行动计划",两军加强交流合作,建立两军战略伙伴关系,设立海军热线,共同巡逻演习。2013年8月,菲越在南海举行了海上联合军演。2014年5月,菲越发表声明,提升两国为战略伙伴关系。2014年6月8日,南海北子岛菲军人前往越占南子岛举行"联谊"活动。2015年5月27日,菲越军队在我南海北子岛进行"联欢"。

(五)国家战略利益深化拓展中的安全

我海外经济利益主要表现为劳务输出和工程承包。2014年我直接对外投资近7千亿,境外中资企业2万多家,海外投资总资产近4万亿,海外承包项目超过4000个,[①]海外承包业务1万多亿,年增速10%左右,[②]海外工作公民有400多万,还有4500多万华侨,位居世界第一,[③]每年有一亿多人出国。2015年博鳌亚洲论坛上,国家开发银行宣布将向"一带一路"投资8900亿美元,资金将注入64个国家的900个基础设施项目。

此外,由于种种限制,我难以投资欧美发达市场,如华为公司被迫屡次撤出美国市场,希腊新政府上台后冻结了中国的港口投资计划,因此我海外投资多集中于亚非拉等不发达国家,大多数分布在"一带一路"沿线,与热点动荡地区重叠度很高,如也门、利比亚、苏丹和缅甸等地。投资后又面临

[①] 2012年4月25日,外交部领事司副司长郭少春在广州举行的"海外安全文明"专题讲座《外交部领事司:海外公民企业面临安全风险上升》。
[②] 《中国对外承包工程行业社会责任报告2011—2012》,中国对外承包工程商会,2013年3月26日。
[③] 《中国国际移民报告(2012)》,中国与全球化研究中心、社会科学文献出版社联合发布。

各种挑拨压迫,如利比亚战争使我巨大投资受损,某些势力以所谓"环保"问题迫使缅甸停止密松水电站项目,我企业中标墨西哥高铁后又被突然宣布无效,斯里兰卡新政府全面停止中资港口建设,使我损失巨大。

当前我国海外利益的保护,主要依靠领事保护维权机制。当前我国正处在海外经济利益不断扩大的趋势中,我海外公民和企业遇袭事件频发,"外交部和80多个驻外领事机构每天要处理100多件领保案件,600余名领事官员中,平均每名负责13万海外公民领事保护事务",[①]在新形势下,加强海外国家战略利益的保护是个重大课题。

三、世界军事变革日新月异

信息时代催生了世界军事变革的飞速发展,各国纷纷围绕打赢信息化战争,确立信息化联合指挥体制、研发信息化武器装备,进行信息化实战演练,以占领信息化时代军事斗争的制高点。

(一)确立信息化联合作战指挥体制

二战后,深受军种之争的危害,美军开始联合作战指挥体制改革,其中有三次较大的改革。第一次是1947年国防体制改革,美军成立了国防部,设立了国防部长并使其进入了作战指挥链,建立了联合参谋部并设立了参联会主席,但此次改革没有打破军种主导参联会和控制联合作战司令部的局面。第二次是1958年国防部改组,从法律上取消了军种的作战指挥权,确立了从总统到国防部、再到联合作战司令部司令的指挥链,但是军种参谋长仍然利用对参联会和联合参谋部运作程序的控制,以及军种组成部队司令部的强大影响,干预作战指挥,美军联合作战指挥体制并没有真正建立起来。

---

① 2012年4月25日,外交部在广州举行的"海外安全文明"专题讲座《外交部领事司:海外公民企业面临安全风险上升》。

第三次是1982年，在经历越南战争、伊朗营救人质事件等惨败后，美军开始启动史上最大的联合作战指挥体制改革。1986年3月6日，美国国会压倒性优势通过《戈德华特—尼科尔斯国防部改组法》，里根总统签署该法案并使该法案生效。

《戈德华特—尼科尔斯国防部改组法》再次确认"文官治军"原则，在此大前提下建立联合作战指挥体制：①大幅加强联合司令部尤其是战区司令部司令的权力，彻底排除军种对作战指挥的干扰，确保统一指挥的实现。赋予每一个联合作战司令部司令发布权威命令、规定指挥序列、组织司令部与部队、使用部队、向下级指挥官委任指挥职能、协调和批准管理与支援部门工作、选择下级或终止下级职务，以及召集军事法庭等7个方面的权限。允许总司令绕过军种向国防部长提交有关联合演习、部队训练、应急事件和"有选择的行动"等方面的预算建议。②建立"强势参联会主席"模式，使参联会主席掌握较多的资源以满足联合作战的需求。明确了参联会主席与资源相关的6项新职能。制衡和抵消军种的影响，使参联会主席掌握较多的资源来协调全军的联合作战。参联会主席成为总统和国防部长的首席军事顾问，直接向总统和国防部长陈述自己的主张。负责中继联络的"传令官"，总统和国防部长的命令通过参联会下达给联合作战司令部，参联会主席只能传令不能下令。联合作战的监督者和协调者，根据国防部长指令对联合作战司令部的军事活动实施监督。③明确了指挥链和指挥关系，减少指挥层次，提高了指挥效率。明确作战指挥链始于总统、国防部长，通过参联会主席，到达联合作战司令部。总统和国防部长构成国家指挥当局，战区司令部和职能司令部构成联合作战司令部指挥系统，只有国家指挥当局和联合作战司令部拥有作战指挥权。国家指挥当局的命令通过参联会下达给联合作战司令部，但参联会没有作战指挥权。联合作战司令部通过参联会领受总统和国防部长下达的命令,负责具体指挥所属作战部队,并直接向国家指挥当局负责。军种彻底退出作战指挥链,专门负责部队的行政管理、战备训练、武器装备采购等事务,战时负责为实施联合作战的联合司令部提供部队并进行保障。④完善联合作战计划机制。法案作了4项规定:一是要求总统每年就国家安全战略提交一份年度报告;二是要求参联会主席准备战略计划;三是要求国防部长提供书面的政策指导,包括各种政治假设,以作为对应急计划的准备和审议之用;四是命令国防部政策副部长在应急计划问题协助国防部长。此外,《戈德华特—尼科尔斯国防部改组法》还并对联合指挥作战军官的地位、作用和职能,以及选拔、培养和使用管理等作出了明确规定。①

《戈德华特—尼科尔斯国防部改组法》使美军建立起真正的联合指挥作战体制,为美军轻松取得海湾战争创造了良好的条件,也为后来在科索沃战争、阿富汗战争和伊拉克战争的主体作战行动取胜奠定了基础,成为今天美军强大的源泉,成为美国国防和军队建设史上的一个重要里程碑。1996年,美国参议员纳恩说,在该法案通过之后的10年内,美军联合作战能力提高的幅度比1903年"陆海军联合委员会"成立以来80余年的进步还要大。因此,海湾战争时美国众议院武装力量委员会主席阿斯平评价道:该法案的出台"是1775年大陆会议创建大陆军以来美国军事史上最伟大的一次根本性巨变"。②

(二)研发信息化武器装备

军事技术是衡量军队发展水平的标尺,先进武器战胜落后武器,工业社会的热兵器战胜古典农业社会的冷兵器是历史规律。"总之,手枪战胜利

---

① 李成刚:"美军联合作战指挥体制改革的最终突破及启示——由海湾战争看《戈德华特—尼科尔斯国防部改组法》",《军事历史》2014年第2期。
② 李成刚:"美军联合作战指挥体制改革的最终突破及启示——由海湾战争看《戈德华特—尼科尔斯国防部改组法》",《军事历史》2014年第2期。

剑，即使最幼稚的公理论者在这里都应当明了"。① 从某种程度上讲，一部大国崛起的历史，就是军事技术创新的浪潮一波高过一波的历史。

美军走在研发信息化武器装备方面的前列。近年来，美军重点发展网电和太空的优势装备，如 X-37B 空天飞机。开发远程纵深突防精确打击系统，如 X-47B 舰载无人机、新一代远程隐身轰炸机和实现 1 小时打遍全球的高超声速打击武器 X-51B。积极研发远程反舰导弹、水下长程无人潜航器、先进的攻击型潜艇，在防区外实施海上和对陆打击。建立一体化全域、全维和实时的全球信息保障系统，建立全球信息栅格，实现空海战场态势充分共享，如天基红外系统。发展"舒特""震网"为代表的新型网络电磁对抗装备。推进导弹防御系统建设，加紧构建高低结合、海陆互补、层层拦截的导弹防御系统。加快部署欧洲导弹防御系统和亚洲导弹防御系统，由"萨德"高空反导系统、海上"宙斯盾"系统、陆上"爱国者"系统组成高低搭配、无缝连接的导弹防御系统，由此在各个战略要地部署"铺路爪"和"X波段"远程雷达，在空间部署"空间监视与跟踪系统"和"精确跟踪与监视系统"等新型导弹预警、探测及跟踪系统，预警能力从战略导弹扩展到战术导弹，在关岛等地区部署末端反导系统，开发新型改进型"爱国者"-3 和"标准"-3ⅡA 拦截导弹，可拦截中远程弹道导弹。在全球核心海域部署针对潜艇的海底观测网系统。

美军投入巨资研发新型信息化武器装备。信息化战争的精确打击和超视距攻击等特点，使得武器装备成本急剧增长，这就要求必须以雄厚的经济和国防预算作为支撑。空中力量投资惊人。第五代战机 F-22A 隐身战斗机单价近 20 亿人民币，俄罗斯伊尔-76 大型运输机单价 4 亿多人民币，以 300 架大型运输机为数，需要 1000 多亿人民币，还不包括数额惊人的油料费、维修

---

① 《马克思恩格斯军事文集》（第一卷），北京：战士出版社，1981 年版，第 12 页。

保养费用、机场建设费、飞行员费用和零部件损耗等。海上力量花费巨大。按照当前国际通常估价，大型航母编队总价需600多亿人民币，中型航母编队需300多亿人民币。按照目前的费用标准，航母8年的维护费约为整个航母编队的造价。另外，一个航母编队至少有1千名左右的作战人员，人员生活费每年3~4亿人民币。美军研发的下一代核动力航母"福特"级，其首舰"福特"号造价高达800多亿人民币，还未包括300多亿的研发成本。新型装备价格不菲。美军投入大量资金积极开发新型装备，如舰载无人机X-47B，试验阶段的研发费用已高达上百亿人民币，其舰载试验已经成功，空中加油试验正在积极进行。美军还计划在预置舰上安装反导系统，集航空母舰与两栖攻击舰两大特征于一身，将使美军具备在全球任何海域实现快速兵力投送与精确打击的能力，并将进一步减少对陆上基地的依赖程度。另外，如"X"系列空天飞机、大型海底无人潜航器、陆地机器驴等新型装备，都需要巨额经济投入。

在马航MH370航班失事飞机搜救过程中，美军出动的主战装备比较先进。其最先出动的"平克尼"号驱逐舰，属于"宙斯盾"级驱逐舰，携带两架SH-60反潜直升机（反潜半径500公里），90单元导弹垂直发射系统混合装载"标准"舰空导弹、"战斧"巡航导弹和"阿斯洛克"反潜导弹，具有强大对陆攻击、反潜、对舰攻击和核攻击能力，是世界上第一款能对付2次空中饱和攻击，并具有核生化防护和战区弹道导弹防御能力的驱逐舰，也是美军能独立部署的一种舰艇。在马航失事飞机搜救中，最有用的装备是大型远程海上巡逻机，其速度快、航程远，具有多种传感器，能昼夜搜索大面积海域，担负昼夜海上搜索定位、空中指挥调度、通信中继，乃至直接救援等角色。美军在搜救中出动了P-3C大型反潜巡逻机，它集搜救、反潜、侦察、通信指挥为一体，能不加油连续飞行16小时，可以600

公里时速巡航搜索，航程达9千公里，从冲绳到达目标区域后还能滞空3小时以上。该机搜索雷达可发现潜艇露在海面上的潜望镜，其磁异常探测仪能探测水下数百米的金属物体。在搜救过程中，美军保持了全天候在目标海域布署一架P-3C的规模。美第七舰队后来出动的最新型P-8A大型反潜巡逻机更为先进，一架效能等同于3架P-3C。在水下装备中，当前美军的核潜艇静音性能优异，能渗透至近海执行侦察、封锁、攻击、反潜、水雷战、反舰和对地攻击等多种任务。"俄亥俄"级战略核潜艇能在400米深海以30节高速航行，携24单元垂直发射系统，携带24枚"三叉戟"导弹，每枚有8～12枚分弹头，能在数分钟内覆盖近300个目标。美军将其中四艘改装成为巡航导弹核潜艇，每艘可携154枚"战斧"巡航导弹，能在防区外打击水面、陆地的重要目标。2010年7月，三艘"俄亥俄"级巡航导弹核潜艇就曾同时出现在东亚周边海域。此外，在马航飞机搜救中，美军的"金枪鱼"自主水下航行器大显身手，其能在水深4500米以下以7.5厘米分辨率搜寻水下物体。

在马航MH370失事飞机搜救中，卫星主导了搜寻的全过程，美国除NASA动用卫星外，美军还投入了大量的高分辨力卫星系统观测相关海域，比如KH-12光学卫星、"长曲棍球"侦察卫星、一主三子的海洋监视卫星、使用水色仪或合成孔径雷达的海洋卫星等，其分辨力达一米以下。在信息融合方面，美军以"联合全球指挥控制系统"为基础，以空基、天基信息系统为核心建立全球信息栅格，发展兼具战略、战术的一体化指挥控制系统，部署通用化、高速率的网络中心信息处理系统，各维武器平台都能在复杂电磁环境中能通过数据链相互铰合，实现对战场态势共同理解、充分共享和战场自动化、智能化决策，把信息优势及时转化为决策优势和行动优势。此外，美军还开发并投入了系列新兴战地互联网，如WIN-T"增量"2系统,能让军人在作战地区进行文字、数据、视频和音频交换,类似于战地WiFi,为受到攻击的部队提供类似互联网的服务。

(三)建立"动态供应链"式战略投送体制

近年来,国际冲突和局部战争呈现高度不确定性、激烈性、突发性和快速性,无法将物资和人员提前预置或部署,美军转而采取"动态供应链"物流的保障模式,即依靠信息技术基础,前沿少量兵力部署,以战略投送为主,根据战时需要,实施动态、快速、精确投送,既保障了战争胜利,又最大限度地提高了军事经济效益。

第一,建立集中统一的战略投送管理体制。美军运输司令部直属于参谋长联席会议,是美军十大联合司令部之一,下辖地面部署与配送司令部、海军军事海运司令部和空中机动司令部,是整个美军运输力量中枢。出于信息化联合作战需要,1992年,美国国防部将各军种所属运输机构平时的管理也移交运输司令部,使其成为国防部运输资源的唯一管理部门,"2003年美国国防部重申军事运输司令部的角色是担任国防部军事物流配送工作的总管理者"。[①]

第二,研发先进的投送工具。按照现代海空军发展理论,全球40%的人口生活在海军舰艇活动范围内,而航母则可接触到2/3的人口,所以海空投送力量最为快捷安全。据估计,要空运一个机械化师,需要160架大型运输机。美军拥有C-5、C-17等大型军用运输机400多架,其人员和物资总运输能力超过每昼夜6700万吨·公里。俄拥有安-124等大型军用运输机300多架,乌克兰300吨载重的安-225是最大军用运输机,曾一次性空运我出口土耳其的4辆编组有轨电车。[②] 美军拥有11个航母编队,在全球战略重点地

[①] 陈兆仁:"论军交运输与军事物流的统筹发展",《军事交通学院学报》2010年第1期。
[②] "世界最大运输机空运中国城铁列车到土耳其",http://news.xinhuanet.com/photo/2013-11/29/c_125783993.htm,最后访问日期:2015-06-20。

区布署了规模巨大的预置舰队,总载重量为 74 万吨。①

第三,开发战略投送的信息支撑技术。 信息化战争的巨额消耗和快速补给要求战略投送必须适时、适地、适量,以精确、细致的投送满足战争进程需要,这必须借助信息技术,美军在海湾战争爆发前向中东运送了 4 万多个集装箱,由于标识不清、地址不明,不得不临时在科威特港口打开 2.5 万个,清点登记后再运往前线。 战争结束后,还有 8 千多个未开集装箱被运回美国,造成运输紧张和运力的浪费。② 有鉴于此,1992 年美军提出联合全资产可视化计划,包括在运物资可视化系统、战区联合全资产可视化系统、联合人员可视化系统和全球战斗保障系统,运用自动识别技术、条码技术、射频识别技术和卫星定位传输等信息支持和决策系统,全程自动跟踪补给中的人员流、装备流和物资流,实施全程动态可视化监控信息管理,建立适时、适地和适量投送的动态供应链保障模式,从而获得最佳物流方案和最低成本。 伊拉克战争中,美军通过可视化系统,准确追踪了发往海湾的 4 万多个集装箱,全程跟踪"人员流""装备流"和"物资流",大大提高了投送的质量和效率。

第四,建立军民融合式战略投送体制。 美国通过完善的法律制度建立起军民融合的战略投送体制,如《国家安全法》《战争授权法》《国家紧急状态法》《国防生产法》《国防设施法》对军民融合的战略投送有详细的规定,如美国《商船法》明确规定新船建造必须适用于军事用途,对纳入"战略海运计划"的商船进行适时跟踪,以便随时征用,还规定了商船海上投送性质、作用和要求;规范船队任务。 商船队作为海军辅助部门,其发展须符合战时要求。 规范船员要求。 美国船只高级船员和 75% 的一般船员必须是

---

① 孟军等:"美军战略投送能力建设的特点、发展趋势及启示",2009 年 11 月《军事交通学院学报》第 11 卷第 6 期。

② 李莉:"射频技术——美国国防部的新宠儿",《中国国防报》2003 年 12 月 23 日,第 2 版。

本国公民。规范商船建造。商船必须在本国建造，须能具备战时交通运输及军事化改装要求。实行商船改造补贴政策，由政府发放建造费35%的补贴。① 美国还制定了大量可操作性的军事物流法规。如采购方面的《联邦采办条例》《国防拨款法》《国防采办条例》《国防采购系统运行程序》《联邦采办条例国防部补充条例》等。

第五，制定民用资源动员计划预案。美军制定了各种战略投送计划预案，如《国家紧急动员计划》《国防部动员总计划》《战时军队动员计划》《交通运输动员计划》等。《利用民力增补军队后勤计划》是美军战略投送社会化保障的突出表现，在战时通过全球工商企业资源补充军队后勤力量的不足。美军在商船上安装"商船连续定位系统"，随时向海运司令部报告船只动向，平时还经常对商船实施模拟训练和综合演练。英国制定了民船战时应急动员计划，并落实到具体船只，经常组织民船军事演习，规定高级船员每2年参加28天军事训练。

在马航MH370失事航班搜救中，美军展示了强大的投送能力。马来西亚航空公司2014年3月8日8点40分向全世界发布飞机失联的正式声明，美第七舰队当即派遣在南海附近的"平克尼"号导弹驱逐舰前往搜救，同时还增派3万吨补给舰紧急赶赴现场。3月9日上午11点，美国海军两架P-3C巡逻机从冲绳起飞，下午15时39分P-3C巡逻机已经就位搜索。9日晚19点08分，美国海军"平克尼"号已抵达目标海域开始搜索。当前，美军88%的陆上运输、50%的空运、85%的海运都是依靠民用资源完成，商船队被称为"第二海军"或"第四军种"。②

---

① 赵占平：《世界主要国家军事交通管理体制研究》，北京：国防大学出版社，2007年版，第56—78页。
② 孟军等："美军战略投送能力建设的特点、发展趋势及启示"，《军事交通学院学报》2009年第6期。

四、军民融合引领国家发展潮流

信息化战争的全局性和高消耗,市场经济的不断成熟完善,使得军民融合成为打赢信息化战争、实现国防建设与经济建设协调发展、达到富国与强兵相统一的基本方式,也成为世界主要国家纷纷采取的首选措施。

(一)完善军民融合管理体制

第一,建立跨领域、专业的权威管理部门。在不妨碍国防尤其是军事指挥权的高度集中统一下,美俄等大国都是由国家安全委员会领导落实军民融合事务。美国国家安全委员会设协调经济建设与国防建设专职助理,设有紧急准备与动员计划政策协调委员会,下设军事动员、应急通信、应急反应、工业动员、资源动员、科技动员、财力动员、民防动员、地震动员、国防后勤、动员与部署指挥等12个部级协调组,分别负责本领域军民融合政策与工作。[1]

第二,确立国防与军队建设的专门立法机构。在美国,其最高立法机构——国会主导国防和军队建设重大事项立法事务,参众两院均设有专门的国防和军队事务立法机构,负责国防和军队建设重大事项立法与监督。美国国会推动制定了许多重大的国防和军队建设法律,如1986年3月6日,美国国会参议院武装委员会推动国会通过了著名的《戈德华特—尼科尔斯国防部改组法案》,使美军真正建立了联合作战指挥体制,从根本上扭转了军方高层对联合思想的看法,为建立联合作战人才培养机制打下了基础,是美国建军史上最伟大的一次根本性巨变。[2]

---

[1] 卢周来、于连坤、姜鲁鸣:"世界各主要国家军民融合建设评介",《军事经济研究》2011年第2期。
[2] 李成刚:"美军联合作战指挥体制改革的最终突破及启示——由海湾战争看《戈德华特—尼科尔斯国防部改组法》",《军事历史》2014年第2期。

(二) 深化军民融合理论研究

国外军民融合理论研究主要包括军民融合基本原则、评价体系、管理体制、融合途径、公私企业关系调整、立法经验借鉴等。

第一,军民融合应该以国家安全为根本原则。安全为国之根本,有利于国家安全的就应该融合,不利于国家安全的就不融合,不能只顾经济利益。如美军在国防科技工业军民融合中,军队保留了核心的技术研发与人才培养机构,在军队人才培养方面,地方院校培养技术军官,指挥军官由军队院校培养,军队社会化保障中不能包括直接影响作战任务或与公共利益关系极大的军队保障部门。在国防动员中,军队也保留核心的动员能力与战略投送力量。

第二,军民融合立法以市场为基本原则。在市场经济日益完善的今天,军民融合深度发展要成为现实,必须坚持市场在资源配置中的决定性作用,充分运用价值规律,充分调动民用资源积极性,才能促使民用资源真正融入国防建设,实现真正的军民融合。

第三,军民融合必须有相关的法律保障体系。在国防与经济建设融为一体的情况下,其运行体制机制必须要得到制度化的保障,这样才能常态化平稳运行。这就要求必须建立完善的管理体制,构建完善的、层次分明、覆盖全面的法律保障体系,确保军民融合平稳发展。因此,必须将军民融合的相关理论,落实到具体的法规制度体系中。

第四,军民融合模式不尽相同。各国国情不同,军民融领域特点规律也不尽一致,这导致了不同融合模式。如在国防科技工业领域,目前世界各国就有多种不同的融合方式,导致了不同的立法模式。美国走的是"军民一体",军工产业与民用企业在技术和资源上是双向转移的,所以美国制定颁布了许多军民通用的法律制度,如1994年美国颁布的《联邦采办精简法案》。

日本由于受到种种国际法制约,对国防科技工业采取了"以民掩军"的模式。① 1970 年《国防装备和生产基本政策》将"寓军于民"战略思想确定为军工生产基本方针,国家不设军工厂,武器和物资全部由民用企业提供,所以在立法上,日本通过法律对相关民企给予重点扶持政策,制定了许多扶植民用企业进行军工生产的法律制度,2000 年以后新的《中期防卫力量发展计划》再次强调这一基本方针。 根据《中小企业开拓新领域协调法》,将军品产值占企业总产值 10% 以上企业列为重点军工企业,实行经费和税收优惠、政策倾斜和分散轮流订货,以确保企业生存和发展,确保一旦需要可迅速扩产。 日本为民企提供专门装备科研经费,每年拨给造船工业的科研费就高达 10 多亿美元。② 日军国防科技产品均由 2 千多家民用企业生产提供。三菱重工、川崎重工、三菱电机、石川岛播磨重工、日本制钢所等 17 家大型民营企业承担了 95% 的装备采购任务,③三菱重工是最大军工生产商,控制四分之一的军工生产订货,主要生产导弹、自行火炮、坦克、主战舰艇、主战飞机等。 2010 年世界军工企业销售额排名中,三菱重工以 350 亿美元排第 26 位。

(三)完善军民融合相关的法律保障

国外相对完善军民融合相关法律制度,为促进经济建设与国防建设协调发展、实现国家的长治久安提供制度保障。

第一,制定专门的军民融合综合性基本法律制度。 工业发达国家都以综合性立法的形式推进军民融合国家战略的实施,如 1994 年美国颁布的《联邦采办精简法案》,以法律形式肯定了军民一体化的基本原则、方针、体制和

---

① 二战前日本是武器装备制造大国,先后制造了数十艘航母和著名的零式战斗机。战后《波茨坦公告》第 11 条规定日本不得拥有军事工业。
② 孔祥富:"日本的国防产业",《现代日本经济》2003 年第 3 期。
③ 梁栋国:"日本国防科研机构体系对我国国防科研机构的启示",《国防技术基础》2007 年第 4 期。

路径等内容。

第二,推进军民融合专项立法。 为强力推动军民融合一体化发展,美国先后颁布多领域的专项立法,包括:国家安全法、兵役法、国防生产法、国防专利法、联邦采办改革法、国防授权法、国防设施法、军官人事管理法、战略和重要物资储备法、军事拨款法、军事建筑法、国防部国内技术转让条例、军人薪金补贴法、职员军人管理法、后备人员建设法、商船法、战争授权法、国家紧急状态法、军事选征兵役法、普遍军训与兵役法、武装部队预备役法、联邦采办精简法案、国防工业技术转轨再投资和转移法、联邦技术转移法、国家工业储备法等。 美国法典、总统行政令和联邦条例中赋予总统及各级行政首长多种应急动员权力。①

第三,以市场等价交换原则为军民融合相关立法的基本原则。 要发挥市场的决定性作用,就要充分尊重和保障民用资源在军民融合法律关系中的主体地位和正当权益,在信息公开、市场准入、主体地位、费用给付、经济补偿和权利救济等方面要公平公正合理对待,以等价交换为基本原则。 美军每年对交通等投送企业提供巨额财政补贴,以高于市场价格征用其工具。 1970 年修改《商船法》规定商船征用时,政府必须支付必要费用,重申了对某些满足军用特殊要求的民船,给予建造成本35%补贴的规定。 由于战时民船运输危险度高,保险部门不愿为其提供保险,从而增加了民船的后顾之忧。 为此,美国在1935 年设立了海战危险保险局,解除了民船后顾之忧。②

第四,颁布法规性质的军民融合相关的国家规划或计划。 为推动军民融合快速发展,美国颁布多种法规性质的军民融合发展计划,如技术转移计划、军民两用技术应用计划、国防生产法案第三篇计划、小企业技术转化计

---

① 卢周来、于连坤、姜鲁鸣:"世界各主要国家军民融合建设评介",《军事经济研究》2011 年第2 期。
② 赵占平:《世界主要国家军事交通管理体制研究》,北京:国防大学出版社,2007 年版,第235 页。

划等。① 20世纪90年代，俄罗斯为推进军民融合快速发展，制定了《1995—1997国防工业转产专项计划》和《1998—2000年国防工业军转民和改组专项规划》等系列规划计划，②这些规划、计划都有力推动了俄国军民融合的发展。

五、"亚洲再平衡"战略加紧推进

2011年11月，美国总统奥巴马在澳大利亚议会演讲中宣布"我已经做出了一个深思熟虑并具有战略意义的决定，美国作为一个亚太国家在塑造该地区及其未来中将扮演一个更大和长期的角色"。同月，在火奴鲁鲁，时任美国国务卿希拉里于亚太经合组织领导人会议期间进行的一次演讲中宣布，美国重心转向亚太。2011年年底美国宣布立即结束在伊拉克、阿富汗的十年反恐战争，重返亚太，推出"亚洲再平衡战略"。美战略重心东移亚太地区，尤其以美日及其同盟体系对中国和平发展的战略围堵和挤压，严重影响我周边局势与安全，③2015年再推出"亚洲再平衡战略2.0版"。

在该战略中，美国在政治上强化与我周边国家同盟与准同盟关系。不惜放纵日本右翼军国主义势力，允许日本突破其和平宪法和战后有关国际法限制，解禁集体防卫权，出口武器装备，允许日本通过《周边事态法》，将日本军队的行动扩展到全世界，多次纵容日本领导人参拜靖国神社、纵容日本否认二战侵略历史，签定新的安保条约覆盖了我钓鱼岛地区。拉拢印度、越南、缅甸，解除对缅甸和越南的制裁。2010年，美国国务卿希拉里为了让中国在伊朗问题上投票支持制裁，在巴黎记者会议上公开宣称，美国考虑切断

---

① 卢周来、于连坤、姜鲁鸣："世界各主要国家军民融合建设评介"，《军事经济研究》2011年第2期。
② "外军'五路并进'促军民融合式发展"，《学习时报》2013年4月8日，第A2版。
③ 张洁：《中国周边安全形势评估（2015）："一带一路"与周边战略》，北京：社会科学文献出版社，2015年版，第5—30页。

中国的能源生命线，也是中国商品进出口的生命线。

经济上频繁发动针对中国商品的反倾销，同时以国家安全等为由积极打压海外中国投资与中资企业拓展国际市场，中海油、华为等公司都被以安全因素为由拦在美国市场之外。2013年5月，中国双汇集团拟斥资47亿美元收购美国生猪养殖和猪肉加工企业史密斯菲尔德公司，也遭到美国的国家安全审查。2015年2月26日，奥巴马政府公布的一份报告显示，2013年中国投资者在美国2013年国家安全审查清单上高居首位，全年审查了21项中国企业或个人的投资计划，约占该年美国审查外国投资项目的1/5，中国已经连续两年成为被美国国家安全审查最多的国家。美国也是对华产品启动反倾销调查最多的国家，①2009年12月30日，美国国际贸易委员会裁定对华油井管加征10%～16%的关税，涉及金额27亿美元，是迄今为止金额最大的美国对华贸易反倾销案。美对华反倾销案持续时间之长，从1995—2013年，对华反倾销案件实施10年以上的有20多起，1997年对华过硫酸盐的反倾销案件，至今已达18年，其部分长期对华实施反倾销措施的案件覆盖了从化工、冶金、机械到轻工在内的大部分行业。

国际贸易上另起炉灶加紧推进美欧《跨大西洋贸易投资伙伴协定》（TTIP）和《跨太平洋战略经济伙伴关系协定》（TPP）。2013年3月，美国与欧盟宣布正式启动《跨大西洋贸易投资伙伴协定》（TTIP）谈判，日本也宣布重新启动日欧自贸区谈判，TTIP已经演变为主要发达国家共同参与制

---

① 据我商务部统计，从1979年开始，截止2011年11月，国际市场对中国产品进行了1114起反倾销调查，其中居第一位的是美国，数量远远大于其他国家，达到157起，占国外对华反倾销的14.1%。从1991年开始，在美国对外反倾销目标国中，中国取代日本成为第一位。从2001年—2011年，美国共发起对中国反倾销案件高达78件，平均反倾销税率150.3%，居美国对外反倾销首位，数量比位居美国实施反倾销目标国第二位的印度多70%以上，平均征收的反倾销税率比印度高出近4倍，占全球对华反倾销案件比例的36%。美国对华反倾销案件占美国总件的比例逐年上升，1980—1985为6.3%，乌拉圭回合上升到9.1%，中国加入WTO后进一步提高到16.1%，而且大部分案件都突破了亿元大关。

定国际经济新规则的平台,将会对未来全球经济秩序与新规则的制定机制产生重大影响,①西方国家智库甚至称之为"经济北约"在产业政策、各类技术、安全、卫生标准上的统一将会对全球经济规则的发展方向产生根本性影响,确保美欧可以在经济规模不占优势的情况下继续控制对全球经济规则的制定权。

此外,美国还积极推动《跨太平洋战略经济伙伴关系协定》(TPP)。② 2009年11月,奥巴马政府正式提出扩大跨太平洋伙伴关系计划,将TPP作为推行美国贸易议题、推动亚太贸易自由化和提高美国在亚太地区经贸利益的战略工具。至此,美国开始全方位主导TPP的谈判进程,"跨太平洋战略经济伙伴关系协定"也由此正式更名为"跨太平洋伙伴关系协定"。③

美日经济规模在TPP谈判参与过程中占80%,如果美日谈判成功,就代表TPP谈判完成大半。为了推动日本加入TPP,美国不惜承诺日本国家加入联合国安理会和协防钓鱼岛。为了加快速度,奥巴马要求国会授予"快速通道"贸易授权的法律,即奥巴马将获得协商贸易协议的权力,可直接将TPP协议提交国会表决,国会只能批准或反对贸易协议,但不能修改,这意味着奥巴马在协商TPP时拥有更多主动权。2015年5月—6月,美参众两院历经

---

① 据国际货币基金组织2014年公布了2013年世界各国GDP排名:美国和欧盟分别占世界生产总值的22.7%和23.5%,排第二和第一位,排第三位的是中国,经济总量占世界生产总值的12.4%;第四位是日本,约占6.6%,美国、日本、欧盟约占全球经济总量的52%。

② TPP最初是由APEC中的四个小型经济体——新加坡、文莱、智利和新西兰——为加速实现APEC提出的贸易投资自由化和便利化目标而率先进行的次区域自由贸易安排。TPP最核心的是零关税协议,还包含了知识产权,环境保护,劳工权利,企业平等,金融监管,互联网自由等等制度性内容,且执行严格,成员国如果违反规则,会员资格将自动失效。不像WTO还有长达两年的申诉后再制裁。四国于2005年6月签署"跨太平洋战略经济伙伴关系协定",亦称"P4协定",该协定于2006年5月正式生效。2008年2月,布什政府开始与"P4协定"成员国进行TPP框架下的自由贸易谈判。

③ 截止2015年6月底,共有美国、澳大利亚、文莱、日本、加拿大、墨西哥、智利、马来西亚、新西兰、秘鲁、新加坡和越南等12个国家加入TPP谈判,这12个国家国民生产总值占世界经济比重约40%。这样,加上欧洲TTIP,TPP已逐渐演变成一个涵盖全球经济的三分之二的大经济贸易体,涵盖了主要市场经济体,剩下的全是资源出口国和发展中国家,TPP已成为一个由美国主导的东亚经济"小北约"。

6周苦战,终于通过了"快速通道"贸易促进授权法案,奥巴马最终获得了美国国会授权,为TPP谈判扫除关键障碍。目前,上述12个国家已经签署了TPP协议。

外交上,积极散布中国威胁论和中国对非洲的"新殖民主义",并违反在南海问题上中立承诺,公开支持越菲等周边国家,不断唆使日本、澳大利亚等国介入,积极挑拨内地和香港关系。文化上利用网络等新兴媒体,加强了对中国文化和价值观渗透,千方百计颠覆中国传统价值观,试图在中国推行"颜色革命",美国前国务卿奥尔布赖特曾直言不讳地讲:中国不会拒绝互联网技术,因为中国要实现现代化,这是我们的可乘之机,我们要利用互联网将我们的价值观送过去,送到中国去。有了互联网,对付中国就有了办法。

美国"亚太再平衡战略"的重头戏是军事围堵,根据维基解密的美国外交记录,2009年,时任美国国务卿的希拉里在请教澳大利亚原总理陆克文如何应对最大的债主中国时,陆克文就告诫希拉里说,美国要做好对中国动武的准备。2012年奥巴马在访问澳大利亚时,曾公开宣称让十几亿中国人过上美国式的生活是全世界的悲剧。

2010年,美军提出了公开针对中国和伊朗的"空海一体战"构想,并不断付诸实施。2015年将其更名为"全球公域介入与机动联合",通过跨域协同,以空海军为主体,组建陆、海、空、天、电磁和网络等一体化联合打击力量,在亚太地区不断挤压我战略空间。①

2014年5月,美军参谋长联席会议主席邓普西在大西洋理事会上,公开宣称中国是美国最大竞争者,并将我与"基地"组织、朝鲜、伊朗相提并论为美国安全威胁,这是美首次公开明确我为其战略对手和重大安全威胁。

---

① 陈航辉、陈兰:"'空海一体战'改头换面的背后",《解放军报》2015年3月20日,第7版。

乌克兰危机警示录
和平发展道路中的战争准备

2015年4月,刚刚上任的美国国防部长阿什顿·卡特在首次环绕中国的亚洲之行前宣布,"今天这一代美国人的核心战略挑战就是在中国持续发展的时候,美国如何保证整个亚太地区的和平与繁荣",还宣称要把最先进的武器装备部署在亚太地区,60%的军事力量部署在亚太地区。

美军通过调整我周边军事部署,加强与我周边盟国或准盟国的军事关系,重返菲律宾,向我台湾地区倾销军火,不断提升与越军全方位关系,驻军澳大利亚,大力建设关岛基地,加强与印度的军事合作,解除对缅甸的制裁,向印尼提供大批军事援助,积极促成日本与印度、澳大利亚军事协作,将日美安保合作范围覆盖我台湾和钓鱼岛地区,促成菲日军事演习,频繁在亚太地区举行规模空前的海空联合军事演习,频繁对我东南沿海进行高密度的机舰侦察,对华军售和军事交流严格设限等,以配合其军事战略的实施。

本书图片出处

第一章

图1-1　http://www.onegreen.net/maps/m/ukraine.htm

图1-2　乌中央选举委员会网站

图1-3　http://www.bozhou.cn/2014/0118/131515.shtml

图1-4　http://news.hexun.com/2014-02-20/162327183.html

图1-5　http://mp.weixin.qq.com/s?__biz=MjM5MDE3ODU3NQ==&mid=200071667&idx=3&sn=f286ee92b1f4d6739d99e7a98b7c22e1

图1-6　http://blog.sina.com.cn/s/blog_555b8d8b0101tgop.html

图1-7　http://opinion.haiwainet.cn/BIG5/n/2014/1223/c353596-21578715.html

图1-8　http://club.kdnet.net/dispbbs.asp?id=9869923&boardid=101

第二章

图2-1　http://opinion.haiwainet.cn/BIG5/n/2014/0326/c345416-20456237-2.html

图2-2　http://tech.gmw.cn/2014-04/12/content_10997428_5.htm

图2-3　http://life.gmw.cn/2014-03/22/content_10743406.htm

图2-4　http://tieba.baidu.com/p/2904168593

图2-5　http://m.tiexue.net/3g/thread_7567440_1.html

图2-6　http://edu.ifeng.com/a/20140910/40796483_0.shtml

图2-7　http://global.eastmoney.com/news/1790,20140823415559046.html

图2-8　http://m.chinanews.com/s/hd/hd/2014/0825/26061.html

图2-9　http://news.163.com/15/0403/16/AM9SCA7C00014AEE.html

图2-10　http://www.wasu.cn/Play/show/id/4351851

图2-11　http://www.xbfqw.com/html/2015/guojixinwen_0713/114099.html

图2-12　http://www.guancha.cn/military-affairs/2014_03_19_215170.shtml

图 2-13　http://tieba.baidu.com/p/3094921024

图 2-14　http://pic.yesky.com/bbs/thread-58365-1-1.html

图 2-15　http://news.21cn.com/webfocus/a/2015/0209/16/29032884.shtml

图 2-16　http://big5.xinhuanet.com/gate/big5/3g.news.cn/html/

图 2-17　http://tieba.baidu.com/p/3110181644

第三章

图 3-1　http://news.163.com/14/0718/06/A1DSMTLL00014Q4P.html

图 3-2　http://www.militaryy.cn/html/50/n-134450.html

图 3-4　http://www.xinhuanet.com/world/jrch/20140327.htm

图 3-6　http://finance.jrj.com.cn/biz/2014/03/18001416880782.shtml

图 3-7　http://informationtimes.dayoo.com/gb/content/2006-01/08/content_2368396.htm

图 3-8　http://www.sovxin.com/dt_1409.html

图 3-9　http://tax.tianhenet.com.cn/2011/0804/29891.shtml

第四章

图 4-1　http://m.guancha.cn/Yang-Chengjun/2014_03_21_215716?XGYD

图 4-2　http://www.amazon.cn/gp/aw/d/1107613779?pi=SL75

图 4-3　http://news.qjwb.com.cn/yaowen/2014/0806/72581.shtml?f=bf

图 4-4　http://www.hinews.cn/news/system/2012/05/05/014366206.shtml

图 4-5　http://doc.qkzz.net/article/043fc845-12fd-40a3-afbe-518ba875aba7.htm

图 4-6　http://news.takungpao.com/paper/q/2014/0307/2330470.html

图 4-7　http://www.chncto.com/heikexinwen/11762.html

图 4-8　http://www.militaryy.cn/html/53/n-135053.html

图 4-9　http://news.sina.com.cn/w/2007-09-20/022112599977s.shtml

第五章

图 5-1　http://news.163.com/14/0302/10/9MATHMV3000146BE.html

图 5-2　http://news.xinhuanet.com/world/2014-04/24/c_126428390.htm

图 5-3　http://roll.sohu.com/20150611/n414849334.shtml

图 5-4　http://news.xinhuanet.com/world/2014-09/16/c_126991669_5.htm

图 5-5　http://money.163.com/15/0424/11/ANVD8E3300253B0H_25.html

图 5-6　http://m.thjunshi.com/article/48736.html

图5-7　http://www.acfun.tv/a/ac1696052

图5-8　http://military.people.com.cn/GB/n/2014/0516/c1011-25025679.html

图5-9　http://www.chaoji007.com/pic/20130307636.html

图5-10　http://www.chinanews.com/mil/2013/05-02/4779528_2.shtml

图5-11　http://www.dangdeshenghuo.com/news/show_80210.html

第六章

图6-1　http://blog.sina.cn/dpool/blog/s/blog_871d709a01010o9t.html?md=gd

图6-2　http://mp.weixin.qq.com/s?__biz=MjM5NDAwMzcwMA==&mid=200674423&idx=1&sn=46bf670cdbfddcee7d8b12341dafea61

图6-3　http://news.hexun.com/2014-03-03/162642975.html

图6-4　http://www.weilan.com.cn/news/62645.html

图6-5　http://blog.sina.com.cn/s/blog_48f2c84c0101r24s.html

图6-6　http://www.banzhu.com/article/2574224

图6-7　http://m.chinanews.com/s/gj/2014/06-20/1297472.htm

图6-8　http://baike.baidu.com/link?url=VOQSuV6RFVKCvD-PZHFY0wV1Bneb2pnwqXF6JxGrs5cB86ixDoaBB2PbNJ-R6-prw1azWfUWTlQoPk4U3Nnagq

图6-9　http://baike.baidu.com/link?url=VOQSuV6RFVKCvD-PZHFY0wV1Bneb2pnwqXF6JxGrs5cB86ixDoaBB2PbNJ-R6-prw1azWfUWTlQoPk4U3Nnagq

（部分图片未能找到图片出处）

后 记

2014年初，乌克兰的枪声响起不久，我就被深深吸引，很好奇这场战争的真实面目，陆续发表了几篇小文章。后来，这些文章恰巧被顾吉环和李明两位同事看见，他们就积极鼓励我将其写成一本书，于是我开始了本书的编写历程。由于非科班出身，又对战争知之甚少，其中种种艰辛无法用寸管形容，幸得这两位同事不断的鼓励与指点，从题目斟定、大纲修改、内容点评、图书出版等等方面，都不厌其烦、悉心教导，让我受益匪浅，这是我今天能完成此书的重要因素，也让我充分体会到两位同事费心费力提携后辈的人格魅力。还忘不了在写得最艰难的时候，我博士时的导师马小红教授鼓励我定要一鼓作气，切不可泄气的话语，在此感谢马小红教授与国家法官学院王立教授的点评。还要特别感谢中国国家安全论坛的彭光谦副秘书长、总装备部科技委石世印顾问和福建省军区熊安东司令员分别为本书作序和评论，感谢三位将军给予我的无私鼓励与指导。尤其要感谢正直善良的程漱玉大姐，感谢她无私、真诚的帮助与鼓励。成书之际，我当铭记他们的教导，以鞭策自己前行。

本书付梓之时，感谢国防工业出版社为本书出版所做的种种努

后 记

力,感谢许西安总编辑、欧阳黎明副社长、张新娟主任和王鑫编辑,感谢我的师弟、在中国银行总行工作的邓陆阳,如果没有你们的支持和"督促",本书也许永远停留在当初的设想中。同时,还要感谢长期以来关心支持我的各级领导和同事。

此书得以顺利完成,尤其要感谢我的父母、我的爱人廖红艳女士、我的儿子况子浔和况子阳,让我在没有多少家庭后顾之忧的情况下全心写书,尤记两个小家伙晚上睡觉前经常要凑到电脑旁看我工作,与他们的嬉戏也大大缓解了我写书的劳顿。没有你们的关爱,我无法顺利完成此书。

一年多来,书虽成,乌克兰那里的枪声依旧。我总在想,战争离我们很远吗?近代以来,我们所经历的战争基本都是外部强加给我们的,也只是在新中国成立后,国家、民族和百姓才彻底摆脱了被战争蹂躏的命运,但战争并不是我们能敬而远之的。当下的世界并不太平,尤其在信息时代的经济全球化背景下,战争,特别是大国间的战争与博弈,其内容、基本形式和影响如何?乌克兰危机给了我们很好的答案。当然,由于作者水平能力之有限,本书难免存在种种谬误和不足,希望大家不吝赐教。

今天的中国,在和平发展的道路上稳步前行,我们比任何人都不希望战争,但天未必遂人愿,列强不希望看到中国任何形式的崛起,我们面临的以美国为首西方势力的战略围堵与军事挑衅将愈加激烈。善良的中国人在和平发展的同时,必须要做好战争准备,要坚信长缨在手,才能缚住苍龙。

掩卷长思,幼居长江之南岸,累世躬耕于原野。看河广波涛急,淘尽世间英雄事。闻两岸稻花香,听千古风流人物,遂许三千越甲可吞吴。十载寒窗书生梦,而立之年赴戎机。执教国防科技大,潜心教书育学子。后虽迁北京，然不减书生意气：生性愚钝，不善周旋。为人耿直，尤厌摧眉。虽不能妙笔生花，但却知铁肩道义。五年饮冰，难凉热血。狂歌笑对成与败，俯首痛饮解忧酒。欲将心事邀明月，秋风渐起满弓刀。但愿万家灯火旺，何惧铁甲战衣寒。最后，愿以一首近作作为结尾：

北海公园五龙亭读书偶感
——2015年春沙尘暴后
黄沙吹尽始现晴，春风翠柳拂碧潭。
旧时帝王赏月苑，而今寻常读书台。
提笔纵论天下事，仰天长啸少年狂。
他年五龙若飞天，军旗漫卷斩鬼邪。

况腊生于北京
二〇一五年十二月